W0304674

REIHE PSYCHOSOZIALE MEDIZIN

Trauern hat seine Zeit

Reihe Psychosoziale Medizin

Herausgegeben von

Prof. Dr. Elmar Brähler, Prof. Dr. Erdmuthe Fikentscher

und Prof. Dr. Bernhard Strauß

Band 7

Trauern hat seine Zeit

von

Dr. Michaela Nijs

Verlag für Angewandte Psychologie

Göttingen

Trauern hat seine Zeit

Abschiedsrituale beim frühen Tod eines Kindes

von
Michaela Nijs

Verlag für Angewandte Psychologie
Göttingen

Dr. med. Michaela Nijs (geb. Sieh), geb. 1967. Studium der Medizin in Hannover. 1996 Promotion zum Thema: "Rituale für den Tod am Lebensanfang". Weiterbildung in Integrativer Therapie und in Trauerbegleitung. Vorträge über "Rituale im Trauerprozeß" bei Kongressen im In- und Ausland.

Die Deutsche Bibliothek – CIP-Einheitsaufnahme

Nijs, Michaela:
Trauern hat seine Zeit : Abschiedsrituale beim frühen Tod eines Kindes / Michaela Nijs. - Göttingen : Verl. für Angewandte Psychologie, 1999
(Reihe Psychosoziale Medizin; Bd. 7)
ISBN 3-8017-1239-7

© Hogrefe-Verlag, Göttingen • Bern • Toronto • Seattle 1999
Rohnsweg 25, D-37085 Göttingen

Das Werk einschließlich aller seiner Teile ist urheberrechtlich geschützt. Jede Verwertung außerhalb der engen Grenzen des Urheberrechtsgesetzes ist ohne Zustimmung des Verlages unzulässig und strafbar. Das gilt insbesondere für Vervielfältigungen, Übersetzungen, Mikroverfilmungen und die Einspeicherung und Verarbeitung in elektronischen Systemen.

Umschlaggraphik: Bernd Lüken, Göttingen
Druck und buchbinderische Verarbeitung: Dieterichsche Universitätsbuchdruckerei
W. Fr. Kaestner GmbH & Co. KG, D-37124 Göttingen/Rosdorf
Printed in Germany
Auf säurefreiem Papier gedruckt

ISBN 3-8017-1239-7

Vorwort

Dieses Buch ist unter vielen Gesichtspunkten besonders lesenswert. Es ist dem Thema Trauer gewidmet, das gewöhnlich von großer innerer emotionaler Resonanz, aber auch von „äußerer“ Sprachlosigkeit begleitet wird. Dieser Gegensatz – erlebt in Hilflosigkeit – lähmt oft nicht nur den Einzelnen, sondern auch die öffentliche, gemeinsame Auseinandersetzung mit Tod und Trauer.

In ungewohnter Weise wird hier einzelnen biographischen Ereignissen viel Raum gegeben, ohne dabei die Verbindung mit unserem sozialen und kulturellen Hintergrund zu vernachlässigen. Im Vordergrund steht eine sehr spezifische Lebenserfahrung, die nur wenige zu betreffen scheint, nämlich Frauen, die den frühen Tod ihres Kindes betrauern. Beim Lesen wird jedoch deutlich, daß dieses Thema viele unterschiedliche Personengruppen berührt. So können von diesem Buch Menschen im direkt betroffenen sozialen Umfeld wie Partner, Geschwisterkinder, Angehörige, Freunde und die professionell beteiligten Helfer profitieren. Aber auch diejenigen Leser, die aktuell keine Trauer zu bewältigen haben, sondern aus allgemeinem oder wissenschaftlichem Interesse dazu greifen, werden durch die beeindruckende Art und Weise, in der die Autorin ihre persönliche Annäherung und Auseinandersetzung mit dem Forschungsthema beschreibt, mit eigenen Wegen der Problembewältigung konfrontiert.

Damit ist ein zentraler Blickwinkel eng verknüpft, nämlich, daß mit dem Tod nichts „Abschließendes“ geschehen ist, sondern ein lebenslanger Prozeß beginnt. Ungewöhnlich ist die Sichtweise, diesen Prozeß positiv zu verstehen, im Sinne von „Heil-Werden“. Ein „hoffnungsvoller Blick in die Zukunft“ soll vermittelt werden.

Bindeglied zwischen dem zu verarbeitenden Erlebnis und dessen Integration in das weitere Leben ist das „Wie“ der Gestaltung des Trauerprozesses. Dazu gibt es zwar unzählige Ratgeber und wissenschaftliche Veröffentlichungen, aber in diesem Buch ist ein besonderer, bisher in unserer modernen westeuropäischen Kultur sehr vernachlässigter Aspekt in den Mittelpunkt gestellt: der der Rituale. Deren Bedeutung wird in sehr interessanter, informativer und auch für den Laien sehr gut verständlicher Weise beschrieben.

Daran schließt sich das Kernstück des Buches an: welche Rituale im einzelnen gewählt und welche Erfahrungen damit gemacht wurden. Dabei beeindruckt nicht nur der erzählte Inhalt, sondern auch der spürbar sensible Umgang mit den Interviewpartnerinnen.

Sehr detailliert wird der Verlauf der möglichen Beziehungsgestaltung zwischen den trauernden Eltern und ihrem (toten) Kind geschildert – bis hin zum 5. Todestag. Den authentischen Erzählungen der Mütter wird viel Platz eingeräumt, die sich dadurch fast wie ein Roman lesen lassen. Wichtig sind darin die konkreten praktischen Beispiele, die unterschiedlichen Objekte oder Handlungen, die gewählt werden, um Gefühlen und Gedanken Ausdruck zu verleihen.

Darüber hinaus finden sich viele rechtliche bzw. die medizinische Praxis betreffende Informationen.

Bei aller Zurückhaltung, die die Autorin im Mitteilen der Erfahrungsberichte zeigt, sind an passenden Stellen persönliche Stellungnahmen eingefügt. So wird für professionelle Beteiligte wie Ärzte, Pflegepersonal u.a. das abschließende Kapitel mit praktischen Anweisungen für Helfende von großer Bedeutung sein – ebenso wie für viele Laien die im gesamten Buch enthaltenen psychologischen Wahrheiten und Erklärungen hilfreich sein können.

Die beschriebenen positiven und negativen Erfahrungen im Kontakt mit dem medizinischen Personal können anderen betroffenen Patientinnen Mut machen und sie darin unterstützen, ihrer Selbstwahrnehmung mehr Raum zu lassen und ihre eigenen Bedürfnisse durchzusetzen. Die Vernachlässigung oder gar Mißachtung der kreativen individuellen Selbstheilungskräfte – wie immer sie auch im Einzelfall aussehen – ist das eigentlich „krankmachende" bei Bewältigungsprozessen. Stärkung und Unterstützung von Aktivität helfen, daß natürliche Trauer nicht in Depression erstarrt.

Elmar Brähler
Erdmuthe Fikentscher
Bernhard Strauß

Vorwort

Von der Notwendigkeit gestalteter Trauer

Michaela Nijs hat eine Pionierarbeit als Wissenschaftlerin geleistet. Natürlich gibt es eine jahrtausende alte Tradition von Trauerritualen in allen Kulturen. Aber diese Tradition ist heute – jedenfalls in großen Teilen unserer westlichen Zivilisation – versunken oder kollektiv so erstarrt, daß das individuelle Erleben darin kaum Platz findet. So hat sich in diesem Jahrhundert eine reiche Tradition psychologisch-innerlicher Trauerverarbeitung gebildet. Wie die vorliegende subtile Studie zeigt, ist diese rein psychologische Trauerarbeit unzureichend. Es mußten sich höchst individuelle Rituale bilden, die der einzelnen Trauernden gemäß sind und die dem inneren Drama eine angemessene sinnliche Gestaltung erlauben.

Michaela Nijs ist dieser Gestaltung in vielen Formen nachgegangen, hat sie aufgezeichnet, sie hat die Frauen begleitet, die ihr Kind bei oder kurz nach der Geburt verloren.

Diese Untersuchung ist zugleich ein in die Zukunft weisender Meilenstein und eine Ermutigung für Frauenärzte, Hebammen, Geburtshelfer, Perinatologen, Geburtsvorbereiterinnen. Als Michaelas Doktorvater und psychosomatischer Arzt an der Hannoverschen Universitätsfrauenklinik ist mir das sehr deutlich geworden.

Das folgende Gedicht des tschechischen Lyrikers Jan Skacel bildet die stille, intensive Gefaßtheit ab, wie sie auch in dieser Studie immer wieder zum Ausdruck kommt. Zugleich überschreitet diese kleine Trauer die Grenze des Diesseits und kann uns Trost geben durch das fast aus dem Jenseits tönende Lied, eingebettet in den großen Kosmos unserer Welt.

Die kleine Trauer

Wenn's im September zu dunkeln beginnt,
schon ohne Samt, rauh, kahl,
geht eine kleine Trauer feldein
und singt,

an Schollen, grau wie Lerchen, geht
die kleine Trauer hin und singt,

(es gibt ein Ereignis älter als ich,
als mein Tod,
als Traurigkeit durch mich, verzeih)

singt für sich die kleine Trauer auf dem Feld
und geht
die Hanfwege hin des Herbstes.

Peter Petersen

Für alle, die um ein früh gestorbenes Kind trauern

Inhalt

1 Einführung

1.1 Wenn Geboren-Werden und Sterben zusammenfallen

Die deutsche Sprache hat einen paradox anmutenden Begriff für Kinder, die vor der Geburt sterben: 'Tot-Geburt'. Ein Mensch wird tot geboren, das scheint uns zunächst ein Widerspruch in sich, denn wir verbinden mit dem Geborenwerden das Leben - und nicht den Tod. Wenn man die Schreibweise in 'Tod-Geburt' verändert, könnte man auch hinweisen auf das Zusammenfallen von Tod und Geburt, auf diese Verbindung von den Geheimnissen des Lebens und des Sterbens. Im Englischen ist der Ausdruck für Tot-Geburt 'stillbirth', in Anlehnung daran verwendet die deutsche Selbsthilfegruppe 'Regenbogen' in ihren Publikationen den Begriff 'stille Geburt'. Wenn ein Kind tot zur Welt kommt, ist es eine stille Geburt, eine laut-lose Geburt, denn dieses Kind verkündet nicht mit einem ersten Schrei seine Ankunft auf der Welt. Diese Laut-Losigkeit der Geburt findet nicht selten ihre Fortsetzung in einer Atmosphäre der Sprach-Losigkeit, die die Eltern nach dem Tod ihres Kindes erleben. Den Eltern und ihren BegleiterInnen fehlen oft die Worte, um Schmerz und auch Anteilnahme auszudrücken. Eine andere Form der Sprach-Losigkeit hat Lewis als 'Verschwörung des Schweigens' bezeichnet hat (Lewis 1983): Eltern berichten immer wieder, daß die Menschen in ihrer Umgebung nach dem Tod des Kindes so getan haben, als sei nichts geschehen. Dieses Schweigen über das Ereignis und die damit verbundene Trauer empfinden viele Familien als sehr schmerzhaft.

Der frühe Tod eines Kindes ist nicht nur ein stiller Tod, sondern oft auch ein unsichtbarer Tod (Defrain 1990). Eltern erleben auch heute noch in manchen Kliniken, daß ihnen von Ärzten oder Pflegenden verweigert wird, ihr Kind zu sehen. So kann der Tod ihres Babys für sie im wahren Sinne des Wortes un-sichtbar und unbe-greifbar bleiben.

Manche Eltern haben keinen Gegenstand, der sie an ihr verstorbenes Kind erinnert. Aber wenn auch im Äußeren wenig sichtbar ist, zeichnen das Leben und der Tod dieser Kinder im Inneren der Eltern und der Geschwister sehr viele Spuren.

Oft haben nur die werdenden Eltern eine innere Beziehung zu dem ungeborenen Kind aufgebaut. Stirbt das Kind um die Geburt herum, sehen Freunde und Verwandte es nur selten. Da es daher keine gemeinsamen Erinnerungen gibt, die sie mit anderen Menschen teilen könnten, fühlen sich die Eltern und Geschwister häufig in ihrem Schmerz allein und isoliert.

Wenn das Kind plötzlich stirbt, ohne jegliche Vorankündigung, haben die Eltern keine Möglichkeit, sich innerlich auf den Tod des Kindes vorzubereiten. Die Stimmung der guten Hoffnung, der frohen Erwartung neuen Lebens schlägt um in Verzweiflung und tiefe Erschütterung. (Hier sei auch hingewiesen auf die besondere

Problematik von Frauen mit einer Risikoschwangerschaft, die oft gleichzeitig hoffen auf ein gesundes Kind und bangen müssen um das Leben des Kindes.) Hannah Lothrop formuliert diese Polaritäten in dem Titel ihres Buches über den frühen Tod sehr eindrücklich: 'Gute Hoffnung - jähes Ende' (Lothrop 1991). Eine Mutter beschrieb dieses Leben zwischen den Extremen so: 'An einem Tag ist man glückliche werdende Mutter, und am nächsten Tag muß man ein Beerdigungsinstitut suchen.'

Im vorliegenden Buch soll gezeigt werden, wie Mütter mit dem jähen Ende des Lebens ihres Kindes umgegangen sind, wie sie Formen entwickelt haben, um von ihrem Kind Abschied zu nehmen.

Für ein so bedeutsames biographisches Ereignis wie den frühen Tod eines Kindes gibt es gegenwärtig keine vertrauten und allgemein akzeptierten Rituale in unserer westeuropäischen Kultur. Die Folgen, die dieses Fehlen von angemessenen Abschiedsritualen für den Trauerprozeß haben kann, sind schwerwiegend. Es ist so viel schwieriger für Eltern, um ein Kind ohne Namen, ohne Grab, ohne greifbare Erinnerung zu trauern (Wehkamp 1990). In dieser Situation entscheiden sich immer mehr Familien, eigene Abschieds- und Trauer-Rituale zu gestalten. Neben dieser wachsenden Zahl von individuellen symbolischen Handlungen zeigen sich auch (zaghafte) Veränderungen im gesellschaftlichen Umgang mit dem frühen Tod: ein Beispiel dafür ist das Entstehen von besonderen, künstlerisch gestalteten Gedenkplätzen für früh verstorbene Kinder in einigen Städten. In diese Atmosphäre der beginnenden Wandlung hinein kommt das vorliegende Buch, das der Frage nachgeht, welche Abschieds- und Trauer-Rituale gegenwärtig vollzogen werden und welchen Einfluß diese Rituale auf den Trauer-Prozeß haben.

Rituale sind symbolische Handlungen, die von den Müttern beziehungsweise den Familien gestaltet werden, um Abschied zu nehmen von einem früh verstorbenen Kind. Diese Handlungen werden so bewußt wie möglich vorbereitet und vollzogen. Es sind hier nicht solche Rituale einbezogen, die als therapeutisches Medium eingesetzt werden oder die mit einer suggestiven Gruppenerfahrung verbunden sind. Es geht um ritualisierte Handlungen, die ohne Manipulation durch andere Menschen entwickelt werden und die mit Bewußtseinskraft durchdrungen sind und in Freiheit vollzogen werden. Diese Publikation beschäftigt sich sowohl mit Ritualen unmittelbar nach dem Tod des Kindes als auch mit symbolischen Handlungen, die lange Zeit nach dem Verlust wichtig für die Betroffenen waren. Es können einmalige Handlungen sein, wie zum Beispiel eine Beerdigung; manche Mütter haben sich auch für etwas Fortlaufendes entschieden, indem sie Briefe an ihr Kind geschrieben haben. Es finden sich auch ritualisierte Elemente, die sich wiederholen, wie zum Beispiel ein Gebet, das regelmäßig für das verstorbene Kind gesprochen wird.

1.2 Beschreibender Beobachter und beschriebener Prozeß – über Subjektivität

Diesen Ausführungen voranstellen möchte ich ein Zitat von Schellenbaum: "Der Erfahrungscharakter macht dieses Buch keineswegs unwissenschaftlich. Im Gegenteil: keine Wissenschaft kann es sich mehr erlauben, den beschreibenden Beobachter aus dem beschriebenen Prozeß auszuklammern. Wir sind daran, Abschied von einem

Wissenschaftsideal zu nehmen, das als höchstes Ziel die Objektivität hat. Nichts ist subjektiver als die um jeden Preis erzwungene Objektivität, weil das betrachtende Subjekt seiner Grenzen und Bedingtheiten dabei unbewußt bleibt." (Schellenbaum 1992, S.13).

Im folgenden bemühe ich mich, meine Position als beschreibende Beobachterin darzustellen und den Einfluß meiner Biographie auf den beschriebenen Prozeß zu verdeutlichen. Diese Zeilen sind zu verstehen als ein Versuch, meine Grenzen und Bedingtheiten bewußt anzunehmen. Der Weg, den ich hier nachzeichne, gehört zum Entstehungsprozeß dieses Buches dazu. Ohne die intensive Auseinandersetzung mit meinen eigenen Verlusten hätte ich vieles von dem, was die Mütter mir berichteten, nicht wahrnehmen und verstehen können. Die Welt der Abschiedsrituale ist für mich nicht fremd, sondern es ist eine Welt, zu der ich tiefen Zugang habe.

Schon im ersten Entwurf für eine Fragestellung tauchte das Thema der Abschiedsrituale auf. Nach diesem ersten Konzept setzte ich mich intensiv mit der Literatur über die Trauer nach einem perinatalen Tod auseinander. Außerdem nahm ich an einer Gesprächsgruppe teil, die den Titel trug: 'Der frühe Tod von Kindern'. Wir waren eine gemischte Gruppe, d.h. betroffene Eltern und professionelle HelferInnen saßen zusammen, um einander von ihren Erfahrungen zu erzählen. In dieser Gruppe erlebte ich, wie hilfreich und heilsam der Austausch sein kann. Auf der Grundlage des Literaturstudiums und den Erfahrungen in der Gesprächsgruppe schrieb ich dann ein zweites Konzept. In diesem gab es zwei Themenschwerpunkte: die Besonderheiten der Trauer um den frühen Tod eines Kindes und die langfristigen Auswirkungen der Trauer auf das Leben der Mütter. Der entstandene Leitfaden erwies sich als zu umfangreich. Er ist im Anhang vollständig zitiert, um einen Einblick in die Komplexität der Thematik zu ermöglichen. Es bestand die Notwendigkeit, ein Schwerpunktthema zu finden. Nach nochmaliger Durchsicht der vorhandenen Literatur entschied ich mich, die Thematik der Abschiedsrituale zu bearbeiten. Dies ist ein Bereich, in dem es bisher kaum Publikationen gibt, und in dem es mir sinnvoll schien, zu explorieren. So schrieb ich eine Abhandlung mit dem Titel: "Wenn Geburt und Tod zusammenfallen: Rituale im Trauerprozeß". Daran anschließend entwickelte ich einen Leitfaden, der auf symbolische Handlungen fokussiert war.

Während des ersten Interviews mit einer betroffenen Mutter fühlte ich mich sehr offen und ungeschützt, ich habe viel Atmosphärisches, auch unausgesprochene Trauer, aufgenommen. Ich war nicht in der Lage, klare Grenzen in bezug auf den zeitlichen Rahmen zu setzen. Nach diesem Interview hatte ich das Gefühl, in tiefer Trauer beinahe zu versinken. Sieben Monate vor diesem Gespräch war ein für mich sehr wichtiger Mensch über die Schwelle des Todes gegangen. Ich hatte ihn in seinen letzten Lebenstagen zu Hause begleitet. Die Zeit an seinem Sterbebett war auch mit Erinnerungen an den Tod meiner Mutter eineinhalb Jahre vorher verbunden. Bis zum Zeitpunkt des Interviews hatte ich keinen Raum gehabt, mich bewußt mit meiner Trauer um diesen zweiten Verlust innerhalb kurzer Zeit auseinanderzusetzen. Im Rückblick erkenne ich, daß das Aufbrechen meiner Gefühle nach dem Gespräch unter anderem damit zusammenhing, daß durch die intensive Beschäftigung mit den Verlusterfahrungen eines anderen Menschen auch meine eigene Trauer angerührt wurde.

Die amerikanische Psychoanalytikerin Savage beschreibt, daß durch die Erzählung von Eltern über den Tod ihres Kindes diese Bilder auch in dem Zuhörer entstehen und im Sinne von Archetypen wirken. Diese archetypischen Bilder vom Tod führen beim Zuhörenden zu einer inneren Konfrontation mit seinen eigenen Erfahrungen mit Tod und Trauer (Savage 1989).

Um mich mit diesen eigenen Trauer-Erfahrungen auseinanderzusetzen und außerdem neue Fähigkeiten in der Begleitung von trauernden Menschen zu erlernen, begann ich eine Weiterbildung zum Thema Trauerbegleitung. In diesem Kurs konnte ich vielfältige Möglichkeiten nutzen, an der Integration eigener Verluste zu arbeiten. Außerdem wurden ein neues Trauer-Modell (Smeding 1989) und inhaltliche und methodische Konzepte der Trauerbegleitung dargestellt und erarbeitet.

Der bewußte Umgang mit meinen eigenen mehrfachen Verlusten war notwendig, um trennen zu können zwischen meinen Erfahrungen und Gefühlen und denen anderer Menschen. Dies war eine wesentliche Voraussetzung für die folgenden Interviews. Savage weist auf die herausragende Bedeutung des Trennens zwischen eigenen und fremden Verlusten im psychoanalytischen Prozeß hin (Savage 1989). Obwohl in einem Interview keine therapeutische Beziehung vorliegt, treffen diese Aussagen auch auf diese Situation zu. Denn es geht in einem Interview darum, den anderen Menschen mit seinem Schmerz wahrzunehmen und zu versuchen, ihn zu verstehen. Auch im Interview muß bewußt mit der Gefahr der Projektion umgegangen werden.

Savage gehört zu den betroffenen Eltern, die, ausgehend von ihren eigenen Erfahrungen, sich der Thematik des frühen Todes in einem wissenschaftlichen Rahmen gewidmet haben. An dieser Stelle sei hingewiesen auf andere betroffene Mütter und Väter, die über die Bedeutung des frühen Todes publiziert haben: Judith Lasker, Linda Layne, Irving Leon, Hannah Lothrop, Christoph und Ute Student. Sie haben alle offen über ihre eigene Trauer berichtet. Judith Savage schreibt über ihren Lebensweg: "Obwohl dieses Buch ein Sachbuch ist, wird die Stimme des Erzählers - meine eigene - aufgrund meiner persönlichen Erfahrungen mit Trauer offensichtlich sein. Im Alter von 33 Jahren hatte ich nicht nur meine Adoptiveltern, meine leiblichen Eltern und meine beiden Brüder verloren, sondern auch einen Sohn im Säuglingsalter. Aufgrund der Vielzahl meiner Verluste mußte ich meinen eigenen Sinn aus diesen Erfahrungen finden." (Savage 1989, S.XI, Übers. d. Verf.). Diese Ehrlichkeit von Menschen, die eigene Trauer in ihrer wissenschaftlichen Arbeit nicht verleugnen, hat mich tief beeindruckt und hat gerade das vorliegende Kapitel wesentlich beeinflußt.

Die weiteren Interviews fanden nach dem Abschluß der Weiterbildung in Trauerbegleitung statt. Ich konnte sehr deutlich erleben, wie meine Reaktionen auf die Gespräche sich entscheidend verändert hatten. Ich war nicht mehr erschöpft oder angestrengt. Ich konnte den Frauen mit großer Offenheit begegnen, gleichzeitig war ich in der Lage, klare Grenzen zu ziehen. Nach den Gesprächen erlebte ich nicht mehr, daß ich mich von meinen eigenen Verlusterfahrungen überflutet fühlte. In bezug auf die Tiefe der Gespräche ist ein großer Unterschied spürbar zwischen dem ersten Interview und den dann folgenden. Bei den späteren Interviews nahmen die Mütter wahr, daß ihr Schmerz Raum hatte in unserer Begegnung und daß ich keine Angst vor ihren Tränen hatte. So teilten mir einige Frauen sehr schmerzhafte Erinnerungen mit.

Und gleichzeitig ermöglichte diese offene und von Vertrauen getragene Atmosph auch das Gespräch über sehr tiefgreifende Fragen: die Beziehung zum Kind nach dessen Tod, der Sinn des Geschehenen, die Thematik des Lebens nach dem Tod und die der Verbindungen zwischen Lebenden und Toten. Ich habe diese Begegnungen als ein großes Geschenk erlebt, für das ich sehr dankbar bin.

1.3 Zu diesem Buch

Grundlage für dieses Buch sind Erfahrungsberichte von trauernden Müttern und Geschwistern (alle in diesem Buch genannten Initialen sind Deckinitialen). Ich habe mich bemüht, möglichst nahe am Erleben der Betroffenen zu bleiben. Dazu gehört für mich auch, einen Sprach-Stil zu verwenden, der allgemein verständlich ist. Dies ist ein eher erzählender Stil, da dieser mir als eine geeignete Form für eine phänomennahe Beschreibung psychischer Prozesse erscheint. Angesichts einer Thematik, die so wenig im Materiellen greifbar ist, habe ich manches in Bildern beschrieben, was sonst möglicherweise gar nicht ausgedrückt werden könnte.

Es ist ein Buch, geschrieben von einer Frau über die Erfahrungen von Frauen. Und doch ist es kein Buch nur für Frauen. Ich wünsche mir, daß es auch Männern etwas zu sagen hat, Vätern, die um ihr früh verstorbenes Kind trauern, Brüdern, und professionellen Begleitern.

Im theoretischen Teil werden verschiedene wissenschaftliche Definitionen für den Begriff 'Ritual' referiert. Außerdem werden Wirkungen und Funktionen von Ritualen beschrieben.

Die Auswertung der Erfahrungsberichte erfolgte unter verschiedenen thematischen Schwerpunkten. Nach einer Beschreibung der Ereignisse um die Geburt herum wird die Bedeutsamkeit der Namensgebung erläutert. Es folgen Beispiele für die Gestaltung von Mitteilungen über Geburt und Tod des Kindes. Daran schließt sich eine Beschreibung der verschiedenen Funktionen von Erinnerungsstücken an. Hinzu kommt eine Auseinandersetzung mit dem Wert, den ein Foto des Kindes für die Eltern haben kann. Ferner werden die Rituale von Aufbahrung, Totenwache und Beerdigung und der Stellenwert eines markierten Grabes erörtert. Im weiteren wird die Gestaltung von Jahrestagen ausgeführt. Zusätzliche Aspekte der Auswertung sind die soziale Interaktion, der Umgang mit offenen Gestalten, die Frage der Identitätsfindung, die Erlebnisqualität des Außergewöhnlichen und Schritte zur Heilung.

In einem gesonderten Kapitel werden die Auswirkungen erläutert, die der frühe Tod eines Kindes für die Geschwister, bis ins Erwachsenenleben hinein, haben kann.

Schließlich werden Anregungen für die professionelle Begleitung von trauernden Familien gegeben.

1.4 Einige Worte an Betroffene

In diesem Buch berichten Mütter, wie sie die Trauer um den frühen Tod ihres Kindes erlebt haben und wie sie ihr Gestalt gegeben haben. Manche Gefühle und Erfahrungen werden Sie wiedererkennen, anderes wird Ihnen fremd erscheinen.

Vielleicht haben Sie vor kurzer Zeit den frühen Tod Ihres Kindes erlebt und suchen nun nach Möglichkeiten, diesen schweren Verlust in Ihr Leben zu integrieren. Möge dieses Buch Ihnen zeigen, wie andere Menschen Schritte auf dem Weg zum Heil-Werden gegangen sind.

Vielleicht sind Sie Eltern, deren Kind vor vielen Jahren um die Geburt herum gestorben ist. Gerade auch für Sie ist dieses Buch geschrieben, in der Überzeugung, daß Trauer ein lebenslanger Prozeß ist. Ich wünsche mir, daß das Lesen Ihnen Mut für Ihren eigenen Weg durch die Trauer macht.

Vielleicht haben Sie sich beim Lesen plötzlich (wieder)erinnert, daß Ihr Geschwisterkind früh gestorben ist. Möglicherweise sind Sie erschüttert durch die Intensität der lange vergessenen Trauer. Ich wünsche mir, daß das Lesen der Erfahrungsberichte Ihnen helfen kann, den Abschied von ihrem Geschwisterkind in einer für Sie passenden Weise zu gestalten.

1.5 Einige Worte an professionelle BegleiterInnen

Dieses Buch wendet sich ausdrücklich auch an Sie, an Menschen also, die trauernde Familien unterstützen. Ich wünsche mir, daß es Ihnen Einblick geben kann in die Erfahrungswelt der Trauernden. Möge die Lektüre Sie anregen zu eigenen Gedanken über die für Sie angemessene Form der Begleitung für betroffene Familien.

Möge dieses Buch seinen Beitrag leisten, daß Sie mehr Familien die Chance geben können, in Würde Abschied zu nehmen von dem gestorbenen Kind und um es zu trauern.

Ich wünsche mir, daß das Lesen Ihnen helfen kann, sich selbst als Mit-Betroffene zu erfahren.

2 Trauer - ein lebenslanger Prozeß?

2.1 Ein neuer Zugang zu den Phänomenen des Trauerprozesses

Trauer ereignet sich nicht in linear aufeinanderfolgenden Phasen, sondern drückt sich in einer Reihe von Prozessen aus, die einander überlappen und die sich wiederholen können. Unterschiedliche Facetten des Trauerprozesses können sich gleichzeitig zeigen, die Bedeutung der jeweiligen Facetten verändert sich im Lauf der Zeit (Davidson 1979).

In ihren Untersuchungen fanden Silver und Wortman (1980) keine Evidenz dafür, daß Trauernde eine festgesetzte Reihenfolge von Phasen durchleben. Sie weisen auch darauf hin, daß es oft keinen endgültigen Abschluß der Trauer gibt (Wortman & Silver 1989). Frantz zeigte in einer Studie, daß Eltern 6-12 Monate nach dem Tod ihres Kindes verstärkte Trauer erlebten. Die Eltern nahmen jedoch an, daß die Trauer mit der Zeit weniger werden würde, und drückten deshalb Angst davor aus, 'verrückt' zu werden. Die Inkongruenz zwichen der Erwartung und dem tatsächlichen Erleben verstärkt demnach die negativen Folgen des Verlustes (Frantz 1984).

Rosenblatt und Burns fanden in einer Untersuchung über langfristige Folgen eines perinatalen Todes, daß 25% der betroffenen Eltern gelegentliche oder häufige Gefühle von Trauer erlebten. Manche dieser 'pangs' wurden als intensiv beschrieben, die Zeit seit dem Verlust lag zwischen 2 und 46 Jahren (Rosenblatt & Burns 1986).

Auch Peppers und Knapp beschreiben in einer Studie, daß die von ihnen befragten Eltern vorübergehende Rückkehr von Trauergefühlen erfuhren. Sie benennen dies als 'Schatten-Trauer' (Peppers & Knapp 1980b).

Ein Trauernder kann sich nicht in kurzer Zeit mit allen Hoffnungen, Erinnerungen und Gefühlen auseinandersetzen, mit denen er sich auseinandersetzen muß. Dafür ist viel Zeit notwendig. Außerdem kann z.B. ein Jahrestag nicht 'im voraus' bewältigt werden, sondern die damit zusammenhängenden Gefühle und Erinnerungen müssen am Tag selbst durchlebt und durchgetragen werden.

Trauern hat seine Zeit - ein Leben lang leben wir mit unserer Trauer. Die Trauer nimmt sich ihre Zeit; denn manchmal sind die Gefühle so überwältigend, daß wir uns ihnen einfach stellen müssen. Und: wir müssen der Trauer Zeit und Raum geben, uns bewußt entscheiden, den Prozeß zu durchleben. Eltern können nicht über den Tod ihres Kindes 'hinweg' kommen. Sie können niemals dorthin zurückkehren, wo sie vor diesem Verlust waren. Sie können sich auf den Weg zu einem anderen, einem neuen, bisher unbekannten Ort machen. Ihre Trauer ist zu einem Teil der Fäden geworden, aus denen ihre Identität gewebt ist.

Es ist nicht die quantitativ meßbare Zeit, sondern die ganz individuelle Zeit jedes Trauernden. Jeder hat seinen eigenen Rhythmus, seine eigene Geschwindigkeit.

Der amerikanische Trauerforscher Rosenblatt weist darauf hin, daß jemand (scheinbar) die Trauerarbeit abgeschlossen haben kann und dann bei der Konfrontation mit neuen 'reminders' von intensiver Trauer beinahe überwältigt werden kann. Er sieht es als ein Charakteristikum des normalen Trauerprozesses, daß wiederholte Wellen von Trauer im Laufe von Jahren und Jahrzehnten auftauchen. Rosenblatt bemerkt hierzu: "Wenn der Lebenszyklus garantiert, daß Menschen wiederholt neuen Ereignissen begegnen, die sie an Menschen erinnern, die sie verloren haben, dann kann man für wesentliche Verluste die Trauerarbeit nie vollenden." (Rosenblatt 1983, S. 155, Übers. d. Verf.).

Die Auslöser für Gefühle der Trauer sind manchmal offensichtlich, manchmal sind sie im Verborgenen, und es bedarf einer großen Anstrengung, um sie ins Bewußtsein zu holen.

Der Wandlungsprozeß, den der Tod eines Kindes auslöst, dauert, so lange wir leben. So haben wir die Chance, wie in einer Spiralform auf immer neuen Ebenen Schritte in Richtung Heilung zu gehen.

Wenn Menschen zum ersten Mal davon hören, daß Trauern ein lebenslanger Prozeß sei, bekommen sie vielleicht Angst. Manche werden sich fragen: "Ich kann doch nicht aufhören, mein Leben zu leben, und für immer und ewig trauern, oder?" Trauer als einen lebenslangen Prozeß zu betrachten, bedeutet nicht, daß Eltern für den Rest ihres Lebens ständig weinen werden. Es bedeutet auch nicht, daß trauernde Familien nie wieder lachen werden. Wenn wir Trauer als einen Prozeß sehen, der sich durch den Lebenszyklus hindurch entwickelt, dann erlaubt diese (neue) Sichtweise Eltern und Geschwistern ihre Gefühle so zu fühlen, wie sie sie fühlen: zu jeder Zeit, an jedem Ort, mit jeder Intensität.

Als eine Frau zum ersten Mal ihr gerade geborenes Großkind sah, weinte sie sehr. Denn während sie den warmen Körper des Kindes berührte, wurden Erinnerungen in ihr wach an die Geburt ihrer zweiten Tochter, die tot zur Welt gekommen war. Diese Großmutter kennt den Unterschied zwischen ihrer Trauer um ihr vor vielen Jahren gestorbenes Kind und ihrer Freude über ihr neues Enkelkind, das sie als Individualität anerkennt. Sie kann unterscheiden zwischen dem neuen Enkelkind (das Auslöser war für die Tränen) und ihrer Trauer. Dies ist eine gesunde Weise, im Lebenszyklus weiter zu gehen.

3 Theoretische Grundlagen für das Verständnis von Ritualen

3.1 Allgemeine Ritual-Theorie

In diesem Kapitel wird eine kurze allgemeine Einleitung zur Definition von Ritualen gegeben. Daran schließt sich eine Darstellung der Positionen an, die die modernen Sozialwissenschaften, insbesondere Anthropologie und Soziologie in ihren verschiedenen Strömungen, Ritualen gegenüber beziehen. Im weiteren werden die Grundlagen des gegenwärtigen Ritual-Verständnisses diskutiert, wie sie von van Gennep und Turner entwickelt worden sind (Van Gennep 1909, Turner 1969). Es folgt die Referierung von Definitionen des Begriffs 'Ritual', wobei Bezug genommen wird auf verschiedene Fachdisziplinen und auf unterschiedliche Schulen. Es werden neben allgemeinen Begriffsbestimmungen auch Definitionen genannt, die sich auf die spezifischen Charakteristika von Abschieds- und Trauer-Ritualen beziehen. Das Kapitel wird beendet mit einer Darstellung, wie in dieser Publikation der Begriff Ritual definiert wird.

In der wissenschaftlichen Literatur über Rituale finden sich wenige Aussagen darüber, was ein Ritual ist. Oft wird erläutert, auf welchen Ebenen ein Ritual wirkt und welche Funktionen es für das Individuum und für die Gesellschaft erfüllt. Der britische Theologe Tapp betont in seiner Veröffentlichung über Rituale, daß es ihm hilfreicher erscheine, zu beschreiben, was gewisse Rituale tun und warum sie dies tun. Er versuche daher nicht, zu definieren, was ein Ritual sei (Tapp 1978). Im folgenden werden verschiedene wissenschaftliche Definitionen von Ritualen dargelegt. In den referierten oder zitierten Aussagen werden allerdings immer wieder auch Erklärungen dafür zu finden sein, wie und warum Rituale wirken. Nur durch dieses erweiterte Verständnis einer Begriffsbestimmung ist es möglich, angemessen darzustellen, welche Position Rituale in unserer modernen westlichen Kultur innehaben, beziehungsweise einnehmen könnten.

Viele der aktuellen Publikationen über Rituale nehmen Bezug auf die Aussagen, die der belgische Wissenschaftler van Gennep zu Beginn des 20. Jahrhunderts über 'Rites de passage' oder 'Übergangsriten' gemacht hat. Van Gennep teilt die Übergangsriten in drei Phasen ein: Trennung, Liminalität, Wiedereingliederung. Die erste Phase (die Trennung) bezieht symbolische Handlungen ein, die die Lösung des Individuums von einem früher festgelegten Rang in der gesellschaftlichen Struktur, von kulturellen Bedingungen oder von beidem verdeutlichen. In der Liminalphase ist das Ritual-Subjekt in einem Bereich, der kaum Ähnlichkeiten und Attribute des vergangenen und des zukünftigen Zustands aufweist. Die Vollendung des Übergangs findet in der Wiedereingliederung in die Gemeinschaft statt.

Der Begriff 'Liminalität' ist von dem lateinischen Wort 'limen' abgeleitet, das mit 'Schwelle' übersetzt werden kann. Turner vertritt die Ansicht, daß der Ausdruck 'cuniculär' (in einem Tunnel sein) die Erlebnisqualität dieser mittleren Phase besser beschreiben würde. Er sieht in dem Bild des Tunnels das Verborgene und das mysteriöse Dunkel der Liminalphase eher dargestellt als in dem Bild der Schwelle (Turner 1969).

Ross und Ross beschreiben die Liminalität als einen Zustand des Niemand- und Nirgendwo-Seins. Das Individuum hat eine alte Identität aufgegeben und hat noch keine neue Identität entwickelt (Ross & Ross 1983). Dieser Aspekt des Identitätsverlustes und der Suche nach einer neuen Identität ist in bezug auf die Situation von Frauen, deren Kinder um die Geburt herum sterben, sehr wichtig.

Turner und Turner sehen Liminalität nicht nur als einen Übergang, sondern auch im Sinne der Potentialität. Sie betonen die Bedeutung dessen, was sich entwickeln kann (Turner & Turner 1978). Gerade in der Begegnung mit trauernden Menschen ist es bedeutsam, diesen Aspekt der Potentialität bewußt einzubeziehen. Aus dem oft chaotischen Schmerz der Trauer und der unstrukturierten Übergangssituation können neue Möglichkeiten erwachsen, kann Neues gestaltet werden. Betrachtet man den Übergang mit den Möglichkeiten und Chancen, die er bieten kann, kann man auch einen hoffnungsvolleren Blick in die Zukunft werfen. Der Gedanke der Potentialität findet sich in einer ähnlichen Form auch bei Tapp: "Rituale sind insbesondere verbunden mit Augenblicken des Übergangs, wenn etwas Neues in die Welt hinein geboren wird mit seinem eigenen Wachstumspotential." (Tapp 1978, Übers. d. Verf.). Diese Aussage betont das schöpferische Element des Übergangs: Neues kann sich entfalten.

Turner betrachtet Rituale als kreative Perioden, weil der Mensch sich während des Vollzugs weg vom Gewöhnlichen und Erwarteten hin zu einer Ebene bewegt, die geprägt ist vom Ausprobieren und vom Neuen (Turner 1969).

Der deutsche Theologe Spiegel verweist auf van Gennep und Turner und bezieht deren Aussagen auf das Ritual der Beerdigung. Spiegel sieht im Beerdigungsritual einen doppelten Statusübergang dargestellt: der verstorbene Mensch geht 'in den Status derer über, die auf die zukünftige 'Neue Gesellschaft' warten' (Spiegel 1973). Die Trauernden verlieren ihren alten sozialen Status und müssen sich um einen neuen Status bemühen. Das Ritual der Beerdigung erfüllt laut Spiegel zwei Funktionen; zum einen ordnet es die Beziehung zwischen dem Verstorbenen und den Trauernden, zum anderen symbolisiert es die Veränderungen in den Beziehungen zwischen dem Trauernden und seiner Umwelt. Im folgenden sind zwei Passagen aus der Publikation von Spiegel zitiert, die diese beiden Funktionen des Beerdigungsrituals zusammenfassen: "Es tut dies, indem es (1) das Ziel definiert, das der Tote erreichen soll, (2) die Gefühle des Trauernden gegenüber dem Toten definiert, (3) die Angst um den Toten reduziert, (4) dem Toten einen neuen Status zuspricht, (5) die Realität seines Todes veröffentlicht und (6) an die Gemeinsamkeit zwischen Lebenden und Toten erinnert. [...] (1) Es stellt den Weg dar, den er [der Trauernde] zu gehen hat, (2) hält seine Emotionen unter Kontrolle, (3) reduziert seine Angst, die neuen Situationen zu bewältigen, (4) spricht ihm den neuen Status zu, (5) proklamiert diesen auch in der Öffentlichkeit und (6) sichert dem Trauernden zu, er werde wieder in die

Welt der Lebenden aufgenommen, der Zwischenzustand seiner Isolierung sei kein permanenter." (Spiegel 1973).

In ihrer Untersuchung der Rituale für die Liminalphase finden Reeves und Boersma, daß einige der üblichen todesbezogenen Rituale wie zum Beispiel Beerdigung und Totenwache von den Teilnehmenden nicht als hilfreich erlebt werden. Die kanadischen Autoren führen dies darauf zurück, daß diese Rituale sich mit dem Thema der Wiedervereinigung auseinandersetzen, während die Trauernden noch in der Liminalphase sind. Sie halten daher ein Ritual für notwendig, das sich auf die Situation des Übergangs und auf das Thema Krise konzentriert und diesem Struktur und Bedeutung gibt (Reeves & Boersma 1989-90).

3.2 Anthropologische und soziologische Betrachtungen

Wenn man sich der Thematik von Ritualen zuwendet, so begegnet man zunächst vor allem anthropologischen Abhandlungen. Es gibt kaum soziologische Publikationen, die sich mit Ritualen in unserer Gesellschaft auseinandersetzen. Gusfield hebt in diesem Zusammenhang hervor, daß Ritual, Mythos und Zeremonie in der heutigen Soziologie als nebensächliche und exotische Begriffe behandelt werden. In der Anthropologie seien sie dagegen ein zentraler Bestandteil der Untersuchung des Lebens in anderen Kulturen. Er vertritt die Überzeugung, daß sich in dieser fehlenden Anerkennung der Bedeutung von Ritualen grundlegende soziologische Konzepte widerspiegeln. Das moderne Leben werde als von einer säkularen, nüchternen und rationalen Kultur dominiert gesehen (Gusfield 1984). In einem solchen Gesellschaftsbild ist kein Raum für sinnvolle Rituale. Dies entspricht der negativen Haltung in bezug auf Rituale, wie sie von Scheff beschrieben worden ist. Scheff sieht in den gegenwärtigen Sozialwissenschaften zwei polare Sichtweisen von Ritualen: "Die negative Einstellung betrachtet Rituale als eine leere Hülle, ein Überbleibsel von Überzeugungen und Praktiken, deren Funktionen in einer unwiederbringlichen Vergangenheit verloren sind." (Scheff 1977, Übers. d. Verf.). Die Vertreter der positiven Einstellung betrachten Rituale und Mythen als Fundament aller Kultur und Grundlage des menschlichen Bewußtseins. Der Fokus der vorliegenden Publikation richtet sich auf die Auseinandersetzung mit Aussagen, die auf einer positiven Einstellung zu Ritualen begründet sind.

Ein anthropologisches Wörterbuch definiert Rituale als Handlungen, die gewöhnlich Religion oder Magie einbeziehen (Winnick 1956). Die amerikanische Psychoanalytikerin Siggins weist darauf hin, daß alle anthropologischen Definitionen diesen Zusammenhang von Ritual und Magie oder Religion betonen und so säkulare symbolische Handlungen aus dieser Definition ausschließen. Siggins beschreibt die traditionelle Haltung von Anthropologen als die eines funktionalen Rationalismus. Sie betrachteten Rituale als einen Teil der sozialen Struktur und verträten die Meinung, daß rituelle Symbole die soziale Struktur ausdrückten (Siggins 1983).

3.3 Definitionen

Im Anschluß an die Darstellung der grundlegenden Arbeiten über Rituale werden nun verschiedene Definitionen referiert. Es wird Bezug genommen auf verschiedene Autoren und auf Rituale in mehreren Kontexten.

Siggins verweist auf vier Bereiche, in denen der Begriff 'Ritual' verwendet wird. Das erste Gebiet ist schon genannt worden: die Anthropologie, in der Rituale laut Siggins immer im Zusammenhang mit dem Glauben an Magie oder Religion gesehen werden. Der zweite Bereich, in dem von Ritual gesprochen wird, ist der der zwanghaften Störungen. Das Zwangssymptom kann verstanden werden als eine symbolische Kompromißbildung zwischen einem unbewußten verbotenen Wunsch und der Abwehr gegen diesen Wunsch. Das dritte Gebiet, das Siggins anführt, ist das der Rituale des täglichen Lebens, wie zum Beispiel Begrüßungen, Gewohnheiten, Sitten und Bräuche. Siggins nennt einen vierten Bereich, wo der Begriff 'Ritual' erscheint: in der Verhaltensforschung. Sie erläutert, daß dort mit Ritualisierung bestimmte von sozialen Tieren ausgeführte phylogenetisch determinierte zeremonielle Akte gemeint seien. Genau wie die beiden vorher genannten Gebiete sind auch die Rituale der Verhaltensforschung nicht Thema in dieser Arbeit.

In einem Wörterbuch wird der von van Gennep übernommene Begriff 'rites de passage' beschrieben als die Sicherung des Übergangs einer Person in einen neuen Lebensabschnitt, der verbunden ist mit dem Gedanken der Reinigung (Lurker 1979). Der Hinweis auf den Zusammenhang zwischen dem Schwellenübergang und der Notwendigkeit einer Reinigung ist auf dem geschichtlichen Hintergrund zu verstehen. In vielen alten Kulturen glaubte man, 'Schwelle' sei verbunden mit den Qualitäten von 'schmutzig und unberührbar'.

Lander und Zohner verstehen als Rituale symbolische Handlungen, die nach festgelegten Regeln formalisiert sind (Lander & Zohner 1992). Die Betonung der Festlegung von Regeln und der Formalisierung entspricht nicht meinem Verständnis von Ritualen. Ich beziehe symbolische Handlungen ein, die nicht vorher detailliert geplant waren. Mir geht es auch um spontane Handlungen, deren Bedeutung als symbolische Handlung sich erst während des Vollzugs oder im Rückblick erschließt. In jeder symbolischen Handlung finden sich gewisse Elemente, die vor dem Vollzug festgelegt werden. Diese Elemente bilden den Rahmen, innerhalb dessen sich Ent-Wicklung ereignen kann. Der Rahmen ist gerade bei der Gestaltung von Abschiedsritualen wichtig, denn die Trauernden erleben diesen Rahmen oft als einen Halt in der sonst so chaotischen Trauerzeit. In diesem Rahmen muß jedoch Raum sein für Entfaltung, für spontane Handlungen, für schöpferische Neugestaltungen. Trauer-Rituale wirken nicht allein durch ihre Existenz heilend; sie müssen mit individuellem Inhalt 'gefüllt' werden, um für den Einzelnen hilfreich zu sein.

Die amerikanische Psychotherapeutin T. Rando gibt folgende grundlegende Definition für ein Ritual: "Ein Ritual ist definiert als ein spezifisches Verhalten oder eine spezifische Handlung, die bestimmten Gefühlen und Gedanken des/der Vollziehenden als Einzelne oder als Gruppe symbolischen Ausdruck verleiht." (Rando 1985, Übers. d. Verf.). Diese Begriffsbestimmung ist sehr weit gefaßt und entspricht dem Verständnis von Ritualen in der vorliegenden Publikation.

Das Hinaus-Setzen von emotionalen Erlebnisinhalten kann für einen Trauernden befreiend wirken, insbesondere, wenn der Tod eines geliebten Menschen mit traumatischen Erfahrungen verbunden war. Oft fehlen die Worte, um den Schmerz mitzuteilen; dann können Symbole und symbolische Handlungen helfen, ohne Worte eine Brücke zu anderen Menschen zu schlagen.

Rando weist in ihrer Definition auf ein weiteres Charakteristikum von Ritualen hin: sie können einmal stattfinden, wie zum Beispiel eine Beerdigung, sie können jedoch auch wiederholt werden oder über eine gewisse Zeit fortlaufend vollzogen werden. Dies zeigt die vielfältigen möglichen Variationen von Ritualen.

Dem Thema des wiederholten Vollzugs von Ritualen widmen sich auch Lander und Zohner, die die rhythmische Wiederholung als einen bedeutsamen Aspekt in der Integration von Verlusten sehen (Lander & Zohner 1992).

Eine weitere Beschreibung der Kennzeichen eines Rituals gibt ein britischer Soziologe: "Eine von Konventionen bestimmte gemeinsame Handlung, die zwei oder mehr Personen einbezieht, mit besonderen Gefühlen und oft einer heiligen Bedeutung ausgestattet, konzentriert sich auf eine klar definierte Zusammenstellung von sozialen Objekten, die beim Vollzug ein besonderes Gefühl des Heiligen und des Außergewöhnlichen bei den Teilnehmern hervorruft." (Denzin 1974, Übers. d. Verf.). Das Attribut 'von Konventionen bestimmt' entspricht nicht dem Gebrauch des Begriffs 'Ritual' im vorliegenden Buch, denn hier geht es vor allem um selbstgestaltete symbolische Handlungen, die nicht von Konventionen abhängig sind.

Denzin schreibt von zwei oder mehr Personen, die bei einem Ritual anwesend sein müßten. Dieses Kriterium gilt in der vorliegenden Publikation nicht. Ich bezeichne auch symbolische Handlungen, die von einer Person allein vollzogen werden, als Ritual.

Früher war der Vollzug von Ritualen mit Kultushandlungen verbunden. Auch wenn diese Assoziation heute nicht mehr besteht, können Rituale über die sichtbare Realität hinausweisen, können Brücken bilden hin zu transzendenten Dimensionen des Lebens. Nur wenn diese verschiedenen Ebenen anerkannt werden, kann es gelingen, einen Zugang zu der Qualität des Außergewöhnlichen im Ritual zu finden.

Es gibt unterschiedliche Ansichten darüber, ob Rituale, die eine gewisse Zeit nach dem Tod vollzogen werden und nicht mehr in direktem Zusammenhang zu der Beerdigung stehen, zu den Beerdigungsritualen gezählt werden sollen. Mandelbaum schließt in seiner Definition auch solche Rituale ein (Mandelbaum 1959). Bolton und Camp machen in ihrer Untersuchung über Abschiedsrituale darauf aufmerksam, daß viele Definitionen die Rituale im Anschluß an die Beerdigung nicht einbeziehen (Bolton & Camp 1986-87). Die amerikanischen Autoren beschreiben im weiteren, wie sie den Begriff der 'Rituale nach der Beerdigung' verstehen: "Dies sind oft die mehr privaten Rituale, die in den Wochen, Monaten und sogar Jahren nach dem Tod stattfinden. Sie schließen ein: das Beantworten der Beileidskarten, die Danksagungen für Blumen, Gebete und Unterstützung, und das Sortieren und Entfernen der persönlichen Gegenstände des Verstorbenen." (Bolton & Camp 1986-87, Übers. d. Verf.). In der Studie wurden vor allem Rituale untersucht, die mit der Erledigung von bestimmten äußeren Aufgaben zusammenhingen. Die innere Klärung der Beziehung zu dem Verstorbenen und die Integration der mit dem Tod verbundenen Erfahrungen gehören wesentlich zur Trauerarbeit hinzu und können mit Hilfe von Trauerritualen gestaltet werden. Diese Ebenen wurden in der Studie von Bolton und Camp nicht berücksichtigt.

Im folgenden wird ein Begriff aus der amerikanischen Literatur, der eine besondere Form des Abschiedsrituals beschreibt, erläutert : die 'Beau-Geste'. Dieser Ausdruck lehnt sich an den gleichlautenden Titel eines Romans von P.C. Wren an (Wren 1924). Die Volkskundlerin und Hospiz-Mitarbeiterin E. Brady definiert die 'Beau-Geste' folgendermaßen: "Typischerweise ist die 'Beau-Geste' die ehrfurchtsvolle und symbolisch beladene Entledigung des Trauernden von einem oder mehreren Gegenständen, die mit dem Toten assoziiert werden, oder ein persönlich zusammengestelltes Ritual, das in seinem oder ihrem Gedenken ausgeführt wird. Ihrem innersten Wesen nach ist die 'Beau-Geste' eher eine private als eine öffentliche Aussage." (Brady 1988, Übers. d. Verf). Dies ist ein Terminus, der mir in der deutschsprachigen Literatur bisher nicht begegnet ist. In deutschen Publikationen über Trauer-Rituale werden durchaus Verhaltensweisen charakterisiert, die der 'Beau-Geste' ähnlich sind; sie werden jedoch nicht so benannt.

Der amerikanische Thanatologe Rosenblatt hebt in seiner Untersuchung über transkulturelle Aspekte von Trauer eine Form des Trauer-Rituals besonders hervor: die 'final ceremony', die Schluß-Zeremonie. In der öffentlichen und formalisierten Schluß-Zeremonie, die zehn oder mehr Tage nach der Beerdigung stattfindet, gedenkt man des Verstorbenen. Der Trauernde verpflichtet sich vor Zeugen, das Trauern abzuschließen, und trennt sich von bestimmten Trauersymbolen. Rosenblatt erläutert, daß 75% der von ihm untersuchten Kulturen Schluß-Zeremonien hatten (Rosenblatt 1976). In West-Europa wird diese Form der Beendung der Trauerzeit nur noch selten vollzogen. Wenn solche Schluß-Zeremonien stattfinden, geschieht das vor allem in der katholischen Kirche (Jahresamt) und in den jüdischen Gemeinden. In der jüdischen Religion ist es üblich, ein Jahr nach dem Tod einen Grabstein auf das Grab zu setzen. Diese Handlung kann die Form einer 'final ceremony' annehmen.

Ein Bereich, in dem der Begriff 'Ritual' auch im westlichen Europa in den letzten zwei Jahrzehnten Bedeutung erlangt hat, ist die Familientherapie. Insbesondere die italienische Familientherapeutin Selvini-Palazzoli und ihre MitarbeiterInnen haben sich mit dem Thema 'Familienritual' in Theorie und Praxis auseinandergesetzt. Selvini-Palazzoli definiert den Terminus 'Familienritual' folgendermaßen: "Formal gesehen ist ein Familienritual eine Handlung oder eine Serie von Handlungen, die gewöhnlich von Formeln oder verbalen Äußerungen begleitet sind, an die sich alle Familienmitglieder halten müssen. Wenn das Ritual wirksam sein soll, müssen alle Familienmitglieder daran beteiligt sein. Es wird, wie jedes Ritual, minuziös von den Therapeuten ausgearbeitet, oft schriftlich: die Art und Weise, wie es ausgeführt werden muß, der Zeitplan, der eventuelle Wiederholungsrhythmus, in dem die verbalen Formeln ausgesprochen werden müssen, deren Reihenfolge usw." (Selvini-Palazzoli 1981). Diese Definition ist auf Rituale fokussiert, die in einer systemischen Familientherapie als eine therapeutische Methode verwendet werden. Im Rahmen der vorliegenden Arbeit werden keine therapeutischen Familienrituale dargestellt, weil keine der von mir interviewten Mütter mit ihrer Familie in einer systemischen Familientherapie war. Dennoch erscheint es mir sinnvoll, diese Definition hier anzuführen. Denn sie macht darauf aufmerksam, daß wir es nicht nur mit einem Individuum (der Mutter) zu tun haben, sondern daß es um die Familie, um eine Gemeinschaft von Menschen geht.

3.4 Gebrauch des Begriffes Ritual in diesem Buch

Ein Abschiedsritual ist eine bewußt vorbereitete und vollzogene symbolische Handlung, die Gefühle und Gedanken des Trauernden ausdrückt. Diese Handlung ist individuell gestaltet, ihr Inhalt wird geprägt durch die Bedürfnisse und Überzeugungen des trauernden Menschen. Elemente aus überlieferten Ritualen können enthalten sein; eine symbolische Handlung kann auch ohne Anlehnung an Traditionen gestaltet werden. Bei der Vorbereitung und dem Vollzug des Abschiedsrituals findet keine Suggestion oder Manipulation durch andere Menschen statt, das Ritual wird in Freiheit vollzogen. Es kann ein einmaliges Geschehen sein, es kann in derselben Form mehrmals wiederholt werden oder einen fortlaufenden Charakter haben. Die symbolische Handlung ist herausgehoben aus der Routine des Alltags und kann mit Erfahrungen des Außer-Gewöhnlichen verbunden sein. Ein Ritual spricht den ganzen Menschen an, indem es die Aktivität von Körper, Seele und Geist fördert. Ein Ritual wirkt auf verschiedenen Ebenen integrativ. Der Vollzug einer symbolischen Handlung kann eine heilende Wirkung für den Vollziehenden haben.

4 Funktionen und Wirkungen von Ritualen

4.1 Rituale als Orientierungshilfe

Wenn ein trauernder Mensch vor dem Vollzug eines Abschiedsrituals ein Ziel beschreiben kann, das er unter anderem auch mit Hilfe des Rituals erreichen möchte, kann dieses Ziel eine Orientierung in schwierigen Zeiten bieten. Klare Ziele für Rituale bedeuten nicht, daß quantitativ erfaßbare Leistungen als eine Zieldefinition dienen. Es geht um eine generelle Wegrichtung, nicht um Stationen, die erreicht werden sollen. Eine Mutter kann sich zum Beispiel entscheiden, daran zu arbeiten, wie sie das Gedenken an ihr gestorbenes Kind mehr in ihr Leben integrieren kann. Diese Mutter hat ein klares Ziel: sie möchte ihre Erfahrungen mit dem Leben und dem Tod ihres Kindes und mit ihrer Trauer mehr in ihr gegenwärtiges Leben einbeziehen. Dieses Ziel läßt jedoch offen, welche Wege und Um-Wege gewählt werden und wie die Wegstationen aussehen werden. Das Ziel gibt Orientierung, und gleichzeitig läßt es den Menschen in seinen Entscheidungen frei. Zu diesem frei-lassenden Element der Rituale kommt noch ein weiterer wesentlicher Aspekt hinzu: die Kreativität, das schöpferische Gestalten. Gerade bei den Abschieds-Ritualen, die im vorliegenden Buch dargestellt werden, ist das kreative Element sehr wichtig. Wählt eine Mutter zum Beispiel den fortlaufenden Brief an ihr verstorbenes Kind als einen möglichen Weg zur besseren Integration ihrer Erfahrungen, dann wird sie nicht jeweils zu Beginn des Schreibens genau definieren, was sie schreiben will. Da das Schreiben ein kreativer Prozeß ist, wird sie möglicherweise Gefühle verbalisieren, die ihr vorher nicht bewußt waren, oder sie wird Zusammenhänge zwischen früheren Erlebnissen und gegenwärtigen Situationen erkennen, die sie auf einer intellektuellen Ebene vorher nicht hatte sehen können. Sich dem Fluß des Schreibens anzuvertrauen, ohne dabei die Kontrolle durch das Ich zu verlieren - das ist schöpferische Gestaltung von Abschiedshandlungen.

Auf dem Hintergrund dieser Ausführungen über Ziele von Ritualen können die Aussagen von Huizinga über die Gemeinsamkeiten zwischen Ritual und Spiel eingeordnet werden. Huizinga faßt Rituale unter dem Oberbegriff 'Spiel' zusammen. Er betrachtet das Spiel als einen grundlegenden, sogar essentiellen Anteil des menschlichen Verhaltens. Huizinga beschreibt das Spiel als eine Aktivität, die freiwillig und experimentell ist, nie gezwungen oder zielgerichtet (Huizinga 1959). Die These, daß das Spiel und damit in Huizingas Sichtweise auch das Ritual nie zielgerichtet seien, scheint auf den ersten Blick den obengenannten Aussagen über die Zielklarheit von Ritualen zu widersprechen. Mit 'Fehlen einer Zielgerichtetheit' ist hier jedoch gemeint, daß keine quantitativ meßbaren Zielvorgaben existieren und daß das Spiel / Ritual Freiraum für imaginativ-künstlerische Gestaltung läßt.

Lander und Zohner erkennen die Notwendigkeit des bewußten Vollzugs von Ritualen an: "Die Handlung ist sehr bewußt, bedarf hoher Konzentration und klarer bestimmter Erwartung, wenn sie wirksam sein soll." (Lander & Zohner 1992). Hier wird das Element der Erwartung benannt, das in Zusammenhang mit der Zielsetzung zu sehen ist.

4.2 Heilende Wirkung

Beim Vollzug eines Rituals erfolgt ein Rückbezug auf das, was nährt und heilt. Dieses Nährende verstehe ich im übertragenen Sinn als eine Quelle der Lebenskraft, vielleicht auch als einen imaginativen Ort, an dem ein Mensch sich rückbesinnen kann auf seine wahren Lebensimpulse. Die Annahme dieser kraftspendenden und damit heilenden Wirkung von Ritualen gehört zu den Grundlagen des vorliegenden Buches.

Eine der Verbindungen von Ritual und Heilung kann darin liegen, daß die Begegnung zwischen dem Kranken und dem Arzt oder zwischen dem Heilungssuchenden und dem Heiler in einer ritualisierten Weise geschieht. In diesem Fall ist die Aufmerksamkeit auf die interpersonale Dynamik fokussiert. Heilung findet seit Jahrtausenden im rituellen Rahmen statt, der Heilsuchende und der Heilende teilen kulturelle Überzeugungen und Symbole der Heilung. In Ergänzung zu dieser interpersonalen Heil-Wirkung von Ritualen kann der intrapsychische Prozeß während des Ritual-Vollzuges gesehen werden, d.h. auf welche Weise eine symbolische Handlung heilsam für den Vollziehenden ist, auch ohne die Anwesenheit eines Heilers.

Die amerikanische Psychotherapeutin Achterberg beschreibt die Wirkungen, die Rituale für den einzelnen und für die Gemeinschaft haben können: "Rituale dienen als Wegweiser und Verhaltensmaßstäbe in Krisenzeiten, wenn Körper, Geist oder Seele angegriffen sind. Der Akt des Rituals ermöglicht es den Menschen, Erfahrungen miteinander zu teilen und einander sichtbar zu unterstützen." (Achterberg 1993). Das Bild des Wegweisers kommt aus dem Bereich des Wanderns, des Unterwegs-Seins. Dieser Bereich wird noch einmal benannt, wenn Achterberg von einer Landkarte spricht: "Die wesentliche psychologische Wirkung des Rituals liegt darin, daß es Menschen durch schwierige Zeiten geleitet, Sterbende, Schwerkranke, Menschen in emotionaler Krise. Das Ritual liefert eine Landkarte für das unsichtbare, unbekannte und nicht vermessene Territorium, das sie durchschreiten." (Achterberg 1993).

Siggins sieht als eines der Ziele von Ritualen, daß sie unbekannte, beängstigende und überwältigende Situationen bewältigbar und kontrollierbar machen (Siggins 1983). In bezug auf den frühen Tod von Kindern kann dies bedeuten: Eltern und Geschwister erleben eine Intensität von Gefühlen, wie sie sie vorher oft nicht kannten. Nicht selten wächst in dieser Situation die Angst vor einer Überflutung durch aufbrechende Emotionen, manchmal auch die Angst vor einer Psychose. Hier können Trauer-Rituale eine große Unterstützung bieten, indem sie den Eltern und den Geschwistern die Botschaft vermitteln, daß sie gewisse Aspekte ihres Lebens gestalten und damit kontrollieren können.

Als weitere Wirkungen von Ritualen nennt Achterberg die Minderung des Gefühls der Entfremdung von der eigenen Gemeinschaft und die Verminderung von Depressionen und Angst. Die Aufhellung von Depressionen hängt damit zusammen, daß im Ritual die eigene Aktivität des Menschen gefordert ist. Gelingt der Schritt, die Impulse aus dem Denken in eine Handlung umzusetzen, dann ist der Teufelskreis der depressiven Lähmung durchbrochen.

Ein Mensch kann Hoffnung in einer Krisenzeit erleben, wenn er spürt, daß er sein Hier und Jetzt gestalten kann. Genau diese Gestaltung des "hic et nunc" geschieht im Ritual, der Fokus der Aufmerksamkeit ist auf die Gegenwart gerichtet. Das macht dem Trauernden Mut, daß er auch in Zukunft in der Lage sein wird, sein Leben zu ergreifen.

Im folgenden werde ich erläutern, was ich im Kontext dieses Buches als vorbeugende Wirkung von Ritualen verstehe. Die präventive Wirkung von Ritualen ist gerade bei der Auseinandersetzung mit dem frühen Tod von Kindern ein bedeutendes Thema. Hier kann es sowohl um die Vorbeugung von körperlichen, psychosomatischen und psychischen Erkrankungen bei den Eltern gehen, als auch um die Prävention von schwerwiegenden Störungen bei überlebenden und nachfolgenden Geschwisterkindern. Prävention in diesem Sinne heißt nicht, die Familie schützen zu wollen vor den Erfahrungen von Trauer und Schmerz. Prävention heißt: Unterstützung anbieten, damit die Familie in einer für sie stimmigen Weise von dem gestorbenen Kind Abschied nehmen kann. Prävention bedeutet auch, gemeinsam mit der ganzen Familie oder mit einzelnen Familienmitgliedern Ausdrucksmöglichkeiten für Trauer zu finden. So können Gefühle und Erfahrungen auf der ihnen entsprechenden Ebene bearbeitet werden und verschieben sich nicht auf andere Ebenen.

Eine weitere Funktion von Trauer-Ritualen beschreibt Brady: "Private Trauerrituale erlauben einem Menschen, die 'Trauer-Arbeit' im geheimen zu verlängern über die unrealistisch kurze Zeit hinaus, die oft von Familie und Freunden erwartet wird." (Brady 1988, Übers. d. Verf.). Viele trauernde Eltern berichten davon, wie schwer es für sie war, mit Angehörigen und Freunden umzugehen, die oft erwarteten, daß die Eltern nach kurzer Zeit zur 'Normalität' zurückkehrten. Dies sind oft sehr, sehr schmerzvolle Erfahrungen für Eltern. Manchmal wird der Rückzug der einzige Ausweg sein, und die Eltern werden Abschiedsrituale ohne diese Menschen vollziehen. Vielleicht kann sich in einer solchen Situation die Begleitung durch professionelle HelferInnen als sinnvoll erweisen. Möglicherweise können mit ihrer Unterstützung Gespräche mit Freunden und Familienangehörigen geführt werden, so daß gemeinsam Abschied genommen werden kann. Die Klärung von Beziehungen ist ein wesentlicher Teil der Vorbereitung für ein Abschiedsritual. Die Vorbereitung und der Vollzug einer Gedenkfeier können helfen, neue Ebenen der Kommunikation zwischen den Eltern und anderen Menschen zu schaffen.

Auf eine weitere Wirkung von Ritualen weisen Reeves und Boersma hin: "[...] die Tatsache, daß ein Ritual zeitbegrenzt ist und daher möglicherweise als weniger bedrohlich gesehen wird als das Sprechen über das Thema mit offenem Ende." (Reeves & Boersma 1989-90, Übers. d. Verf.). Eine klare Zeitbegrenzung kann trauernden Menschen helfen, daß sie sich nicht überflutet fühlen von ihren Emotionen. Angst vor dem Überflutet-Werden ist in der Trauer ein häufig auftretendes Phänomen. Diese Angst kann reduziert werden, wenn eine trauernde Mutter sich zum Beispiel entscheidet, sich jeden Tag abends eine Stunde mit den Erinnerungen an ihr gestorbenes Kind zu beschäftigen. Solche Zeitbegrenzungen stellen auch eine Hilfe dar, um nach der Zeit des ersten Schocks wieder alltägliche Aufgaben übernehmen zu können. Denn wenn tagsüber Gedanken an ihr Kind sie bedrängen, kann sie sich bemühen, diese Gedanken auf die abendliche Stunde zu verschieben.

4.3 Rituale in der Psychotherapie

Die amerikanische Psychotherapeutin Rando sieht den Vollzug von Ritualen als eine sehr effektive Methode in der Therapie von Trauernden. Sie betrachtet symbolische Handlungen als eine wertvolle Ergänzung zu den traditionellen Formen von Beratung und Therapie (Rando 1983).

Reeves und Boersma betonen, daß Rituale schon über Jahrhunderte hinweg von Therapeuten verwendet worden seien. Sie seien jedoch nie als Rituale benannt worden. Die kanadischen Autoren vertreten die Ansicht, daß es an der Zeit sei, Rituale mehr als eine psychotherapeutische Technik anzuerkennen und einzusetzen. Sie warnen gleichzeitig vor einem übertriebenen Einsatz von Ritualen in der Psychotherapie. Um ihr Verständnis von Ritualen zu charakterisieren, wählen sie ein Bild: "Die Autoren sehen ein Ritual wie die Kirsche oben auf einem Schokoladeneis. Die Kirsche fügt dem Eis so viel mehr hinzu, als ihr Volumen vermuten lassen würde. Viel von ihrer Bedeutung, ihren Möglichkeiten und dem ästhetischen Gefühl würde jedoch verloren gehen, wenn andere [Kirschen] hinzukämen." (Reeves & Boersma 1989-90, Übers. d. Verf.).

Die symbolischen Handlungen, die im vorliegenden Buch beschrieben werden, sind nicht im Rahmen von Psychotherapien vorbereitet und vollzogen worden. Einige der Mütter haben bei ihrer Suche nach einer angemessenen Gestaltung des Abschieds von ihrem Kind Unterstützung erfahren, andere sind ihren Weg ohne professionelle Begleitung gegangen. Keines der Rituale ist ein therapeutisches Ritual in dem Sinne, daß es von einem Psychotherapeuten vorgegeben worden wäre. Um die hier dargestellten symbolischen Handlungen abgrenzen zu können von solchen therapeutischen Ritualen, will ich im folgenden die Arbeit des niederländischen Wissenschaftlers v.d.Hart zusammenfassend darstellen. V.d.Hart definiert Rituale so: "Wir umschreiben Rituale als vorgegebene symbolische Handlungen, die auf eine bestimmte Weise und in einer bestimmten Abfolge - und ohne Begleitung durch verbale Formeln - ausgeführt werden müssen." (v.d.Hart 1982). Diese Definition unterscheidet sich von anderen genannten insbesondere deshalb, weil sie den Gebrauch von Sprache bei dem Vollzug von Ritualen ausschließt. Damit entfällt ein wesentliches Ausdrucksmittel des Menschen.

In dem Phasenmodell für therapeutische Rituale von v.d.Hart sind die von van Gennep beschriebenen Perioden wiederzuerkennen: Trennung, Übergang und Wiedereingliederung (van Gennep 1909). In der folgenden Darstellung sind die wesentlichen Elemente dieses Modells zusammengefaßt (v.d.Hart 1982).

A) Vorbereitung

In dieser Phase erklärt der Therapeut dem Klienten die verschiedenen Elemente des Rituals und nennt meist auch Beispiele von erfolgreich vollzogenen Ritualen.

B) Neuordnung

Während dieser Zeit legt der Klient fest, von welchen Gegenständen er Abschied nehmen will. Es findet eine neue Gewichtung statt, manches rückt mehr in den Vordergrund, anderes verliert an Bedeutung. Meist wird in dieser Phase ein zum Stillstand gekommener Prozeß wieder in Gang gesetzt. Die Zeit des Neu-Ordnens kann mit dem Auftauchen heftiger Emotionen verbunden sein. In diesem Prozeß wird deutlich, welche Gegenstände oder Orte für den trauernden Menschen mit vielen Erinnerungen verknüpft sind. Oft werden solche Gegenstände, die emotional besonders beladen sind, als Kernsymbol des Abschiedsrituals bestimmt. Das Kernsymbol trägt sozusagen die Abschiedszeremonie, es wird entweder vernichtet (zum Beispiel verbrannt) oder einer neuen Bestimmung übergeben, das heißt verwandelt. Hier zeigt sich der Übergang zur nächsten Phase, der Abrundung.

C) Abrundung

Diese Phase ist ihrerseits in drei Teile gegliedert: Abschiedszeremonie, Reinigungsritual und Wiedervereinigung.

In der Abschiedszeremonie wird in einer feierlichen Weise auf das Kernsymbol oder eventuell auf mehrere Symbole verzichtet. Dieses Verzichten kann durch ein Beerdigen des Symbols oder durch Verbrennen geschehen, manchmal wird das Symbol auch in einer Kiste verschlossen. Das Symbol, von dem Abschied genommen wird, kann ein Gegenstand sein, der dem Verstorbenen gehört hat. So etwas gibt es im eigentlichen Sinne nicht bei totgeborenen Kindern. Es kann auch ein Gegenstand sein, der für den Trauernden in enger Verbindung zu dem Gestorbenen steht. Manchmal werden in der Neuordnungsphase auch Symbole neu geschaffen, wie zum Beispiel ein Brief an den Toten, der dann verbrannt wird.

Nach der Abschiedszeremonie folgt das Reinigungsritual. Dieses kann im Umfang variieren von einem bewußt vollzogenen Händewaschen bis hin zu einem Bad und einem Wechseln der Kleidung.

Die Wiedervereinigung ist das letzte Element des Abschiedsrituals. Dieser Schritt führt hinaus in die Welt und zurück in die Gemeinschaft. Das kann zum Beispiel durch ein gemeinsames Essen mit Freunden gekennzeichnet werden.

4.4 Integrative Wirkung von symbolischen Handlungen

Im folgenden werden einige Grundgedanken der amerikanischen Familientherapeutinnen Imber-Black und Roberts erläutert. In ihrem Buch 'Rituals for our times' (1992) haben sie ein Handbuch geschaffen, das jeden anregen kann, seine eigenen Rituale genauer zu betrachten und möglicherweise zu verändern. Ihnen geht es primär nicht um therapeutische Rituale, wie sie von van der Hart (1982) und Selvini-Palazzoli (1981) beschrieben werden. Imber-Black und Roberts bemühen sich in ihrer Arbeit, Rituale von den Klienten selbst gestalten zu lassen. Sie geben nicht vor, was der Klient tun soll. Dieses freilassende Element hängt mit einem tiefen Vertrauen in die inneren Heilungskräfte des Menschen zusammen. Imber-Black und Roberts nennen fünf Bereiche, in denen symbolische Handlungen hilfreich sein können: "Mit diesem Buch werden Sie lernen, die Kraft der Rituale zu nutzen, wichtige Beziehungen aufrechtzuerhalten und zu verändern, komplizierte Veränderungen des Lebenszyklus zu erleichtern, Verluste zu heilen, Ihre tiefsten Überzeugungen auszudrücken, und das Leben zu feiern." (Imber-Black & Roberts 1992, Übers. d. Verf.). Mit dieser Aussage wird deutlich, wie vielfältig Funktionen und Wirkungen von Ritualen sind. Diese Vielfalt der Funktionen spiegelt sich auch wider in den sehr unterschiedlichen Formen, wie Menschen ihre Rituale gestalten. Die Autorinnen zeigen in vielen Beispielen, daß es möglich ist, diese verschiedenen Funktionen in einem Ritual zu integrieren. Die Bedingung für ein Gelingen dieser Integration ist eine bewußte Vorbereitung der symbolischen Handlung. Es muß viel innere Arbeit und viel Beziehungsarbeit geleistet werden, bis ein Ritual für alle Beteiligten stimmig ist.

Über die Schichten, die von Ritualen berührt werden, schreiben Imber-Black und Roberts: "Rituale haben in allen Zeiten existiert - sie scheinen ein Teil von dem zu sein, was das Wesen des Menschen ausmacht. Wir haben versucht zu zeigen, wie Rituale uns gleichzeitig mit unserem gemeinsamem Mensch-Sein und mit unserem eigenen, einzigartigen Lebensweg verbinden." (Imber-Black & Roberts 1992, Übers. d. Verf.). Die Aussage, daß Rituale wesentlich zum Mensch-Sein gehören, impliziert auch, daß die bewußte Auseinandersetzung mit Ritualen existentiell notwendig ist. Die Verbindungen, die Rituale mit unserem gemeinsamen Mensch-Sein und mit unserer Biographie herstellen, könnten in Begriffen der Jungschen Psychologie auch als eine Verbindung mit archetypischen Inhalten und mit unserem Individuationsweg beschrieben werden.

Wenn Imber-Black und Roberts von gemeinsamem Mensch-Sein sprechen, sind nicht Pseudosolidarität oder Massenrituale gemeint, sondern die Anknüpfung an grundlegende menschliche Bedürfnisse und Ausdrucksmöglichkeiten. Es gibt Symbole, die seit Jahrtausenden in der Menschheit existieren, wie zum Beispiel die Kerze. Wenn wir heute eine Kerze anzünden, verbinden wir uns mit dieser Handlung auch mit den Menschen, die lange Zeit vor uns Kerzen angezündet haben.

Rituale integrieren viele Funktionen in sich, und sie haben eine integrative Wirkung auf den Menschen, der ein Ritual vollzieht. Imber-Black und Roberts beschreiben diese integrative Wirkung so: "Wir hoffen, daß dieses Buch Ihnen eine neue Weise ermöglichen wird, Rituale zu kennen und zu haben, die Ihr Denken, Ihr Herz und Ihren Geist bereichern und lebendig machen." (Imber-Black & Roberts 1992, Übers. d. Verf.). Symbolische Handlungen beziehen den Menschen in seiner Ganzheit ein: seine intellektuellen Fähigkeiten, seine Gefühle und seine Spiritualität. Dieser Aussage möchte ich hinzufügen, daß Rituale auch den physischen Leib des Menschen einbeziehen, sei es durch die notwendige körperliche Aktivität bei bestimmten Handlungen, sei es durch symbolische Bewegungen, wie zum Beispiel bei rituellen Kreistänzen.

5 Begrüßung und Abschied: Ereignisse und Erfahrungen um die Geburt herum

5.1 Einführung zu den Erfahrungsberichten der betroffenen Mütter

Die Begrüßung eines anderen Menschen gehört zu den Handlungen, die in unserem Alltag ritualisiert sind. Je nach Region, nach Altersgruppe und Vertrautheitsgrad unterscheiden sich die Begrüßungsrituale in ihrer Form.

In der Begrüßung liegt der Beginn einer Begegnung, wir nehmen Kontakt zu unserem Gegenüber auf. Vielleicht bringen wir dem anderen eine Haltung des liebevollen Zugewandtseins und des warmen Interesses entgegen, vielleicht prägen Gleichgültigkeit oder Antipathie die Stimmung. Allein die Art und Weise, wie die Frage "Wie geht es Dir?" gestellt wird, kann viel über die Beziehung zwischen zwei Menschen ausdrücken.

Wenn wir an ein Kind denken, das tot auf die Welt kommt, taucht die Frage auf, inwiefern hier überhaupt von einer Begrüßung gesprochen werden kann. Eine amerikanische Selbsthilfegruppe hat ihre Broschüre über das Thema Totgeburt "When hello means good-bye" genannt: "Wenn Hallo Auf Wiedersehen bedeutet". Wie sollen Eltern sich von ihrem Kind verabschieden, bevor sie es auf dieser Welt begrüßen konnten? Das Willkommen-Heißen des ungeborenen Kindes beginnt schon viel früher: sicher mit dem Wissen um die Schwangerschaft, vermutlich oft schon mit dem Wunsch, ein Kind zu bekommen. Während der Schwangerschaft gibt es mehrere "Stufen" der Begrüßung: beim Betrachten des ersten Ultraschallbildes berichten Eltern häufig, daß sie mit dem Sehen eine viel intensivere Beziehung zu ihrem Kind aufnehmen können. Wenn die Mutter die ersten Bewegungen spürt, wird die Lebendigkeit des Ungeborenen deutlich.

Die Begrüßung ist durch viele Sinne geprägt: Sehen, Hören, Riechen, Tasten, Wärmesinn und viele mehr. Wenn ein Kind tot zur Welt kommt, kann nur noch ein Teil gesehen und betastet werden: die irdisch-körperliche Hülle, die nicht mehr belebt und beseelt ist. Und es macht einen ganz anderen Eindruck auf uns und auch auf unsere Sinne, ob wir einem lebenden Menschen gegenüberstehen oder einem Verstorbenen. Wenn wir ein totes Kind betrachten, wird sich der Schwerpunkt unserer Aufmerksamkeit auf Atmosphärisches verlagern.

Ein Sinn wird nicht angesprochen bei der Begegnung mit einem toten Kind: das Hören. Im Englischen ist der Terminus für Totgeburt "stillbirth" - die stille Geburt. Es ist ein lautloses Ereignis, dieses Kind schreit nicht mit dem ersten Atemzug. Die Tatsache, daß wir im Äußeren nichts hören, kann uns sensibler werden lassen für das, was ich mit der Erlebnisqualität des Lauschens umschreiben möchte. Wenn wir lauschen, werden wir still; wir nehmen uns Ruhe und Zeit, um unsere Aufmerksamkeit auf Wesentliches zu konzentrieren. Wir lassen uns nicht von anderen "lauten" Sinneseindrücken ablenken.

Die Eltern und Geschwister können das Kind willkommen heißen: als einen Teil der Familie, als ein Wesen, das eine große Bedeutung für sie hat und das sie bewußt in ihr Leben einbeziehen wollen.

Begrüßung eines totgeborenen Kindes meint auch die würdige Behandlung der irdischen Hülle, des Leichnams.

In diesem Kapitel werden die Erfahrungen und Gefühle der Mütter im Zusammenhang mit der Geburt in ihren eigenen Worten dargestellt. Die Zitate sind z.T. relativ lang, um möglichst nahe am Erleben der Interviewpartnerinnen bleiben zu können. Meiner Meinung nach ist es wichtig, einen Eindruck von den jeweiligen Erlebnissen zu bekommen, um im weiteren die von den Müttern vollzogenen symbolischen Handlungen verstehen zu können.

In einer kurzen Einleitung zu jedem Bericht werden einige soziodemographische Daten zu den Frauen angegeben. Die Initialen sind Deckinitialen, um die Identität der interviewten Frauen zu schützen.

5.2 "Ich finde es sehr traurig, daß ich das Kind nicht berühren konnte."

Frau S. war 36 Jahre alt, als ihr Sohn kurz nach der Geburt starb. Zwei weitere Schwangerschaften endeten glücklos. Das Gespräch fand fünf Jahre nach dem Tod ihres ersten Kindes statt.

In der 30. Schwangerschaftswoche ging sie mit vorzeitigen Wehen in die Klinik. Dort bereitete man sie zunächst darauf vor, daß ihr Kind zu früh geboren werden würde. Bei Beginn der Geburt gab es keine Hinweise für einen möglichen Tod des Kindes. Frau S. berichtete:

> "Der Tenor war eben, Frühgeburt, aber das wird schon alles, Kinderärzte und Brutkasten, alles ist bereit. Es war gut, daß mein Mann da war, der ist ja Arzt. Dann ging es auch so um die Frage, Kaiserschnitt oder nicht. Das war eher unklar, und auch relativ spät. Mein Mann sprach sich dagegen aus. Und dann hatte ich eine normale Geburt, und dabei stellte sich heraus, daß ich eine Fruchtwasserinfektion hatte und von daher das Kind auch schwer geschädigt war. Das war eine Vermutung, aber das kam nachher dann raus. Das Kind lebte eine halbe Stunde. Die Nachgeburt löste sich nicht, und ich war aber so schwach, daß sie eine Curettage ohne Narkose gemacht haben. Es war sehr schmerzhaft, so dieser Nacheingriff. Ich war sehr erschöpft, und mir ist nicht aufgefallen, daß ich das Kind nicht gesehen habe und nicht gespürt habe in der Situation. Mir ist es die erste Zeit nicht klar gewesen, sie haben mir dann eine Tablette gegeben, und ich bin eingeschlafen. Mir ist es erst am nächsten Morgen klar geworden. Ich hätte von mir aus nicht gefragt, das Kind zu sehen oder zu halten. Das kam erst später. Das ist etwas, was ich sehr bedauere. Daß da niemand auf die Idee kam, in irgendeiner Form einen Kontakt

herzustellen. Diese Geburt an sich, der letzte Teil, das war ein sehr, sehr angenehmes Gefühl. Daß es da so richtig rausgeflutscht ist, das war sehr angenehm. Das ist eigentlich so die einzige Körpererinnerung, die ich an das Kind habe. Von daher eine angenehme, aber das finde ich sehr traurig, daß ich das Kind nicht anfassen konnte und berühren konnte."

5.3 "Abschied in einem kalten Raum"

Frau A. war 29 Jahre alt, als ihre Tochter tot geboren wurde. Ein Jahr später bekam sie eine Adoptivtochter. Das Gespräch fand vier Jahre nach dem Tod von Frau A.'s Tochter statt.

In der 26. Schwangerschaftswoche wurde bei einer Ultraschalluntersuchung festgestellt, daß das Kind zu klein war. Die Ärzte beruhigten sie, sie solle sich keine Sorgen machen. Sie wurde für eine spezielle Untersuchung in eine andere Klinik verlegt. Dort starb das Kind intrauterin, daraufhin wurde die Geburt eingeleitet.

"Erst als ich in der anderen Klinik war und morgens untersucht worden war, hatte ich nachmittags ganz starke Kindsbewegungen. Da hatte ich dann auch so ein Gefühl, so einen Todeskampf. Und da hatte ich auch so ein Zwiegespräch mit dem Kind, so unter dem Thema: wenn es nicht lebensfähig oder stark behindert wäre, daß ich mir schon wünschen würde, daß es stirbt. Dann denke ich, daß das auch so eine Art Todeskampf war, ganz starke Bewegungen und dann war es vorbei. Am Mittwoch wußte ich dann, daß es tot ist. Die haben das Kind auch mitgenommen und in so eine Nierenschale gelegt, in die es auch hineingepaßt hat. Diese Nierenschale werde ich nie vergessen. Und dann haben sie es mitgenommen. Sie sagte erst, es sei ein Junge, und nachher sagte sie, nein, es sei ein Mädchen. Ja, also, sie hat sich irgendwie verguckt oder so. Ja, und als es geboren war, habe ich es auch nicht gesehen, das hat sie gleich erst mal weggenommen. Dann haben wir es aber am anderen Tag angesehen, aber es war, also da haben die dann auch nichts mehr gemacht. Aber nachher eben das Kind, das lag da nur ganz nackend in diesem Raum. Und ich konnte eben kaum gehen. Ja, weiß ich gar nicht, fünf Minuten oder so. Ich habe es auch nicht auf dem Arm gehabt. Das war nicht so ansprechend, daß ich das hätte machen können. Das war alles in so einem kalten Raum, und dieses nackte Kind, dieses tote Kind da. Und dann war auch nichts mehr. So daß ich auch nicht sagen kann, Abschied genommen zu haben. Das habe ich ja dann erst gemacht, als ich Anfang des Jahres das Seminar besucht habe."

5.4 "Ein ganz süßer Junge, wie schlafend"

Der Sohn von Frau W. kam tot zur Welt, als Frau W. 35 Jahre alt war. Zwei Jahre später bekam sie eine gesunde Tochter. Das Interview fand vier Jahre nach dem Tod des ersten Kindes statt.

In der 39. Schwangerschaftswoche spürte sie plötzlich keine Kindesbewegungen mehr. Bei einer Untersuchung wurde festgestellt, daß das Kind intrauterin gestorben war.

> "Dann war es etwa zehn Tage vor dem errechneten Geburtstermin, daß ich sehr starke Bewegungen verspürte, viel stärker als sonst. Etwa zwei Tage lang, das war gerade zur Osterzeit, also wirklich symbolisch. Das war Mittwoch und Gründonnerstag, und am Karfreitagmorgen habe ich gar nichts mehr gespürt. Da war wirklich Totenstille."

Sie ist am Ostersonntag abends in die Klinik gegangen, am Ostermontag wurde dann die Geburt eingeleitet. Darüber berichtete sie:

> "Dann wurde die Geburt eingeleitet mit diesen Wehenmitteln. Und ich fand es überhaupt nicht schlimm. Das war sehr schön sogar. Ich habe die Geburt wahrscheinlich so miterlebt, wie man das kaum sonst kann. Ich weiß nicht, warum, ich hatte auch keine Angst oder Traurigkeit. Sondern ich fühlte: es ist ja ganz bei mir. Das ging den ganzen Tag über. Die haben am Morgen angefangen, und um 22.30 Uhr war die Geburt dann fertig. Und eben, sie war nicht schlimm, weil sie am Schluß eine Saugglocke verwendet hat. Dann haben sie gefragt, ob ich das Kind sehen will. Da habe ich gefragt: ist irgendetwas mißgebildet oder häßlich? Dann will ich es nicht sehen. Nein, nein, haben sie gesagt. Dann haben sie es mir gezeigt, es war in so einem Tuch drin. Ein ganz süßer Junge, also wie schlafend. Ganz seltsam, er lebte einfach nicht. Und dann habe ich gefragt: ja, warum ist es tot? Die wußten es nicht. Die konnten es mir nicht sagen. Sie haben mich gefragt, ob ich es - wie sagt man dem? - aufschneiden lassen will. Das wollte ich nicht. Ich hatte den Eindruck, das war ganz gesund."

5.5 "Fragen Sie nicht, sonst bekommen Sie Fieber!"

Frau B. war 23 Jahre alt, als ihre Tochter tot geboren wurde. Sie ist sehr traurig darüber, daß sie keine lebenden Kinder hat. Das Interview mit Frau B. fand 27 Jahre nach dem Tod ihrer Tochter statt.

In der 38. Schwangerschaftswoche ging sie mit Wehen in die Klinik, in der Erwartung der Geburt eines lebenden Kindes. Als die Wehen begannen, gab es zunächst keinen Hinweis darauf, daß irgendetwas nicht stimmen könnte. Irgendwann nahm sie Unruhe wahr, die Hebamme holte den Chefarzt. Die Unruhe steigerte sich, ein Arzt hörte Herztöne, der andere nicht. Jemand sagte ihr, daß vielleicht etwas schief gehen könnte, sie konnte das gar nicht aufnehmen, dachte nicht daran, daß das Kind tot sein könnte. Sie wurde im Kreißsaal abgesondert, von den anderen Frauen getrennt. Es war eine ganz normale Geburt, sie versuchte, richtig zu atmen, hatte kein Gespür dafür, ob das Kind noch lebt. Der Arzt sagte ihr, daß es für einen Kaiserschnitt zu spät sei. Sie spürte noch, wie sie 'den Klumpen Blut' ausstößt, dann schlief sie ein. Sie weiß nicht, ob sie eine Kurznarkose bekommen hat oder Valium. Niemand hatte sie vorher gefragt, ob sie Medikamente will. Sie wachte wieder auf, als die Nachgeburt kam, und fragte die Hebamme nach dem Kind. Die Antwort lautete: "Fragen Sie nicht, sonst bekommen Sie Fieber!". Niemand sagte ihr, daß das Kind tot ist.

Sie fragte einmal kurz nach der Geburt, ob sie das Kind sehen dürfe. Es wurde ihr nicht gestattet. Zwei Tage später fragte sie einen jungen Arzt noch einmal - er machte "eine vernichtende Handbewegung, so wie Wegwischen" und verließ wortlos den Raum. Diese Szene mit dem Arzt muß sehr traumatisch für sie gewesen sein, 27 Jahre danach ist diese Handbewegung immer noch präsent und die Erschütterung beim Erzählen sehr groß. Dieses Wegwischen ihrer Erfahrungen und ihrer Bedürfnisse hat ihr Leben geprägt.

Frau B. hatte klare Bedürfnisse und konnte diese auch formulieren, und sie wurde nicht angehört, nicht ernst genommen.

5.6 "Ich werde da irgendwie durchkommen."

Frau D. war 29 Jahre alt, als ihr Sohn fünf Tage nach der Geburt starb. Ein Jahr später wurde ihre Tochter gesund geboren. Als Frau D. 34 Jahre alt war, starb ihre zweite Tochter bei der Geburt. Das Interview fand zehn Jahre nach dem Tod ihres ersten Kindes statt.

Während einer Weltreise entschlossen sie und ihr Partner sich, entgegen ursprünglichen Plänen, für die Geburt des Kindes nach Deutschland zurückzufliegen. Auf dem Flug nach Europa gab es eine Zwischenlandung. Vor dieser Zwischenlandung kam es zu einem vorzeitigen Blasensprung in der 34. Schwangerschaftswoche. Die Fluggesellschaft verlangte eine ärztliche Untersuchung, bevor sie weiterfliegen dürfe. Die Ärzte entschieden, sie solle in der Klinik bleiben. Da das Land zu den ärmsten Entwicklungsländern gehört, waren die hygienischen Verhältnisse in diesem Krankenhaus für Europäer unvorstellbar. Sie berichtete über ihre Gefühle in den ersten Stunden in dem Kreißsaal:

> "Da habe ich wirklich einen rettenden Engel gehabt. Da habe ich irgendwie so was wirklich Geschütztes gehabt. Ich habe gedacht, da kannst du jetzt sowieso nichts dran ändern an diesen Verhältnissen. Ich bin aber nicht in so eine Panik geraten. Ich habe gedacht, ich werde da irgendwie durchkommen."

Das Kind kam in der Nacht sehr schnell zur Welt. Nur für ganz kurze Zeit hatte sie Unterstützung durch zwei Hebammen, die weder Englisch noch Deutsch sprachen. Es gelang ihr jedoch, den Hebammen deutlich zu machen, daß sie ihr das Kind auf den Bauch legen sollten. Diese Hebammen verließen den Kreißsaal sofort nach der Geburt. Bis zum Dienstbeginn am nächsten Morgen war sie allein mit dem Kind. Sie erzählte mir von dieser Zeit:

> "Das waren im Grunde genommen unheimlich schöne Stunden für mich, als ich da mit diesem Kind gelegen habe und allein war in dieser unheimlich fremden Welt. Das hat mir wirklich so ein Gefühl von Tiefe gegeben. Als dann am nächsten Tag die Ärzte kamen und das Leben wieder anfing, da habe ich erst gemerkt, daß das Kind viel zu klein ist. Das habe ich erst überhaupt nicht gesehen."

Weiterhin berichtete sie:

> "Ja, und ich habe das Erlebnis von der Geburt gehabt. Und das war eine wunderschöne Geburt, also vielleicht wirklich die schönste Situation in meinem Leben, diese Geburt und diese Stunden danach, was ganz, ganz Außergewöhnliches und ganz Tiefes."

Über ihre unterschiedlichen Erfahrungen in bezug auf den Tod ihrer beiden Kinder erzählte sie:

> "Obwohl das ja auch nur fünf Tage waren mit meinem ersten Kind und diese Tage natürlich auch unheimlich schwer und unheimlich leidvoll waren, wenn du immer nicht weißt, wird das Kind leben oder nicht, aber daß es ja auch schöne Momente gegeben hat und auch diese Momente, wo man einfach Hoffnung hat. Aber daß man doch diese Zeit hat, wo man sich da innerlich darauf einstellt. Und in dem Moment, wo sie dann gesagt haben, das Kind sei gestorben, natürlich ist es ganz schrecklich, und es ist auch so eine Erleichterung, daß es entschieden ist, daß man nicht weiter bangen muß, sondern daß man weiß, was ist. Das habe ich viel leichter verkraftet als mit dem anderen Kind, wo das schlagartig tot war, wo ich mich da überhaupt nicht damit beschäftigen konnte, und wo ich nie daran gedacht habe. Und wo ich nur gedacht habe, du merkst gar nicht mehr, daß es sich bewegt, und da noch ganz harmlos hingefahren bin, und dann kommst du da auf den Tisch, und dann sagen die, das Kind ist tot. Das fand ich viel schwerer zu verkraften als das andere."

In der dritten Schwangerschaft (das zweite Kind kam gesund zur Welt) spürte sie in der 37. Woche keine Kindsbewegungen mehr. Bei einer Ultraschalluntersuchung wurde festgestellt, daß das Kind intrauterin gestorben war. Kurz darauf wurde die Geburt eingeleitet.

> "Und bei diesen Kindern [bezieht sich auf totgeborene Kinder] hat man nicht einmal die Erinnerung von der Geburt oder irgendwas Positives, wo man sich im nachhinein so dran freuen könnte. Das ist einfach unheimlich schwer. Da hast du wirklich nur die Schwangerschaft, und das ist

dann doch irgendwo ganz anders und etwas, was du eben nicht teilen kannst. Das ist ja doch dann sehr nur deine Beziehung zu dem Kind."

Direkt nach der Geburt wurde ihr das Kind gezeigt, daran kann sie sich bis heute nicht erinnern. Sie vermutet, daß aufgrund der Schmerzmedikation eine vorübergehende Bewußtseinstrübung und nachfolgend eine retrograde Amnesie aufgetreten sind. Glücklicherweise stellte sich einige Stunden nach der Geburt in einem Gespräch mit einer Krankenschwester heraus, daß sie das Kind nicht bewußt wahrgenommen hatte. Daraufhin wurde ihr ihre Tochter noch einmal gebracht.

Sie hat ihre Tochter gesehen, sie jedoch nicht berührt und nicht in Ruhe von ihr Abschied genommen. Sie formulierte Phantasien darüber, wie es hätte sein sollen, damit es gut gewesen wäre für sie:

> "Das allerwichtigste finde ich erstmal, das Kind zu mir zu holen, und das nicht so wegzugeben. Ich denke, ich würde einfach mit dem Kind und vielleicht mit dem Vater allein sein wollen und mich irgendwie von dem Kind verabschieden wollen. Das als allererstes. Ich denke so, wie lange, daß man das schwer beurteilen kann, daß man das aus der Situation heraus sagen muß. Ich weiß, als mein Vater gestorben ist, da sind wir dann ganz viel hingefahren, wo er aufgebahrt war, und irgendwann hatten wir so ein Gefühl, nun ist es gut. So ein Gefühl hätte man wahrscheinlich auch. Ich weiß nicht, ob ich das so machen müßte wie eine Frau, die ich kenne, so mit drei Tagen und das Kind mit nach Hause nehmen. Aber vielleicht wäre es auch so, daß ich das so machen würde, oder daß ich das Gefühl hätte, ich würde da Totenwache halten wollen oder auch mit anderen Leuten zusammen. Kann gut sein, aber zumindest das Kind noch mal zu sich zu holen und es wirklich auch anzufassen und genau anzugucken. Und dann würde es sicher auch eine Rolle spielen, was man dem Kind anzieht. Aber das Wesentlichste wäre mir zum einen, so das Kind bei sich zu haben, sich so eine Nähe noch mal herzustellen, und das andere wäre, es richtig zu beerdigen. Ich würde sicher auch ein Foto von dem Kind machen, was ich damals nicht gemacht habe und wo ich auch damals überhaupt nicht daran gedacht habe in der Situation. Das geht mir manchmal so, daß ich weiß, daß ich ganz wenig Erinnerungen habe, wie das Kind ausgesehen hat, ich habe es ja nur einmal bewußt gesehen, kurz nach der Geburt. Und das ist sehr verschwommen bei mir, wie es ausgesehen hat. Ich weiß nur, daß ich nur unheimlich beruhigt bin, es überhaupt noch zu sehen, und daß es ganz gut aussah, wie ein Engel, wie ein schlafendes kleines Kind. Und wenn ich es nicht gesehen hätte, dann weiß ich, daß ich unheimliche Phantasien gehabt hätte, daß es vielleicht krank oder entstellt gewesen wäre. Ich hätte mir nie gedacht, daß es so schön ausgesehen hat. Und da bin ich unheimlich froh, daß wir da noch drauf gekommen sind, daß ich gar nichts mehr davon wußte, daß ich es gesehen hatte."

5.7 "Abschiednehmen nach Jahren"

Frau E. war 30 Jahre alt, als ihr erster Sohn tot zur Welt kam. Zwei Jahre und fünf Jahre später bekam sie zwei gesunde Söhne. Das Interview fand vier Jahre nach dem Verlust ihres Sohnes statt.

Wegen eines vorzeitigen Blasensprungs in der 38. Schwangerschaftswoche fuhr sie in die Klinik. Dort konnten keine kindlichen Herztöne mehr gehört werden, das Kind war intrauterin gestorben. Daraufhin wurde die Geburt eingeleitet.

Frau E. hatte ihren toten Sohn direkt nach der Geburt gesehen. Sie hatte jedoch das Gefühl, sich in dem durch die Klinik-Atmosphäre geprägten Rahmen nicht wirklich von ihrem Kind verabschieden zu können. Mehrere Jahre nach dem Tod ihres Sohnes holte sie diesen Abschied während eines Seminares nach.

5.8 "Ich habe von Anfang an das Gefühl gehabt, es stimmt etwas nicht."

Frau N. war 31 Jahre alt, als ihr viertes Kind tot geboren wurde. Ihre anderen Kinder waren zu diesem Zeitpunkt fünf, drei und ein Jahr alt. Ein Jahr nach dem Verlust brachte sie einen weiteren gesunden Sohn zur Welt.

Frau N. berichtete:

> "Und trotzdem habe ich bei dieser Schwangerschaft von Anfang an das Gefühl gehabt, das hatte ich zwei, drei Freunden erzählt, daß es ein Kind werden wird, das viel, viel krank sein wird. Man hat ihn nach der Geburt untersucht, und eigentlich war alles in Ordnung. Und ich habe von Anfang an das Gefühl gehabt, es stimmt etwas nicht. Das ist etwas, das ich dann ein bißchen vermißt habe, daß man als Mutter zu wenig ernst genommen wird. Das hat man so abgetan. Und das Merkwürdige ist gewesen, in der Nacht ist es [gemeint sind Apnoen] dann viel mehr geworden, er hat dann keine Kraft mehr gehabt zum Trinken. Es ging ihm nur gut, und er hat diese Situation, eben daß er blau wurde, fast nicht gehabt, wenn er ganz nahe bei mir war. Dieser Körperkontakt, das war unglaublich. Das war das eine, und das andere war, daß ich von Anfang an, es ist ganz merkwürdig, das auszudrücken, fast nicht bereit war, das Kind zu nahe an mich heran kommen zu lasssen. Obwohl ich ganz am Anfang, direkt nach der Geburt nicht, noch nicht so ganz wach war, wie ein Schutz, habe ich so das Gespür schon gehabt, und das hat mich ganz fest befremdet. Und das war für mich ganz schwierig, damit umzugehen. Wie bei mir einerseits fast wie ein So-Machen innerlich da war (Abwehr-Gebärde), und andererseits eben das Gefühl, wenn ich ihn ganz nahe habe, dann geht es ihm gut. Das war schon zwischen Stuhl und Bank. Das war für mich schon eine schwierige Nacht. Und auch das Gefühl, eben allein gelassen zu sein. Also er hatte einen schweren Herzfehler gehabt, und zwar ist die linke Hauptkammer nicht ausgebildet gewesen. Das ist das,

was ich als Bild, was ich ein bißchen schade finde, wo ich Schwierigkeiten manchmal habe, das physische Bild, was man fast am Schluß noch erlebt hat: eben man hat ihn völlig ausgezogen, er liegt da, hat fünfzehn Drähte, alles angesteckt an x-Sachen, und drei, vier Leute, die ringsum sind und alle an ihm etwas machen. Und man ist dann wirklich ausgeschlossen, man hat eigentlich nichts mehr damit zu tun mit diesem Kind. Und das ist schon eine ganz schwere Klippe als Mutter, vor allem auch nach der Geburt, aber ich glaube, überhaupt. Das war eigentlich die schönste Geburt von allen, also ich habe ja nachher noch eines gehabt, ich habe fünf Kinder geboren. Das war wirklich die schönste und die leichteste Geburt."

5.9 "Vorahnungen"

Frau G. war 32 Jahre alt, als ihr Sohn tot geboren wurde. Das Interview fand drei Jahre nach diesem Verlust statt.

Frau G. beschrieb, wie sich ihre Haltung gegenüber ihrem ungeborenen Kind während der Schwangerschaft veränderte:

> "Diese Angst, ein behindertes Kind zu bekommen, mich dieser Angst auch zu öffnen, hat mich zu einer Haltung geführt, unser Kind so anzunehmen, wie es kommt, mit allem, was es mitbringen würde. Und mich zu öffnen für die besonderen Geschenke, die unser Kind mitbringt, auch wenn es nicht unseren Hoffnungen und Erwartungen, auch diesen Erwartungen von einer normalen Geburt, entsprechen würde. Es gab schon so Ahnungen, daß es nicht diesen ganz normalen Verlauf nimmt."

Nach dem Überschreiten des errechneten Geburtstermins erlebte Frau G. folgendes:

> "Die eine Ebene war, uns von verschiedenen Fachärzten beraten zu lassen, die andere Ebene war, für uns selber zu spüren und auch Kontakt aufzunehmen mit dem Kind in meinem Bauch, auch in Meditation, hinzulauschen, was von da kommt, und was dieses Wesen braucht und möchte. Und so verwunderlich es gerade auch im nachhinein erscheinen mag, von ihm her kam immer, es ist alles in Ordnung. Laßt mich. Laßt mir meine Zeit. Und das war mir auch wichtig: meinem Kind seine Zeit zu lassen, nicht künstlich einzugreifen. Und so haben wir auch entschieden. Am Freitagabend habe ich mein Kind zuletzt in mir sich bewegen gespürt. Ich vermute, daß er an diesem Abend oder im Laufe der Nacht gestorben ist. Im Laufe des nächsten Tages, Samstag, ist mir so nach und nach bewußt geworden, da habe ich gespürt, und es ist wirklich so nach und nach in mein Bewußtsein gesickert, daß mein Kind in mir nicht mehr lebt."

Ihre Wünsche in bezug auf die Geburt formulierte Frau G. so:

"Ich will mein Kind, soweit es möglich ist, auf eine natürliche, auf eine liebevolle und eine würdevolle Weise zur Welt bringen und empfangen."

Ihr Sohn kam dann in einem Geburtshaus zur Welt, an dem Ort und in der Begleitung der Hebamme, die auch für die Geburt eines lebenden Kindes vorgesehen gewesen waren.

Über ihre Erfahrungen in der Begegnung mit ihrem toten Sohn berichtete Frau G.:

"Als ich dann spürte, daß mein Kind bald aus mir rauskommt, habe ich Angst gehabt. Ich hatte Angst, mein totes Kind zu sehen. Ich hatte noch nie einen toten Menschen gesehen in meinem Leben, und ich hatte immer ziemlich schreckliche Vorstellungen darüber, ziemlich gruselig. Und ich wußte ja nun auch gar nicht, was ist mit meinem Kind passiert. Ich hatte diese heftigen Bewegungen gespürt. Ich hatte Angst, hatte er jetzt irgendwie einen schrecklichen Todeskampf gehabt. Wie würde es aussehen, wenn es rauskommt? Ich hatte einfach Angst, es mir anzuschauen. Ich habe mich dann zurückgelehnt in der Wanne und habe die Augen zugemacht. Und in dem Moment war eben auch ganz passend, mein Freund war einfach da, zur Stelle, als unser Kind aus meinem Körper kam, er hat ihn in seinen Händen empfangen. Es war ein Moment von großer Stille in diesem Raum. Und dann gab es so Töne wie Oh und Ah, und: er sieht ja so friedlich aus. Da habe ich mich auch getraut, hinzuschauen, und habe dann mein Kind in meine Arme genommen. Als ich mein Kind in meine Arme nahm, mein totes Kind, hatte ich ein tiefes Glücksgefühl. Es war mein Kind. Und ich war sehr erleichtert, zu sehen, wie er aussah, so friedlich und so schön. Es sah nicht so aus, als wäre ihm etwas Schlimmes passiert. Es sah so aus, als wäre für ihn alles in Ordnung. Das, was ich auch immer wieder von ihm vernommen habe, so sah er für mich auch aus. Und ich war unendlich erleichtert, es geschafft zu haben, es überlebt zu haben, es überstanden zu haben, es auf eine so gute Art auch geschafft zu haben, es bewältigt zu haben. Ich habe mir ihn, dieses Baby, dann genauer angeguckt, sein Geschlecht gesehen und habe ihm seinen Namen gegeben. Ich blieb sehr lange so, es kam ja dann auch die Nachgeburt. Die Hebamme hat mir geholfen, die Nabelschnur zu durchtrennen. Sie hat mir gesagt, was ich da tun kann. Ich habe das selber durchtrennt, das war mir wichtig. Dann hat mein Partner den toten Körper genommen, ihn eingewickelt in selbstgenähte Tücher. Ich möchte noch mal sagen, daß es so wichtig war für mich, für uns, daß unser Kind die ganze Zeit in unseren Händen blieb. Daß uns wirklich nichts genommen wurde. Ich bin auch der tiefen Meinung und Überzeugung, daß ein Kind auch zu allererst in die Arme seiner Eltern gehört, auch ein totes Kind. Für mich war es ganz wichtig, wirklich mit allen Sinnen zu begreifen, was ist. Mit allen Sinnen alle Eindrücke, die ich irgendwie von ihm aufnehmen konnte, in mich einzusaugen, sein Geruch, seine großen Ohren, seine kleine Nase, seine großen Füße und so weiter. Und ihn zu berühren. Meine Hände haben das gebraucht, ihn zu berühren, auch wenn er selber meine Hände nicht mehr gebraucht hat. Wenn er meine Zärtlichkeiten nicht mehr in seinem Körper gespürt hat, meine Hände haben es gebraucht, ihn zu berühren. Um es im wahrsten Sinne des Wortes zu begreifen. Dadurch daß ich so sehr genau hingeschaut, hingerochen, hingespürt habe, konnte ich auch sehr genau sehen, wie sich dieser Körper verändert hat über diese zwei Tage, die wir ihn dann zuhause hatten."

5.10 "Aus heiterem Himmel"

Frau T. war 26 Jahre alt, als ihre Tochter tot geboren wurde. Vier Jahre später starb ihr Sohn am zweiten Lebenstag. Im Alter von 31 Jahren bekam Frau T. einen gesunden Sohn. Das Interview fand sieben Jahre nach dem Tod von Frau T.'s Tochter statt.

Frau T. berichtete über ihre Erfahrungen:

> "Und irgendwie hatte ich das Gefühl, daß irgendwas nicht in Ordnung ist. Was sich später rausgestellt hat, daß das Kind viel zu schwach war, um sich noch bewegen zu können. Dann habe ich mir auf dem Nachhauseweg überlegt, daß ich gucken will, ob ich noch einen anderen Arzt finde. Am Montag habe ich einen Arzt gefunden, wo es hieß, daß er Hausgeburten betreuen würde. Der wollte mich halt erst untersuchen. Dann war es so, daß er sagte, er findet die Herztöne nicht, und dann war das Kind halt schon tot. Und ich habe das überhaupt nicht verstanden und habe gesagt, sein Apparat ist kaputt. Das war aus heiterem Himmel. Ich mußte warten, ich hatte da irgendwas bekommen, daß das jetzt eingeleitet wird. Das sollte bis zu 12 Stunden dauern. Ich wußte nicht, was ich da sollte, ich fühlte mich ja nicht krank. Ich konnte mich auch nicht ins Bett legen, das war mir dann auch zu intim. Dann habe ich aus dem Fenster geguckt, das war im Herbst, und da fielen die Blätter runter. Die haben mich einfach ganz ruhig gemacht. Wo ich dann dachte, daß das Kind sicher genauso ruhig gestorben ist. Damit war das irgendwie so in mir gebrochen, das war irgendwie einfach klar. Da habe ich so gedacht, das ist die erste und letzte Begegnung - ich muß echt weinen... Und das war für mich einfach klar, daß die Begegnung gut wird."

Über die Zeit direkt nach der Geburt erzählte sie:

> "Dann war ich kurze Zeit mit meinem Kind allein, weil er [der Arzt] die Schere holen mußte, er hatte ja überhaupt keine Instrumente dabei, weil es so schnell ging. Da war ich so einen Moment lang am Überlegen, ob ich mir mein Kind angucke. Ich habe es nicht gemacht, weil eben bei der Ultraschalluntersuchung im Krankenhaus hatten zwei Ärzte so drüber gesprochen, wohl auch in der Meinung, daß ich es nicht mitkriege, da haben sie eben gesagt, daß das Kind schon drei oder vier Tage tot ist, und daß die Hirnschalen so in sich zusammengefallen sind. Denn habe ich mich einfach nicht getraut, so diesen Anblick als letztes zu behalten. Die Entbindung so war von meinem Gefühl her irgendwie auch eine ganz schöne Entbindung. Und ich habe das Gefühl gehabt, daß man mit den

Schamlippen spürt wie mit meinen Händen. Von daher dachte ich, das war alles so in Ordnung und warm und weich, und laß es gut sein. Dann haben die halt das Kind geholt mit einer Decke, und damit war die Geschichte dann auch erst mal erledigt."

Bei einer Untersuchung in der zweiten Schwangerschaft wurde festgestellt, daß die kindlichen Herztöne immer schwächer wurden. Es wurde eine Sectio vorgenommen. Das Kind war aufgrund von Blutungen in der Plazenta über Wochen nicht ausreichend ernährt worden. Es wurde sofort nach der Geburt in eine Kinderklinik verlegt und mußte beatmet werden. Es erhielt eine Bluttransfusion, auf die es allergisch reagierte.

> "Dann hatte das einen Herzstillstand gehabt, die haben das wiederbelebt. Das war dann schon der zweite Tag. Und dann haben wir gesagt, die sollen das nicht mehr... (Tränen) Das war echt hart, aber wir haben gedacht, nein... Na ja, dann kriegte ich halt irgendwann zu wissen, daß das Kind gestorben war. Das war halt so gewesen, das Kind ist gestorben in dem Moment, wo wir gesagt haben, es darf sterben. Und das fand ich sehr schön. Das war ein umheimlicher Trost so, daß es irgendwie unabhängig von all dem Drumherum und dem Nicht-Damit-Umgehen-Können und dem ganzen Tra-tra im Krankenhaus, daß die Verbindung trotzdem da war."

Über die besondere Problematik nach einer Geburt durch Sectio berichtete sie:

> "Weil man diese Entbindung nicht mitkriegt, das ist so furchtbar, das ist so eine Geschichte und da fehlt irgendwo so ein Loch. Das ist auch blöd, um das zu verarbeiten. Da hat eben auch keiner mal irgendwas gesagt, Mensch Mädchen, du hast dein Kind entbunden oder so."

Frau T. hatte ihr Kind nach der Geburt nicht gesehen. Es starb zwei Tage nach der Geburt in einem anderen Krankenhaus. Über ihre Erfahrungen in der Zeit, nachdem sie den Tod des Kindes mitgeteilt bekommen hatte, erzählte sie:

> "Ich dachte dann, wo ist das dann jetzt überhaupt, wenn das tot ist. Das war die Nacht, wo ich diese Herzschmerzen hatte. Am zweiten Tag war das Kind gestorben, und nachts ging es dann bei mir los. Ich wußte nicht, wo das war."

Über ihre Gedanken, ob sie ihr totes Kind sehen wolle, berichtete sie:

> "Dann war eben meine Überlegung, ob ich mir das Kind noch angucke oder nicht. Ich war mir unsicher, ich wollte eigentlich gern, aber ich wußte nicht, ob das gut ist. Dann habe ich ganz nett mit dem Beerdigungsmann gesprochen, ich habe bestimmt zwei Stunden mit dem gesprochen, der war total nett."

Schließlich entschied sie sich, ihren toten Sohn nicht anzusehen.

6 Namensgebung

6.1 Anerkennung des Kindes als Individualität

Der Name eines Menschen steht in engem Zusammenhang mit der Anerkennung seiner Individualität, seiner Persönlichkeit. Die Fragen nach der Identität und dem Wesen eines Menschen sind häufig verbunden mit dem Namen, den er trägt. Wistinghausen beschreibt diese Beziehung zwischen dem Namen und dem Wesen eines Menschen folgendermaßen: "Er [der Name] deutet nicht nur auf den Menschen, sondern er bedeutet den Menschen. Das persönliche Wesen Mensch lebt und webt geheimnisvoll in den Lauten des Namens und äußert sich in ihnen." (Wistinghausen 1967).

Um ein Gegenüber persönlich ansprechen zu können, müssen wir seinen Namen kennen. In diesem Sinne kann der Name auch als eine Voraussetzung für Begegnung und für den Aufbau einer Beziehung gesehen werden.

Es erscheint uns selbstverständlich, einem lebend geborenen Kind einen Namen zu geben. Die Frage nach dem Namen ist meist auch eine der ersten Fragen, die Eltern kurz nach der Geburt eines lebenden Kindes von Freunden und Verwandten gestellt werden.

Dieser selbstverständliche Umgang mit dem Namen geht verloren, wenn das Kind tot geboren wird oder kurze Zeit nach der Geburt stirbt. In dieser Situation werden Eltern nur selten gefragt, wie ihr Kind heißt. Dabei kann die Namensgebung gerade beim frühen Tod eines Kindes für die Eltern und für alle anderen Beteiligten wichtige Signale setzen. Wenn Eltern einem totgeborenen oder perinatal gestorbenen Kind einen Namen geben, machen sie damit deutlich, daß ein *Mensch* gestorben ist, daß es *nicht* um den Verlust eines Schwangerschafts-Produktes geht. Diese Anerkennung der Individualität des Kindes gehört wesentlich zu einem würdevollen Umgang mit früh gestorbenen Kindern.

Der britische Thanatologe Condon weist darauf hin, daß fast alle Mütter, die er in einer Untersuchung befragt hatte, ihrem gestorbenen Kind einen Namen gegeben hatten (Condon 1986). Viele hatten jedoch diesen Namen noch nie einem anderen Menschen gegenüber ausgesprochen. Die selbstverständliche Frage nach dem Namen kann den Eltern helfen, die Schwelle zu überwinden, zum ersten Mal den Namen ihres Kindes anderen mitzuteilen.

Da die Eltern so wenige konkrete Erinnerungen an ihr Kind haben, kann die Namensgebung ihnen oft helfen, anzuerkennen, daß sie um einen konkreten Menschen trauern. Der Name kann auch zu einem Symbol für die Existenz des Kindes werden.

Die rechtliche Situation in bezug auf die Beurkundung der Geburt und des Todes eines totgeborenen Kindes (Personenstandsgesetz) hat sich in Deutschland dank des großen Engagements der Selbsthilfegruppen deutlich verbessert. Zum 1.7.1998 tritt ein neues Gesetz in Kraft, das die standesamtliche Registrierung von totgeborenen Kindern regelt. Ab diesem Zeitpunkt kann ein totgeborenes Kind, das mehr als 500 g wiegt, im Geburtenbuch (Personenstandsregister) eingetragen werden. Auf Wunsch der Eltern kann dieser Eintrag mit Vornamen und Nachnamen erfolgen. (Bisher war die Nennung des Vornamens nicht möglich.) Wenn die Eltern dies möchten, kann das Kind auch mit seinem Vornamen in das Familienstammbuch eingetragen werden.

Das Gesetz sieht vor, daß auch rückwirkend Anträge auf Eintragung gestellt werden können. Diese müssen bis zum 1.7.2003 beim jeweiligen Standesamt eingegangen sein. Kinder, die vor dem 31.3.1994 tot zur Welt gekommen sind, können ab einem Gewicht von 1000 g standesamtlich registriert werden. Für nach dem 1.4.1994 totgeborene Kinder gilt die Gewichtsgrenze von 500 g.

In diesen neuen Regelungen sind nicht die Kinder berücksichtigt, die mit einem sehr niedrigen Geburtsgewicht tot geboren werden (Fehlgeburten). Sie können bisher keine offizielle Urkunde mit ihrem Vor- und Nachnamen bekommen. Die Selbsthilfegruppen bemühen sich, auch eine standesamtliche Registrierung dieser Kinder zu erreichen.

Lebendgeborene Kinder, die kurz nach der Geburt sterben, werden unabhängig von ihrem Gewicht mit Vornamen und Nachnamen registriert und im Familienstammbuch eingetragen.

Alle Mütter, mit denen ich gesprochen habe, haben ihren Kindern einen Namen gegeben. Dies ist insofern erwähnenswert, weil es nicht typisch für die Situation des frühen Todes ist. Liest man z.B. in den Rundbriefen der amerikanischen Selbsthilfegruppen für trauernde Eltern, findet man immer wieder Gedenkanzeigen, in denen z.B. von 'Baby Miller' geschrieben wird, in Erinnerung an Kinder, die namenlos geblieben sind.

Im folgenden werde ich zunächst beschreiben, wie Mütter anderen Menschen gegenüber mit dem Namen umgegangen sind, wann und wie sie anderen diesen Namen mitgeteilt haben.

Ich fragte Frau A., ob sie und ihr Mann den Namen ihrer Tochter anderen mitgeteilt hätten. Kurze Zeit vorher im Gespräch hatte ich zum ersten Mal gehört, wie sie diesen Namen aussprach. Sie sagte:

> "Der Name war unsere Sache. Wir haben auch erst später erzählt, daß es ein Mädchen war. Zwischen uns hat sie den Namen immer. Wir haben uns auch nicht so getraut. Und ich denke, auch so durch die Arbeit jetzt nach dem Seminar, auch während des Seminars, zu wissen, sie hat wirklich einen Raum in meinem Leben, und auch zwischen meinem Mann und mir. Es war auch eher so, daß es keiner wissen wollte, daß uns auch keiner gefragt hat und wir uns den Raum auch einfach nicht genommen haben."

(Mit Seminar ist ein Wochenendseminar zur Thematik des frühen Todes von Kindern gemeint, an dem sie teilgenommen hatte und das für ihren Trauerprozeß eine große Bedeutung hatte.)

Hier hängt das Nicht-Mitteilen des Namens zum einen mit einer inneren Unsicherheit zusammen, welchen Raum dieses Kind im Leben der Mutter und in der Beziehung zwischen den Partnern einnnehmen darf. Es ist, als könnte der Name Außenstehenden gegenüber nicht ausgesprochen werden, solange die Bedeutung, die das kurze Leben und der Tod des Kindes für die Eltern haben, nicht klar benannt werden kann. Hier fällt die doppelte Wortbedeutung von 'benennen' auf: das Kind benennen, dem Kind einen Namen geben ist verbunden mit dem Benennen des Schmerzes. Die zwei Mütter, die Mitteilungen über die Geburt und den Tod ihres Kindes an ihnen nahestehende Menschen verschickt haben, haben beide den Namen des Kindes in dieser Mitteilung erwähnt. Beide berichteten auch, daß sie in Gesprächen mit anderen Menschen das Kind bei seinem Namen nennen. Frau W., deren Mann den Namen des Kindes geträumt hatte, erzählte mir, daß sie anderen auch diesen Traum mitgeteilt habe. Sie sagte, daß sie nie das Bedürfnis gehabt habe, diesen Traum ihres Mannes als etwas Persönliches zu schützen. Ich denke, daß in diesem Zusammenhang deutlich wird, wie verschieden die Bedürfnisse nach Schutz und Intimität sind.

Zwei Mütter haben lange Zeit anderen gegenüber den Namen ihres Kindes verschwiegen. Ich möchte näher darauf eingehen, wie sie schließlich begonnen haben, den Namen ihres Kindes auszusprechen und welche Bedeutung dies im Trauer-Prozeß hatte.

Ich habe miterlebt, wie Frau B. fast 25 Jahre nach dem Tod ihrer Tochter deren Namen zum ersten Mal anderen Menschen gegenüber aussprach. Vorher hatte sie niemandem erzählt, wie ihre Tochter geheißen hatte. Auch der Vater des Kindes kannte den Namen nicht. Sie mußte innerlich sehr ringen, bis sie den Namen ihrer Tochter aussprechen konnte. Viel Mut war notwendig, um diesen Schritt zu tun. Sie beschrieb später selbst, wie sie sich danach wie befreit fühlte und wie sie sich immer mehr aus der Erstarrung eines lange blockierten Trauerprozesses lösen konnte. Das Mitteilen des Namens war ein Meilenstein auf einem langen Weg. Diese symbolische Handlung kann nicht isoliert betrachtet werden. Sie muß als ein Teil eines prozeßhaften Geschehens gesehen werden, in dem Frau B. ihren Schmerz und ihre Trauer durchlebte. Mit dem Durchleben wurde eine innere Wandlung möglich. Nach einer mehrjährigen Begleitung durch einen Psychotherapeuten hatte Frau B. genügend innere Kräfte aufgebaut, so daß sie in der Lage war, sich der Realität ihres Verlustes bewußt zu stellen. Das Aussprechen des Namens ihrer Tochter war ein wesentlicher Teil dieser Anerkennung der Realität. Einige Wochen später setzte sie den Prozeß fort, indem sie mir in einem Brief den zweiten Namen ihrer Tochter mitteilte, den sie vorher nicht genannt hatte. Hier ist ein schrittweises Annähern an den Verlust sichtbar. Auf diese Weise konnte das Phantom, von dem sie in Bezug auf ihre Tochter vorher gesprochen hatte, langsam zu einer Gestalt werden.

Frau S. sprach den Namen ihres Sohnes zum ersten Mal sechs Jahre nach dessen Tod öffentlich aus. Dieses Mitteilen geschah im Rahmen einer therapeutisch begleiteten Selbsterfahrungsgruppe, in der mit einer von B. Hellinger entwickelten familientherapeutischen Methode, der sogenannten 'Familienkonstellation' gearbeitet wurde. Sie entschied sich, ihre aktuelle Familie in dieser Familienkonstellation darzustellen. In dieser Methode werden Gruppenteilnehmer ausgewählt, um einzelne Familienmitglieder darzustellen. Es wird dann von dem Klienten bestimmt, in welcher Haltung, in welchem Abstand zueinander usw. die Einzelnen stehen sollen. Da für Hellinger auch gestorbene und abgetriebene Kinder zu einem solchen Familienbild dazu gehören, wurde Frau S. von dem Gruppenleiter darauf aufmerksam gemacht, wo ihre Kinder in dem Bild seien. Im Zusammenhang mit der daraufhin folgenden Suche nach einem Darsteller für ihren Sohn tauchte plötzlich die Erkenntnis auf, daß sie den Namen ihres Kindes nie ausgesprochen hatte. Frau S. berichtete:

> "Dann ging es darum, eine Person für meinen Sohn zu suchen. Es ist mir sehr schwer gefallen, mich überhaupt auf die Situation einzulassen, und dann noch, wen aus der Gruppe. Da ist mir das erste Mal bewußt geworden, daß ich den Namen von dem Kind nie öffentlich gesagt habe. Ich habe niemand den Namen gesagt. Mein Mann wußte den, und meine Mutter hat es mal so ein bißchen angesprochen, aber ich habe sie abblitzen lassen. Ich wollte nicht hören, daß das Kind so heißt. Dieses Namen-Aussprechen war etwas ganz Wichtiges. Da habe ich noch mal sehr viel getrauert, nachdem ich das Kind endlich benennen konnte."

Hier wird deutlich, wie eng das Benennen-Können des Kindes verbunden ist mit dem Trauer-Prozeß.

Gerade bei mehrfachen Verlusten (wie auch bei Frau S.) ist es sehr wichtig, zu differenzieren - die einzelnen Verluste zu benennnen, um dann trauern zu können. Nachdem Frau S. den Namen ihres Sohnes ausgesprochen hatte, konnte sie um dieses Kind trauern. Es bekam eine Gestalt, während vorher alles wie in einem schwarzen Strudel vermischt gewesen war.

Mit dem Mitteilen des Namens sind zwei Erfahrungen verbunden: das Kind bekommt eine Identität, durch diese Identität ist es nicht ersetzbar. So erlebt Frau S. das Aussprechen des Namens auch als ein Anerkennen der Endgültigkeit des Verlustes:

> "Mir wurde klar: es wird nie einen A. geben. Ich wollte nicht hören, daß das Kind so heißt. Schon so aus der Phantasie heraus, wenn ich wieder einen Jungen habe, dann nenne ich den wieder A."

Das Nachdenken über den Namen des Kindes führte Frau S. in unserem Gespräch dazu, zu überlegen, wer aus der Familie dieses Kind in den Jahren nach seinem Tod erwähnt hatte. Es war für sie schmerzhaft, zu erkennen, daß es kaum Gespräche über ihren Sohn gegeben hatte. Möglicherweise gibt es einen Zusammenhang zwischen der 'äußeren' Namenlosigkeit des Kindes und dem Fehlen von Gesprächen über das Kind. Frau S. berichtete, daß sie nach dem Seminar mit ihren Eltern über den Tod ihres Kindes und ihre damit verbundenen Erfahrungen gesprochen hatte. Ihren Schwiegereltern hatte sie in einem Brief mitgeteilt, was dieser Verlust für sie bedeutete und bedeutet und wie sehr sie sich Unterstützung von ihnen gewünscht hätte.

In der Arbeit in der Selbsterfahrungsgruppe wurde Frau S. bewußt, daß für sie nicht nur der Vorname ihres Sohnes, sondern auch dessen Nachname eine besondere Bedeutung hat. Sie selbst trägt einen Doppelnamen, ihr Sohn hätte den Namen seines Vaters getragen. Sie berichtete:

> "Ja, das war mir vorher nie klar. Ich habe es heimlich für mich natürlich benannt. Ich war aber baßerstaunt, als einer der Therapeuten sagte, ja,

> A. H., das war mir gar nicht klar. Natürlich wußte ich, daß es H. geheißen hätte, aber daß es auch eine ganz besondere Beziehung zu dieser Familie gehabt hätte und er als Vater, daß die beide den gleichen Namen gehabt hätten."

Sowohl Frau S. als auch Frau B. haben den Namen ihres Kindes in einer Gruppe ausgesprochen. Dies zeigt, daß das Mit-Teilen eben auch die Qualität des 'Mit-Anderen-Teilens' hat. Es ist eine Atmosphäre notwendig, die Schutz, Begleitung und Raum für Trauer bietet. Die Mütter müssen darauf vertrauen können, daß sie in der Gruppe mit ihrem Schmerz ernst genommen und angenommen werden. Wieviel Schutz und Begleitung die Mütter brauchen, hängt u.a. auch davon ab, was für sie in ihrer konkreten Lebenssituation und in ihrer biographischen Entwicklung mit dem Aussprechen des Namens zusammenhängt, was sie damit assoziieren.

6.2 "Ich rufe Dich bei Deinem Namen..."

Bisher ging es um Mütter, die ihrem Kind sofort nach der Geburt einen Namen gegeben haben. Frau D. teilte mir mit, daß sie mehrere Jahre keinen Namen für ihre totgeborene Tochter gefunden hatte:

> "Nein, es war so, daß wir zu dem Zeitpunkt nicht richtig wußten, wie das Kind heißen sollte. Daß mir das viel später klar geworden ist, mit der Bedeutung und zwar an einem Bild. Das war ein ganz merkwürdiges Erlebnis für mich, weil es hat mich immer beschäftigt, daß ich nicht wußte, wie dieses Kind heißen sollte. Ich hatte dann ein paar Ideen damals, aber nichts Überzeugendes."

Sie hatte eines Tages Besuch von einer Dozentin, die am nächsten Tag einen Vortrag über ein Bild eines Künstlers halten sollte. Sie kamen ins Gespräch über dieses Bild und dessen besondere Bedeutung. (Im folgenden wird nicht erwähnt, um welchen Namen und um welches Bild es geht, um die Anonymität zu wahren. Ich habe mich entschieden, diese Interviewteile aufzunehmen, auch wenn sie durch das Fehlen des Namens möglicherweise an Tiefe verlieren.)

> "Die Dozentin hat hier gesessen auf diesem Platz, wie sie diesen Namen der auf dem Bild dargestellten Figur so ausgesprochen hat, so ganz deutlich. Da habe ich also mit einer Macht plötzlich dieses Kind gespürt. Und wirklich so, wie man sagt: ich rufe dich bei deinem Namen. [Bezieht sich auf den Bibelvers Jesaja 43,1: "Ich rufe Dich bei Deinem Namen, Du bist mein."] Da hat jemand mit dieser Deutlichkeit diesen Namen ausgesprochen. Und das war total da in dem Moment. Und da wußte ich das, daß das so hieß. Aber in dem Moment war das eben ganz sicher, das ist der Name für das Kind."

Aus dieser Unsicherheit in bezug auf den Namen konnte in dem Augenblick, in dem ein anderer Mensch den richtigen Namen aussprach, eine unerschütterliche Gewißheit entstehen. In einem Moment der Geistesgegenwart, des Kairos, zeigt sich eine tiefe Bedeutung.

Frau D. hatte sich intensiv mit der Trauer um den Tod ihrer Tochter auseinandergesetzt, hatte anderthalb Jahre nach deren Tod eine Gedenkfeier gestaltet. Sie lebte sehr bewußt mit den Erinnerungen an dieses Kind. Und dennoch fand sie nicht den Namen, den ihre Tochter tragen sollte.

Erst in dem Augenblick, als jemand anders den Namen ausspricht, spürt sie, daß das der Name ihrer Tochter ist. Verbunden mit der Gewißheit in bezug auf den Namen ist ein Gefühl von einer Nähe zu ihrer Tochter: "Da habe ich also mit einer Macht dieses Kind plötzlich gespürt." Diese Nähe ist für sie eine neue Erfahrung, denn vorher hatte sie immer den Eindruck gehabt, dieses Kind sei weit entfernt von ihr. Hier können wir ahnen: der Name macht Begegnung und Beziehung möglich.

6.3 Namens-Träume

Zwei Träume, in denen der Name des ungeborenen Kindes mitgeteilt wurde, wurden mir von Müttern erzählt. Da beide Träume für die weitere Bewältigung des Verlustes von Bedeutung waren, möchte ich beide hier zitieren.

Frau W. berichtete außerdem, wie sie während der Schwangerschaft auch aus ihrem inneren Erleben nicht den Namen für ihr Kind finden konnte. Ihr Mann träumte dann den Namen des Kindes:

> "Ich erlebte die Schwangerschaft als unglaublich schön. Ich fühlte mich unglaublich getragen. Oft, wenn ich das als Farbe schildern soll, eine helle Farbe, so zwischen Gelb und Aprikosenfarben. Ein leuchtendes Gelb-Orange, aber nicht stechend, ganz weich. Und so von den Lauten her (wenn Sie die Eurythmie kennen), dann die I- und die C-Gebärde[1]. Dieses C, das von unten holt und was dann ganz leicht wird nach oben. Aber ich habe keinen richtigen Namen dafür gefunden, aus diesem allem. Und dann hat mein Mann geträumt, als ich im siebten Monat war, dann hat er den Namen geträumt. Und zwar war das auch wieder mit Eurythmie."

Als ihr Sohn tot geboren wurde, gaben Frau W. und ihr Mann ihm den geträumten Namen.

---

[1] Die Eurythmie ist 1912 von Rudolf Steiner als eine neue Bewegungskunst entwickelt worden. Ihre Grundlage ist die anthroposophische Menschenkunde. Purucker-Häußler schreibt zu der Bedeutung von Konsonanten und Vokalen: "In der Eurythmie sind bestimmte Bewegungs- und Empfindungsgesten den Vokalen und Konsonanten entsprechend ihrem Erlebnis- und Strukturgehalt zugeordnet." (Purucker-Häußler 1993)

Frau D. träumte den Namen ihres Kindes in der Schwangerschaft. Damals hatte sie keinen bewußten Zugang zur Bedeutung des Namens und zu der Geschichte dieser biblischen Gestalt. Sie erzählte:

> "Das Kind hat übrigens nicht so geheißen. Das war so, letztlich habe ich mich nicht getraut. Ich weiß, daß ich zwei Leuten das erzählt habe, als ich noch hier in Deutschland war, daß ich diesen Namen geträumt hatte. Daß die beide sagten, das ist ja völlig unmöglich und tu das dem Kind nicht an. Letztlich habe ich mich nicht getraut denn und habe dem Kind einen anderen Namen gegeben. Das hat sich aber in meiner Erinnerung ganz schnell verändert. Daß ich ja dann dieses Erlebnis hatte, wo mir das plötzlich klar wurde mit diesem Namen, das war so zwei Monate nach dem Kind ungefähr. Und daß ich gemerkt habe, das ist der Name. In meiner Erinnerung ist es nur so. Diesen anderen Namen, den wir dann wirklich ausgesucht hatten, der ist ganz zurückgedrängt für mich. Das ist auch oft so, daß ich denke, das hätte nicht gestimmt, mit diesem Namen. Könnte ich mir heute gar nicht vorstellen, ein Kind zu haben so mit dem Namen, obwohl, wenn das so wäre, dann wäre das so."

6.4 Zusammenhang zwischen dem Namen des Kindes und wichtigen Lebensthemen der Eltern

Für Frau D. haben die Namen ihrer beiden gestorbenen Kinder eine große Bedeutung, sie erlebt einen engen Zusammenhang der Namen mit Themen ihrer eigenen Biographie.

Der Name ihres Sohnes hat sie dazu geführt, sich sehr intensiv mit dieser biblischen Gestalt auseinanderzusetzen. Je mehr sie sich damit beschäftigte, desto mehr nahm sie wahr, wieviel gerade diese Figur mit den Phänomenen des Trauer-Prozesses zu tun hat. Sie schrieb dann zwölf Jahre nach dem Tod ihres Sohnes eine Arbeit, in der sie ihre Gedanken über diese Zusammenhänge darlegte. Sie berichtete, daß diese Arbeit für sie wie ein Abschluß ihrer Trauerarbeit auf einer gewissen Ebene sei.

Die Gedanken, die sie in dieser Arbeit ausgeführt hat, sind zu vielschichtig, als daß ich sie hier angemessen referieren könnte. Deshalb will ich nur meinen Eindruck, den ich beim Lesen und während eines Gespräches mit Frau D. über ihre Arbeit gewonnen habe, beschreiben. Mit dem Niederschreiben ihrer Erfahrungen und Gedanken hat Frau D. einen Prozeß abgeschlossen, eine Gestalt vollendet. Es hat mich tief bewegt, zu lesen, wie Frau D. ihre schmerzhaften Erfahrungen umwandeln konnte in Erkenntniskräfte. Sie hat diese Aufgabe, die ihr mit dem Hören des Namens im Traum gestellt wurde, angenommen und sie bewußt in ihr Leben integriert. Der Name ihres Sohnes hatte nicht nur für ihre Beziehung zu ihm eine große Bedeutung, sondern auch für ihre eigene biographische Entwicklung.

6.5 Das Ritual der Taufe oder der Segnung

In der christlichen Tradition ist die Namensgebung mit dem Sakrament der Taufe verbunden. In der Vergangenheit haben viele Eltern von früh gestorbenen Kindern sehr schmerzhafte Erfahrungen mit dem Thema 'Taufe' gemacht haben. Lange Zeit war es, besonders in der katholischen Kirche, nicht möglich, ein totgeborenes Kind zu taufen. Ein nicht getauftes Kind konnte nicht mit einer kirchlichen Feier bestattet werden. So konnten viele Kinder nicht kirchlich beerdigt werden, obwohl ihre Eltern das gewünscht hätten. In den meisten Gemeinden ist es inzwischen möglich, auch totgeborene Kinder mit einer kirchlichen Feier zu bestatten. Es gibt mittlerweile sowohl in der evangelischen als auch in der katholischen Kirche Handreichungen für Pfarrer und Pastoren, wie sie Beerdigungen von totgeborenen Kindern gestalten können (VELKD 1996).

Zwei Mütter berichteten mir von der Taufe ihrer Kinder.

Als bei dem Sohn von Frau N. am zweiten Lebenstag ein inoperabler Herzfehler diagnostiziert wurde, war mit dieser Diagnose auch die Gewißheit verbunden, daß das Kind keine Überlebenschance hatte. Das Kind war noch an der Herz-Lungen-Maschine, es ging um die Entscheidung der Eltern, die Maschine abschalten zu lassen. Frau N. und ihr Mann entschieden sich, zunächst noch mit ihrer Pfarrerin zu telefonieren. Sie hatten das Bedürfnis, ihren Sohn taufen zu lassen. Gemeinsam mit der Pfarrerin überlegten sie, ob die Möglichkeit bestand, das Sakrament der Taufe zu vollziehen. Da die Ärzte nicht garantieren konnten, daß das Kind mit Herz-Lungen-Maschine überleben würde, bis die Pfarrerin für die Taufe im Krankenhaus sein könnte, entschieden sich die Eltern für eine Nottaufe. Die Pfarrerin erklärte ihnen, wie sie diese Nottaufe machen könnten. Frau N. berichtete: "Wir haben die Nottaufe gemacht und dann abschalten lassen." Das Kind starb einige Minuten später.

Hier waren die Eltern in der Lage, ihr Bedürfnis nach einer Taufe zu formulieren, und sie wurden von der Pfarrerin mit diesem Bedürfnis ernst genommen. Obwohl das Sakrament der Taufe nicht so vollzogen werden konnte, wie es sonst in der christlichen Gemeinde, der Frau N. und ihr Mann angehören, geschieht, war diese Lösung für die Eltern auch im nachhinein eine richtige Entscheidung.

Eine Erfahrung ganz anderer Art machten Frau T. und ihr Mann. Obwohl ihr Mann das Kind, das nach der Geburt in einem anderen Krankenhaus als Frau T. lag, sehr oft besuchte, wurden weder er noch seine Frau gefragt, ob sie wollten, daß ihr Sohn getauft würde. Frau T. erzählte:

> "Die in dem Krankenhaus, wo mein Sohn gelegen hatte, die hatten ihn einfach getauft, ohne uns zu fragen. Das fand ich unmöglich. Das war für mich ein Grund, warum ich keinen Pastor dabei [bei der Beerdigung] haben wollte. Ich hätte das Kind sonst nicht getauft. Und das ist zwar dann nur so eine kleine Handlung, aber ich meine, die Eltern leben ja, warum wird man nicht gefragt. Und ich habe nur gedacht, hoffentlich war das Wasser nicht so kalt, weil er sowieso schon so schwach war. Die haben ihn getauft, bevor er gestorben ist. Das fand ich unmöglich."

Frau T. hatte nicht gewollt, daß ihr Sohn getauft würde. Das Krankenhauspersonal hat eigenmächtig diese Taufe vollzogen und später den Eltern nicht einmal mitgeteilt, wer das Kind getauft hat. Frau T. weiß auch nicht, ob eine Nottaufe vollzogen wurde oder ob ein Klinikseelsorger eine übliche Taufzeremonie ausgeführt hat. Bei einer Nottaufe wird kein Wasser verwendet, so daß möglicherweise die Befürchtung von Frau T., das Wasser könnte zu kalt gewesen sein, gar nicht nötig wäre.

In diesem Beispiel wird deutlich, wie wichtig es ist, religiöse Handlungen niemals ohne die Zustimmung der Eltern zu vollziehen. Respektvoller Umgang mit einem sterbenden Neugeborenen heißt eben auch: respektvoller Umgang mit den Eltern und deren Bedürfnissen und Wünschen!

7 Mitteilung über die Geburt und den Tod des Kindes

Die vertraute Form von Todesanzeigen Erwachsener kann hier nicht übernommen werden, denn es ist ein Text notwendig, der die Geburt *und* den Tod des Kindes mitteilt. Dafür gibt es keine kulturell verankerten Vorgaben. Diese Situation schafft einen großen Freiraum für Kreativität, stellt jedoch gerade in der ersten Zeit nach dem Tod des Kindes eine hohe Anforderung an die Eltern, die sich häufig in einem Zustand des Schocks und der inneren Lähmung befinden.

Ich habe die Geburts- und Todes-Anzeigen in der Überschrift Mitteilungen genannt. Das Mitteilen hat hier eine zweifache Bedeutung: zum einen wird der Tod des Kindes anderen mitgeteilt im Sinne von Berichten, zum anderen werden die Erfahrungen der Eltern mit anderen Menschen geteilt, so daß diese daran teil-haben können.

7.1 "Es war, als hätt der Himmel..."

Drei der von mir interviewten Mütter haben eine solche Mitteilung über die Geburt und den Tod ihres Kindes geschrieben und an ihnen nahestehende Menschen geschickt.

Zu den wenigen Dingen, die Frau W. vor der Geburt vorbereitet hatte, gehörten die Geburtsanzeigen. Sie erzählte, wie mühsam deren Gestaltung für sie gewesen war:

> "Das hat mein Mann auch seltsam gefunden, daß ich eben die Geburtsanzeigen vorbereitet hatte. Ich hatte ganz viele mit der Hand geschrieben. Mein Mann sagte, es ist doch seltsam, daß Dir dieses [gemeint ist die Mitteilung über die Geburt und den Tod des Kindes] so von der Hand ging. Das andere [gemeint ist die ursprüngliche Geburtsanzeige], da hast Du Dich so abgemüht. Da wußte man nicht so recht, wie und was."

Frau W. hat eine Form geschaffen, die ihr angemessen erschien, um anderen den Tod ihres Sohnes mitzuteilen. Sie berichtete:

> "Ich habe sogar eine Art Anzeige verschickt, eben da stand drauf: 'Es war, als hätt der Himmel die Erde geküßt'. Ich hatte das Gefühl, das ist viel besser, als wenn ich das hundertmal erzählen muß. Ich war eben froh, daß ich das per Brief machen konnte, weil ich eben das persönliche Gespräch..., das fand ich schwierig. Es ist irgendwie wieder sachlicher,

als das in einem Gespräch geworden wäre. Da trifft man jemanden so an der Straßenecke, da ist so ein schrecklicher Rahmen, um so etwas zu erzählen. Und man muß etwas sagen. Das mußte einen gewissen Stil haben. Das war mir dann doch zu heilig, die ganze Sache."

Mondnacht

Es war, als hätt der Himmel
Die Erde still geküßt,
Daß sie im Blütenschimmer
von ihm nun träumen müßt.

Die Luft ging durch die Felder,
Die Ähren wogten sacht,
Es rauschten leis die Wälder,
So sternklar war die Nacht.

Und meine Seele spannte
Weit ihre Flügel aus,
Flog durch die stillen Lande,
Als flöge sie nach Haus.

Joseph Eichendorff

Frau W. ging es darum, einen Rahmen zu gestalten, in dem sie ihre Erfahrungen mit dem Tod ihres Sohnes in einer der Heiligkeit des Geschehens entsprechenden Weise ausdrücken konnte. Mit dem Eichendorff-Gedicht wurde im Bild deutlich, in welchen Dimensionen sie den Tod ihres Kindes sieht. In einem hinzugefügten Text hat sie selbst formuliert, wie sie den intrauterinen Tod ihres Kindes erlebte: "Er hat sich zurückgezogen." Es ist das Bild von der Seele, die sich aus dem physischen Körper zurückzieht, von der Erde zurück in den Himmel geht. Ein so tiefgreifendes Bild kann viel eher in schriftlicher Form mitgeteilt werden als in einem Gespräch 'an der Straßenecke', wie Frau W. es nannte. Ein solches Gespräch wird eher bei den äußeren Erfahrungen stehen bleiben, wie z.B. bei der Frage nach der Todesursache.

7.2 Auseinandersetzung im Tun

Frau N. sprach darüber, welche Bedeutung das Gestalten der Mitteilung für sie in ihrem Prozeß der Auseinandersetzung mit dem Tod ihres Sohnes hatte:

"Wir haben dann eine Karte geschickt. Aber das war auch in der Zeit, in den ersten Tagen haben wir das dann gemacht. Es war einfach eine Möglichkeit, sich damit auseinanderzusetzen, indem man etwas tut. Das war für mich immer so eine, dieses einfach nur Drehen, das hat natürlich auch stattgefunden. Aber ich war dann immer froh, wenn ich was tun konnte, weil dann konnte ich es ergreifen, indem ich mich auseinandergesetzt habe, was für ein Gedicht ist für mich wichtig, das es da steht. Wozu habe ich eine Beziehung? Ich habe Gedichte gelesen. Was für ein Bild oder Zeichen tut man dadrauf? Ich muß dazu stehen, es ist so. Und das in eine Form zu bringen. Das ist so heilsam dann. Ich meine, ich hätte es ja auch irgendwie machen lassen können. Ich habe es selber gemacht. Und das war für mich so wichtig, immer wieder dieses Tun. Weil dann muß man bejahen, ja, die Situation ist so. Sonst denkt man innerlich, vielleicht ist es doch nur ein böser Traum. Und indem ich bejahe, kommt die Verarbeitung auch dann. Es ist plötzlich nichts Schlechtes, sondern ja..."

Frau N. beschreibt zwei wichtige Elemente einer symbolischen Handlung. Das erste Element ist die Erfahrung, daß die Auseinandersetzung im Tun geschieht. Der aktive Prozeß des Ergreifens hilft, die Realität des Todes anzuerkennen und so einen ersten Schritt zur Integration zu leisten. Das zweite Element ist das Bemühen, die eigenen Erfahrungen in eine Form zu bringen. In einem schöpferischen Prozeß entsteht etwas Sichtbares. Inneres kann zu einer äußeren Gestalt werden, kann ausgedrückt werden. Frau N. wies darauf hin, daß sie das Gestalten als heilsam erlebt habe.

In diesem Zusammenhang möchte ich einige Anmerkungen anfügen zur Thematik des aktiven Trauer-Prozesses. Der amerikanische Thanatologe Attig unterscheidet zwischen der Emotion der Trauer und dem Prozeß des Trauerns. Seine Unterscheidungskriterien sind folgende: "Wir müssen die spezifische Emotion der Trauer unterscheiden von dem komplexeren Bewältigungsprozeß, dem Trauern. Die Emotion erzeugt Hilflosigkeit und Passivität, während der Prozeß Herausforderungen und Möglichkeiten bietet und erfordert, daß Energie investiert wird, daß Aufgaben übernommen werden und Entscheidungen getroffen werden." (Attig 1991, Übers. d. Verf.). Genau diese Charakteristika des aktiven Prozesses beschreibt Frau N.: sie investierte Kraft in die Suche nach einer angemessenen Gestaltung der Todesanzeige. Sie übernahm die Aufgabe, sich so mit dem Geschehenen auseinanderzusetzen, daß sie einen passenden Text finden konnte. Schließlich traf sie die Entscheidung, welches Bild und welches Gedicht auf der Karte sein sollten. In ihrer Darstellung wird auch deutlich, daß sie ihre Wahlmöglichkeiten bewußt wahrgenommen hat. Sie stellte sich die Frage, zu welchem Gedicht *sie* eine Beziehung hat. Das Wahrnehmen der Möglichkeit, bewußte Entscheidungen in bezug auf die Gestaltung des Bewältigungsprozesses zu treffen, ist in Attigs Ausführungen ein wesentlicher Teil des aktiven Trauerprozesses. Dem Verlust selbst steht der Trauernde ohne Wahlmöglichkeiten gegenüber, während der Prozeß des Trauerns allein von ihm gestaltet wird (Attig 1991). Sowohl der Zeitpunkt als auch die Geschwindigkeit des Erledigens von bestimmten Aufgaben werden von dem Trauernden selbst gewählt. Attig weist darauf hin, welche Bedeutung das aktive Gestalten für das Selbstbild des Trauernden und für seine Zukunftsperspektiven haben kann: "Die Trauernden zu unterstützen, Dinge zu finden, die sie tun und sagen, die bedeutungsvoll sind, fördert ihre Erfahrung von sich selbst als fähig, ein neues und sinnvolles Leben zu gestalten." (Attig 1991, Übers. d. Verf.).

7.3 Ein imaginatives Gespräch mit dem Kind

Frau G. und ihr Partner haben in ihrer Mitteilung über die Geburt ihres intrauterin gestorbenen Kindes eine außergewöhnliche Form gewählt. Sie haben ein Gespräch aufgeschrieben, das sie in Gedanken mit ihrem Sohn geführt haben. In diesen Zeilen sind viele Botschaften enthalten, die das Kind an seine Eltern richtet. Ich möchte diesen Text vollständig zitieren, weil in ihm verschiedene Aspekte des Umgangs mit dem frühen Tod angesprochen werden. (Die Namen der Eltern und des Kindes sind durch andere Initialen geschützt.)

Unser Sohn

Du bist zu uns gekommen als Geschenk der Existenz
41 Wochen waren wir zu dritt mit Dir als Gast
Wir haben Dich tot geboren
Wir werden Deinen Körper der Erde zurückgeben

Danke für Deinen Besuch

M. (Mutter): Dein Körper braucht meinen Körper nicht mehr. Braucht mein Körper, meine Hände Deinen Körper? Ja, zum Begreifen, was jetzt ist! Was mache ich mit meiner Liebe, die ich in meinen Händen spüre, wenn ich sie Dir nicht mehr geben kann?

K. (Kind): Ich bin zu Dir gekommen, damit Du Deine Liebe spürst, damit Du spürst, wieviel Du zu geben hast. Ich bin nicht zu Dir gekommen, um all Deine Liebe aufzusaugen. Deine Liebe gilt nicht nur mir, sie gilt dem Leben. Wenn Du Deine Liebe zurückhältst und sortierst, wohin Du sie gibst, kann sie nicht fliessen. Ich bin gekommen, damit Du Deinen Reichtum fühlst und Dich damit ausweitest.

V. (Vater): Das heißt aber nicht, zu allen 'nett' zu sein?

M.: Es ist überhaupt nicht nett und rücksichtsvoll von Dir, neun Monate in meinem Bauch zu wachsen und Dich dann wieder zu verabschieden! Und gerade damit, mit Deinem Eigenwillen und Deiner Konsequenz, Deinen Weg zu gehen, gibst Du mir soviel zu meinem Ganz-Sein, Werden...

V.: Etwas, wovon ich mich nicht verabschieden möchte, ist Deine Anwesenheit!

K.: Ich bin nicht mehr in meinem Körper anwesend, und doch bin ich da. Mein Wesen bleibt mit Euch verbunden.

V.: Ich weiß, und ich spüre, daß Du da sein wirst. Du bist mein Sohn. Du bist der Sohn der Erde, der Existenz. Ich nähre Dich in Deinem kurzen Erdenleben, und Du bist Nahrung für mein Sein und für die Erde. Ich lasse ab vom Äußeren, von der Form, von Deinem Körper. Ich werde immer noch Traurigkeit haben, das ist okay für mich. Du schenkst mir so viel Energie, Reinheit, Strahlen,

Klarheit, ich erahne, was 'klare Glückseligkeit' bedeutet! Das haut den stärksten Mann um! Ich befinde mich in der Wellenbewegung der pulsierenden Spirale. Mein kleiner toter Sohn. Mein Freund und Lehrer.

Geschenke in merkwürdiger Verpackung
Dazu gehört auch mein Auf und Ab durch Wechselbäder von Gedanken und Gefühlen wie
Warum?
Was habe ich falsch gemacht?
Hätte ich ...?
Verzweiflung Hilflosigkeit
Mein Sohn, ich hätte so gern so vieles mit Dir erlebt, Dir gegeben!
Warum nimmst Du meine Geschenke nicht an?
Enttäuschung Ärger
Verlust Verlassenheit
Sehnsucht Traurigkeit Hingabe
Liebe

Die Eltern beschreiben in dieser Mit-Teilung ihre inneren Fragen, ihre Schuldgefühle, ihre wechselnden Stimmungen. So können andere teil-haben an ihrem Prozeß der Auseinandersetzung, der Faden reißt nicht ab. Auch für die Menschen, die während dieser Zeit nicht im direkten Kontakt mit den Eltern sind, ist ein Anknüpfen möglich. In diesem Sinne bietet eine Anzeige auch die Chance, die Isolation, von der Eltern oft berichten, zu vermindern.

Neben der Schilderung ihrer Gefühle und Fragen teilen die Eltern auch mit, in welche größeren Zusammenhänge sie den Tod ihres Sohnes einordnen. Sie weisen darauf hin, daß sie eine Verbundenheit mit dem Wesen ihres verstorbenen Sohnes erleben.

In einem weiteren Teil dieser Mit-Teilung ist eine Spirale gezeichnet und ein Text hinzugefügt, der den durch die Spirale symbolisierten Weg der Wandlung beschreibt.

Zwei Photos von dem Kind sind in die Anzeige einbezogen. Eines ist während der Aufbahrung entstanden, auf diesem ist nur der Kopf zu sehen, der Körper ist in Tücher eingehüllt. Außerdem sind Gegenstände zu sehen, die den Eltern wichtig waren und die um das Kind herum aufgebaut waren. Unter anderem war das ein Teddybär, der später für die Mutter zu einem der entscheidenden Symbole der Verbindung mit ihrem Kind wurde. Das andere Photo zeigt das Kind umgeben von den Händen des Vaters, die eine schützende Hülle bilden.

8 Ein besonderes Bild: ein Foto des Kindes

8.1 Konkrete Realität

Ein Foto von ihrem verstorbenen Kind kann für die Eltern ein wichtiges Stück sein, das sie an ihr Kind erinnert. Konkret meint hier: sichtbar; etwas, das wir in die Hände nehmen können; etwas, was bleibt, was Bestand hat; es erinnert uns an die reale Existenz dieses Menschen; wirklich. Eltern, die ihr Kind nicht gesehen haben, berichten oft, daß sie sehr bedrohliche Phantasien darüber haben, wie ihr Kind wohl ausgesehen hat. Wenn es kein Foto gibt, ist es schwierig, diesen Phantasien Realität entgegenzusetzen. Die Phantasien reichen von Vorstellungen leichter Mißbildungen bis hin zu Phantasien, das Kind habe wie ein Monster ausgesehen.

Frau S. hatte ihren Sohn nach der Geburt nicht gesehen, weder in der kurzen Zeit, in der er lebte, noch nach seinem Tod. So war für sie dieses Foto ihres Sohnes nicht nur ein Erinnerungsstück, sondern es gab ihr außerdem die Möglichkeit, zu sehen, wie ihr Sohn ausgesehen hatte. Sie berichtete:

> "Im nachhinein war das für mich etwas ganz Wichtiges, daß ich das Foto wenigstens hatte, um so ein Stück auch Realität zu sehen und nicht nur sich Phantasien zu machen. Wo ich einerseits sehr berührt war, weil es sieht ganz normal aus. Daraus schließe ich, daß ich mir gar nicht überlegt habe, wie sieht dieses Kind aus. Sondern daß ich erstaunt war, das sieht so ähnlich aus, wie ich als Säugling ausgesehen habe, so mit schwarzen Haaren und vom Gesicht her. Und es ist auch zu sehen, daß das Kind sehr viele blaue Flecken hatte von der Geburt. Das Foto war ein ganz wichtiges Erinnerungsstück."

Frau T. erzählte, welche Bedeutung das Foto von ihrem gestorbenen Sohn für sie hat: "Dadurch [durch das Foto] wurde es dann auch konkret." Ihr Sohn war per Sectio entbunden worden und gleich danach in ein anderes Krankenhaus verlegt worden. Er starb am zweiten Tag nach der Geburt. Frau T. hatte ihn nicht lebend gesehen. Nur ihr Mann und ihre Mutter hatten das Kind vor seinem Tod gesehen. Frau T. entschied sich, den toten Körper ihres Sohnes nicht anzusehen. So ist dieses Foto, das nach dem Tod des Kindes aufgenommen wurde, das einzig Konkrete, das sie an ihren Sohn erinnert.

Wenn Mütter ein Foto von ihrem Kind haben, entscheiden sie bewußt, wem sie dieses Bild zeigen. Das Foto scheint etwas sehr Privates zu sein, mit dem behutsam und respektvoll umgegangen wird.

Frau T. erzählte:

> "Von meinem zweiten Kind habe ich ein Foto, das habe ich von der Klinik bekommen, das habe ich mir dann auch gleich nachmachen lassen. Das habe ich in eine Mappe gelegt, da habe ich auch ein paar Bilder von meinem Vater drin. Ich würde die Bilder nie aufhängen. Es gibt auch nicht viele Menschen, die von diesem Foto wissen, meine Mutter weiß das. Und dann habe ich es einer Freundin gezeigt, die auch ein Kind verloren hat - wir haben uns dann gegenseitig die Fotos von unseren Kindern gezeigt."

Von einer Beziehung besonderer Art zu dem Menschen, der ihren Sohn fotografiert hatte, berichtete mir Frau D.:

> "Ich habe ein Foto von diesem Kind. Das war auch schon so komisch, daß ich das auch gewollt habe. Da war jemand, der hat, glaube ich, da ein Praktikum gemacht, der fragte, ob er das Kind mal fotografieren könnte. Er würde mir das Bild dann schicken. Obwohl mein Partner auch einen Fotoapparat mithatte und er ziemlich viel fotografiert hat, hat er von dem Kind kein Bild gemacht, und das wollte ich irgendwie nicht. Irgendwie hatte ich schon diese Vorstellung mit diesem Bild, was dieser Mann da gemacht hat, daß er mir das schicken würde, und daß ich auch schon manchmal gedacht habe, das wird mal das einzige Bild sein, was wir haben. Der hat es mir dann auch geschickt, und dann habe ich ihm auch geschrieben, daß ich mich da sehr drüber gefreut hätte, und daß das Kind gestorben wäre, und daß das auch das einzige Foto wäre. Dann hat er mir das noch mal vergrößert und noch mal geschickt. Das war mir auch so eine merkwürdige Erfahrung, daß ich eine viel stärkere Beziehung zu diesem Mann hatte, den ich auch nur einmal gesehen hatte, als zu ganz vielen Leuten. Weil der einfach etwas wußte von dieser Geschichte, weil er daran teilgenommen hat."

Dieser Mann hatte verstanden, welche Bedeutung ein solches Foto für die Eltern haben kann, und schickte deshalb Frau D. noch eine Vergrößerung. Er hatte ihren Sohn fotografiert, als er noch lebte. Er war außer dem Partner von Frau D. der einzige Mensch, der ihren Sohn gekannt hatte und mit dem sie nach dem Tod des Kindes noch in Kontakt war. Die besondere Situation, daß ihr Sohn viele tausend Kilometer von Deutschland entfernt zur Welt kam, an diesem fremden Ort starb und beerdigt wurde, führte dazu, daß dieses Foto für Frau D. die einzige Brücke war zu den Ereignissen und auch zu dem Fotografen.

8.2 "So sollte es nicht sein..."

Frau A. berichtete, wie sie vor der Einleitung der Geburt gefragt wurde, ob sie Fotos wolle von ihrem Kind:

> "Ja, und dann zur Geburtseinleitung, da haben die vorher gefragt, ob wir das Kind sehen wollen oder nicht, und ob sie ein Foto machen sollen. Und ich habe gesagt, das kann ich nicht entscheiden, das weiß ich einfach nicht. Und dann haben sie gesagt, daß wir Zeit haben."

In der Schocksituation, in der sie sich kurz nach der Mitteilung über den intrauterinen Tod ihres Kindes befand, konnte sie keine Entscheidung für oder gegen ein Foto treffen. Zu diesem Zeitpunkt wirkte es so, als seien die Klinikmitarbeiter bereit und in der Lage, sie in dieser schwierigen Zeit angemessen zu begleiten. Schon kurze Zeit nach der Geburt stellte sich heraus, daß niemand die Eltern begleitete. Sie mußten sich ihr Kind allein ansehen, und niemand fragte noch einmal nach, ob sie Fotos haben wollten. Einige Monate nach der Geburt spürte Frau A. das Bedürfnis, zu wissen, ob es Fotos von ihrer Tochter gab:

> "Da hatte ich dann hingeschrieben, ob die vielleicht Fotos gemacht haben. Aber die gab es nicht. So daß ich auch nichts habe."

Ein Foto wäre für Frau A. das einzige Erinnerungsstück gewesen, das sie von ihrer Tochter gehabt hätte. Sie war sehr enttäuscht, daß die Klinik nicht ihr anfangs gegebenes Versprechen (daß die Eltern Zeit für Entscheidungen hätten) eingehalten hatte.

Frau S. erlebte einen wenig einfühlsamen Umgang mit der Frage nach Fotos. Sie wurde wenige Minuten nach der Geburt gefragt, ob sie Fotos wolle:

> "Dann kam zwischendurch eine Krankenschwester und sagte: 'Wollen Sie Fotos haben von dem Kind?' Und ich war entsetzt und habe nein gesagt, weil mir gar nicht so klar war..."

Hier wird deutlich, wie die Frage in einem Kontext totaler Kontaktlosigkeit gestellt wurde. Die Krankenschwester hatte keine Beziehung zu Frau S., außerdem nahm sie anscheinend nicht wahr, wie geschwächt Frau S. durch die Geburt war. Zudem hatte niemand der Mutter mitgeteilt, daß ihr Sohn wenig Überlebenschancen hatte. Frau S. berichtete:

> "Und das ist so die einzige Frage, die da aufgetaucht ist, ob wir Fotos wollen. Das war mir so absurd in der Situation, da konnte ich nichts mit anfangen. Mir schien das so absurd, weil ich sehr viel fotografiere und ich war auch schon mal bei einer Freundin bei der Geburt mit dem Fotoapparat dabei, deswegen war mir das ... Das fällt mir jetzt grad auf, das hat niemand benannt, daß das Kind nicht lebt. Sondern das war daraus zu schließen, weil so ein Foto..."

Die Frage nach dem Foto ist in dieser Situation wie eine verdeckte Aussage, daß das Kind sterben wird oder schon gestorben ist. Das ist nicht gemeint, wenn Selbsthilfegruppen und engagierte professionelle HelferInnen fordern, die Eltern zu fragen, ob sie ein Foto möchten. Frau S. hatte sich in dieser Schock-Situation gegen ein Foto entschieden. Diese Entscheidung ist nicht respektiert worden, es wurde ein Foto von ihrem Sohn gemacht. Niemand teilte ihr mit, daß dieses Foto existierte. Sie entdeckte es dann auf eine sehr schmerzhafte Weise:

> "Ich hatte dann vierzehn Tage später so eine Nachuntersuchung bei dem Professor. Auf jeden Fall habe ich dann da noch eine ganz bedeutsame Situation erlebt. Wir sind beide Richtung Tür gegangen, und ich drehte mich noch einmal herum, und wollte einen Wert wissen. Ich drehte mich rum, und im Rumdrehen, er hatte die Krankenakte auf der Hand, ich habe die angestoßen, und die ist runtergefallen. Und da liegt ein Foto von unserem Kind da. Ich bin total erschrocken. Ich bin so erschrocken, weil damit hatte ich nicht gerechnet, a) daß es das gibt, und b) ich weiß gar nicht, was ich mir so vorgestellt habe, wie das Kind aussieht. Ich war nur unheimlich erschrocken. Und er sammelte das schnell wieder ein. Und ich bin gegangen."

Ich fragte Frau S., ob der Arzt ihr etwas zu dem Foto gesagt habe. Sie antwortete:

> "Nein. Ich bin dann weg. Erst zu Hause habe ich mir das überlegt, was ich da mache. Ich habe ihm dann geschrieben, daß ich gern das Foto hätte. Und dann habe ich ewig lange nichts gehört. Dann hat er mir einen Brief geschrieben, er wüßte nicht, ob er mir einen Gefallen tun würde, wenn er mir das Bild schickt. Aber nachdem es mein dezidierter Wunsch sei, würde er mir das Foto zukommen lassen."

Frau S. erlebte nicht nur im Umgang des behandelnden Arztes mit dem Foto, sondern auch im Kontakt zu ihrem Mann, wie Beziehungsprobleme an dem Thema 'Bilder vom Kind' deutlich werden. Sie erzählte:

> "In der ersten Begeisterung, daß ich schwanger bin, hatten wir ein Video angefangen. Mein Mann hatte auch ein Ultraschallgerät in der Praxis. Er hat mich da ultrageschallt, und dann haben wir in so Abschnitten von ein paar Wochen Ultraschallaufnahmen von dem Kind gemacht. Da hatte ich mich unheimlich drauf gefreut und hatte gedacht, wenn das Kind größer ist, daß man sich das mal angucken kann. Da waren auch schöne Aufnahmen dabei. Da hatte ich halt immer gedacht, das wäre noch so eine Erinnerung an das Kind. Das ist mir dann auch erst, ich kann das zeitlich alles gar nicht so sortieren, als ich meinen Mann dann noch mal danach gefragt habe, sagte er, das Band habe ich gelöscht. Da bin ich sehr betroffen drüber. Ich habe da auch nichts dazu gesagt, weil ich dachte, vielleicht war das seine Art, das abzuschließen. Aber da hatte ich mir schon auch gewünscht, daß ich das noch mal angucken kann. Ich hatte ein paar Fotos [Ultraschall] machen lassen, die habe ich auch noch. Dieses Band,

> daß er das gelöscht hat, das wäre für mich halt auch noch was Lebendiges gewesen..."

Ultraschallaufnahmen sind zwar keine Fotografien im eigentlichen Sinne, und doch wären diese Aufnahmen für Frau S. eine Möglichkeit gewesen, eine lebendige Erinnerung an ihren Sohn zu haben. Im wahren Sinne des Wortes 'lebendig': denn die Aufnahmen wurden gemacht, als das Kind noch lebte. Sie zeigten die Bewegungen des Kindes, die ein Zeichen seiner Lebendigkeit sind. Die unterschiedliche Art und Weise, wie Frau S. und ihr Mann mit dem Tod ihres Kindes umgehen, wird symbolisiert dadurch, daß ihr Mann das Band mit den Aufnahmen des Kindes löschte, ohne Frau S. vorher zu fragen, ob sie vielleicht diese Aufnahmen noch hätte sehen wollen. Diese Szene läßt die Sprachlosigkeit, die in dieser Beziehung nach dem Tod des Kindes herrschte, deutlich spürbar werden.

8.3 Individuelle Entscheidungen

Frau W. und ihr Mann entschieden sich, kein Foto von ihrem Kind zu machen. Frau W. berichtete:

> "Mein Mann hat es sich überlegt. Aber ich habe mir das gar nicht überlegt. Wenn er eins gemacht hätte, hätte ich auch nichts gesagt, aber ich von mir aus bin nicht auf die Idee gekommen. Wenn es noch gelebt hätte, dann wäre es etwas anderes. Aber schon tot - ein Toten-Foto ist immer etwas anderes. Ich bin froh, daß wir es nicht gemacht haben. Weil ein Foto es ja noch äußerlicher macht. Es klebt so fest. Das wischt vielleicht sogar etwas aus, was man sonst in der Erinnerung hat."

Frau W. sprach darüber, daß für sie ein großer Unterschied besteht zwischen einem Foto, das einen lebenden Menschen zeigt, und einer Fotografie von einem toten Menschen.

Es ist grundsätzlich etwas anderes, ob wir ein Bild vor uns haben, das einen lebendigen, beseelten Körper zeigt, oder ein Bild, das die irdische Hülle eines Menschen zeigt. Die Augen eines Toten können uns nicht mehr anblicken - ein wesentliches Phänomen menschlicher Begegnung im Leben entfällt.

Ein anderes Thema, das Frau W. ansprach, war ihre Empfindung, daß ein Foto das Geschehen äußerlicher mache. Für sie ist ein Foto eine Reduktion des Ereignisses auf das Sichtbare und damit auf das Irdisch-Materielle. Wenn Frau W. von 'Äußerlicher-Machen' spricht, ist gemeint, daß es für sie vor allem darum ging, eine innere Beziehung zu ihrem gestorbenen Sohn aufzubauen, eine Beziehung, die hinaus geht über Materiell-Sichtbares.

Das, was die Eltern in der Begegnung, im Kontakt mit ihrem Kind erleben, wird auf einem Foto nicht sichtbar. Atmosphärisches, Stimmungen können nicht fotografiert werden. Ein Foto kann nur ein Teil, ein Ausschnitt sein, niemals das Ganze. Es ist ein Steinchen im Mosaik der Erinnerungen, für viele Eltern ein wichtiges Mosaik-Steinchen.

Ich habe diesen Interview-Ausschnitt bewußt ausgewählt, gerade weil er eine andere Ansicht vertritt als alles bisher Geäußerte. Hier wird deutlich, wie individuell Eltern ihren Trauerprozeß gestalten und wie individuell deshalb auch die Begleitung sein muß. Nicht für alle Eltern ist ein Foto ihres Kindes wichtig, und diese Entscheidung kann aus sehr verschiedenen Intentionen heraus erfolgen.

Für Frau W. gibt es eine innere, eine spirituelle Beziehung zu ihrem Kind. Und diese Beziehung ist für sie nicht an sichtbare Phänomene der äußeren Welt gebunden, sondern an ein inneres Bemühen, diese Beziehung aufzubauen und zu pflegen.

9 'Mementoes': Erinnerungsstücke

9.1 "... so daß ich nichts habe von dem Kind."

Ich möchte in diesem Kapitel nicht den deutschen Ausdruck 'Erinnerungsgegenstände' verwenden, sondern den englischen Terminus "Memento". Mit 'Memento' sind wichtige Gegenstände gemeint, die für den Trauernden in Verbindung zu einem verstorbenen Menschen stehen. Das Wort ist abgeleitet vom lateinischen 'memento', übersetzt: ich gedenke. Es ist mir wichtig, in diesem Zusammenhang auf die aktive Handlung des Gedenkens hinzuweisen. Das Suchen und Gestalten von 'mementoes' ist ein aktiver, bewußter Prozeß. Es ist viel mehr als das bloße Erinnert-Werden an den Verstorbenen durch die Existenz von bestimmten Gegenständen. 'Mementoes' können zwar auch als Auslöser ('reminder') wirken, im Sinne Rosenblatts, das ist jedoch nicht ihre primäre Funktion (Rosenblatt 1983). Ich möchte 'mementoes' abgrenzen von 'linking objects' (Verbindungsobjekte), wie sie von Volkan beschrieben worden sind (Volkan 1971). Volkan weist auf eine pathologische Fixierung auf bestimmte Gegenstände hin, die eng mit dem Verstorbenen zusammenhängen. Im therapeutischen Prozeß versucht er gemeinsam mit dem Klienten, diese pathologische Fixierung aufzulösen. Mir geht es hingegen um Schritte, die als ein Teil eines heilsamen Trauerprozesses gesehen werden können.

Wenn ein Erwachsener oder ein älteres Kind sterben, gibt es viele besondere Gegenstände, die mit Erinnerungen an den Verstorbenen verbunden sind. Ganz anders ist die Situation, wenn ein Kind tot zur Welt kommt oder um die Geburt herum stirbt. Dann haben die Eltern und die Geschwister oft nur sehr wenige 'mementoes'. Manche Familien haben keinen einzigen Gegenstand, der sie an das gestorbene Kind erinnert.

Frau A. berichtete mir, daß die Klinik kein Foto von ihrer Tochter gemacht habe. Ein Foto wäre das einzige 'Memento' gewesen, das sie gehabt hätte. Sie erzählte traurig:

> "... so daß ich nichts habe von dem Kind."

Mit 'nichts' ist gemeint: nichts, was für sie eine sichtbare Verbindung zu ihrem Kind sein könnte. Frau A. und ihr Mann hatten noch keine Kinderkleidung, die sonst oft zu den 'Mementoes' gehört, gekauft, weil sie kurz vor dem Umzug in eine andere Stadt standen. Sie hatten geplant, erst an ihrem neuen Wohnort Kleidung und Möbel für ihr Kind auszusuchen. Da der Umzug für die 30. Schwangerschaftswoche vorgesehen war, wäre bei einem normalen Verlauf der Schwangerschaft genug Zeit gewesen. Ihre Tochter kam in der 26. Schwangerschaftswoche tot zur Welt.

9.2 'Mementoes' als Begleiter in der Trauer

'Mementoes' können auch Gegenstände sein, die mit positiven Erfahrungen während der Trauerprozesses verbunden sind. Manchmal sind es Geschenke von Menschen, die die Eltern unterstützt haben. Gerade in Krisenzeiten können solche Übergangsobjekte stabilisierend wirken. Frau R., deren Brief an ihre früh verstorbene Schwester im Kapitel über Geschwister-Trauer veröffentlicht ist, erzählte mir: "In einer Zeit, in der ich durch das Bewußt-Werden mehrerer Verluste sehr labilisiert war, schenkte mir eine Freundin einen Stein. Sie sagte, er solle alles Keimende, Wachsende, Lebendige in meinem Leben symbolisieren. Dieser Stein hat mich seither durch meine Krisen begleitet. Wenn ich ihn in der Hand habe, dann denke ich immer daran, daß mein Leben nicht nur aus Verlust, Schmerz und Verzweiflung besteht, sondern daß es auch helle Stunden gegeben hat und gibt."

Im folgenden möchte ich eine Begegnung mit Frau B. näher erläutern, in der die Bedeutung von 'Mementoes' als Krisenbegleiter erkennbar wird. Vor einer Vorlesung, in der ihr ehemaliger Psychotherapeut sie vorstellen wollte, sprachen wir über ihre Ängste in bezug auf die unbekannte Situation, die vielen fremden Menschen, den Raum, den sie nicht kannte: ein Hörsaal. Die Hauptthemen der Patientenvorstellung sollten ihr Trauerprozeß und ihre ungewollte Kinderlosigkeit sein. In einem kleineren Rahmen hatte sie schon zweimal von ihren Erfahrungen berichtet, aber noch nie vor so vielen Menschen (50-70 Studenten). Wir sprachen darüber, was sie braucht, um sich sicher und geborgen zu fühlen. Sie war froh, zu wissen, daß mehrere ihr vertraute Menschen da sein würden: ihr ehemaliger Therapeut, ihre Kunsttherapeutin und ich. Ich erzählte ihr, daß es eine große Hilfe sein kann, in schwierigen Situationen einen Gegenstand in der Tasche zu haben, an dem man sich halten kann. Wir verabschiedeten uns an diesem Abend, ohne daß sie sich entschieden hatte, was sie als Haltgebendes mitnehmen würde.

Am nächsten Morgen vor der Vorlesung kam sie strahlend auf mich zu und zeigte mir einen Stein, den sie in der Blazer-Tasche hatte. Sie erzählte mir, daß das der Stein sei, den sie an dem ersten Wochenende über den frühen Tod von Kindern, an dem sie teilgenommen hatte, geschenkt bekam. Dieser Stein sei für sie wichtig und gebe ihr Halt. Der Stein war für Frau B. eng verbunden mit den Erinnerungen an das Getragen-Sein durch die Gruppe und auch mit dem Wissen um wichtige Schritte in ihrem Trauerprozeß. Man könnte den Stein auch als ein Symbol für den Mut sehen, den sie hatte, als sie sich auf eine Gruppe für ein ganzes Wochenende einlassen konnte. Mut-Kräfte brauchte sie auch für die Vorlesung: vor fremden Menschen so viel Persönliches zu erzählen, Trauer und Tränen zeigen zu können.

9.3 'Mementoes' als Grab-Beigaben

Auch Gegenstände, die dem Kind in den Sarg gelegt werden, können als 'Mementoes' bezeichnet werden. In diesem Fall haben die Eltern nach der Beerdigung zwar den Gegenstand als solchen nicht mehr zur Verfügung. Sie erinnern jedoch die Handlung der Übergabe und spüren, daß dieser Gegenstand am richtigen Ort ist.

In alten Kulturen waren Grab-Beigaben etwas Selbstverständliches, z.B. in Ägypten. Vieles, was wir heute über diese Hochkultur wissen, haben wir durch die Grab-Beigaben erfahren. Die Ägypter lebten mit dem Glauben an ein Leben nach dem Tod, die Grab-Beigaben waren eng mit diesem Glauben verknüpft. Dies zeigt, wie der kulturelle Kontext die Gestaltung von Abschiedsritualen prägt (Rösing-Diederich 1987). Bei den Grab-Beigaben, von denen mir in den Interviews berichtet wurde, ist der kulturelle Kontext ein ganz anderer. Hier geht es nicht um den Glauben an ein nachtodliches Leben, sondern darum, in einer symbolischen Handlung persönlich wichtige Gegenstände dem Kind mitzugeben.

Frau G. berichtete:

> "Wir haben ihm seinen Wiegenschleier mitgegeben und auch einige kleine Dinge, die für uns wichtig waren."

Frau T. erzählte, was sie und ihr Mann ihrem toten Sohn mit in den Sarg haben legen lassen:

> "Vorher bin ich noch zu dem Beerdigungsinstitut gefahren. Ich habe eine Kette mitgehabt, die ich meinem Kind gern mitgeben wollte. Und mein Mann hatte ein Taschenmesser, das er dem Kind gern geben wollte, das hatte ich dann auch mit."

Hier geht es nicht um die äußere Funktion eines Objektes, sondern um die symbolische Bedeutung, die ein 'Memento' für die Eltern hat.

Es ist wichtig, daß Klinikmitarbeiter und Bestatter die Eltern danach fragen, ob sie etwas in den Sarg legen wollen, und daß sie die Gegenstände nicht bewerten oder verurteilen.

9.4 "Endlich etwas in der Hand haben" – zur Bedeutung von Dokumenten

Gerade wenn Eltern ihr totes Kind nicht gesehen haben, suchen sie oft nach 'Mementoes', die auf die Existenz ihres Kindes hinweisen. In einer solchen Situation können formale Schriftstücke, die für Außenstehende sachlich und kühl wirken, eine wichtige Rolle spielen. Frau B. entschloß sich viele Jahre nach dem Tod ihrer Tochter, daß sie das Geburtsprotokoll und die pathologischen Befunde sehen wollte. Sie bat ihren Gynäkologen, die Akte bei der Klinik anzufordern und ihr zu schicken. Er war sehr verständnisvoll und schickte ihr die Kopien. Zunächst hatte sie Angst davor, den Briefumschlag allein zu öffnen. Sie bat mich, mit ihr gemeinsam diese Unterlagen anzusehen. Für sie sind diese medizinischen Unterlagen die einzigen Dokumente, die auf die Existenz ihrer Tochter hinweisen, es gibt keine Geburts- oder Sterbeurkunde. Aus dem Geburtsprotokoll geht nicht hervor, daß das Kind während der Geburt gestorben ist. Mir schien dieses Verschweigen des Todes in dem Geburtsprotokoll wie der Beginn eines langen Weges des Schweigens, der für Frau B. mehr als zwanzig Jahre dauerte.

Frau B. war trotz der wenigen Informationen, die in diesen medizinischen Dokumenten standen, sehr froh, "nun endlich etwas in der Hand zu haben". Für sie war es wichtig, "schwarz auf weiß" zu lesen, daß sie eine Tochter geboren hatte.

9.5 Neu geschaffene 'Mementoes'

'Mementoes' müssen nicht Gegenstände sein, die schon im Besitz der Eltern waren, als das Kind starb. Es können ebenso Dinge sein, die nach dem Tod des Kindes geschaffen und gestaltet wurden. Gerade Eltern, die kaum Gegenstände haben, die sie an eine gemeinsame Zeit mit dem Kind erinnern, erleben es oft als sehr hilfreich, wenn sie selbst etwas gestalten können, oder wenn sie nach Symbolen und Bildern für ihre Erfahrungen suchen können.

Frau W. berichtete, wie ihr ein Buch, in dem sie Briefe an ihren gestorbenen Sohn aufschrieb, bei der Verarbeitung ihrer Erfahrungen geholfen hatte:

> "Ich hatte ein Büchlein mitgenommen, und in dieses Büchlein fing ich dann an, ziemlich bald, Briefe zu schreiben an meinen Sohn. Und alles, was ich so erlebte, habe ich darin aufgeschrieben, in Brief-Form an ihn. Manchmal aus einer Fröhlichkeit heraus, manchmal auch aus einer Traurigkeit heraus. Manchmal auch habe ich es dann so gemacht, daß er gesprochen hat zu uns wie tröstend, und warum er das gemacht hat. So daß ich dadurch das irgendwie besser ertragen konnte."

Dieses Buch wurde in der Zeit nach dem Tod ihres Sohnes zu einem wichtigen Erinnerungsgegenstand für sie. Frau W. schenkte mir so viel Vertrauen, daß ich in diesem Buch lesen durfte. Wir haben vereinbart, daß ich nichts davon zitiere. Dieses Buch ist ein schöpferischer Akt der Umsetzung von Gefühlen und Gedanken in Worte und Symbole. Es war für mich ein großes Geschenk, diese Texte lesen zu dürfen.

9.6 Ein Ort für die Trauer

Im folgenden möchte ich Ausschnitte aus dem Gespräch mit Frau S. darstellen. In ihren Aussagen werden ganz verschiedene Aspekte von 'Mementoes' deutlich. Ein wesentliches Charakteristikum ihrer Schilderung ist, daß sie sich einen Ort der Trauer geschaffen hat. Frau S. hatte ihren toten Sohn nicht gesehen, das Kind wurde nicht beerdigt. Im Verlauf des Trauerprozesses spürte sie das Bedürfnis, einen Ort zu haben, an den die Trauer gehörte. So gestaltete sie sich einen solchen Ort.

Frau S. hat mehrfache Verluste erlebt: nach dem perinatalen Tod ihres Sohnes verliefen zwei weitere Schwangerschaften glücklos. So sind einige der 'Mementoes' auch mit den späteren Verlusten verbunden.

Frau S. berichtete:

> "Ich habe mir so einen kleinen Ort eingerichtet. Mit Beginn dieses Fotos, ich hatte so eine ganz schöne Hülle, so einen Pappkarton, in dem habe ich alles gesammelt, was so mit dem Kind zusammenhing. Tagebuchaufzeichnungen, dann gab es ein anderes Foto, als ich hörte, daß ich schwanger bin, sind mein Mann und ich zum Automaten und haben so ein Foto von uns gemacht, das Foto gab es. Dann so Ultraschallbilder. Dann Grüße von Leuten schon zum Kind. Ja, so die Arztberichte. Ja, und halt dieses einzige Bild von dem Kind. Das ist in einer besonderen Hülle. Ansonsten ist da alles drin an schriftlichen Sachen, was mir wichtig war von dem Kind und was ich aufheben wollte. Ein paar Seiten von meinem Tagebuch, die mir wichtig erschienen. Dann auch, das war noch wichtig, diese Fruchtwasseruntersuchung, was ich mir dazu notiert hatte. Das ist so praktisch der Ort der Trauer. Das ist auch etwas, wo ich immer mal wieder reingucke. So am Jahrestag. Das ist wirklich nur ein Platz für mich, in meiner Truhe. Ich habe diese schöne Truhe von meinem Mann mal geschenkt bekommen. Das ist auch das einzige Abschließbare, was ich habe. Da habe ich Tagebücher drin, Schmuck, und eben auch diese Schachtel. Das ist schon ein Teil von meinem ganz intimen Bereich. Da habe ich nur Dinge drin, die mir wirklich sehr wichtig sind. Ja, darin sind wirklich nur die tiefstinneren, wichtigen Sachen. Von daher paßt es auch gut rein. Für mich war es ganz wichtig, daß ich es [Schachtel] zumachen konnte. Ein Fotoalbum hätte für mich nicht gestimmt, das wäre für mich zu öffentlich gewesen. Und es sieht von außen auch sehr schön aus. Ja, das war mir auch wichtig, daß das eine Form hat. Es ist rot und hat so zwei Herzen ausgeschnitten. Das habe ich angefangen während der Schwangerschaft. Das war nicht etwas, das ich nachher dann gesucht habe. Von daher war das etwas Schwangerschaftsbegleitendes. Da hatte ich erst mal gesammelt für so ein potentielles Fotoalbum, daß das auch nicht so, ich sag mal, mit Trauerrand ist, sondern wo auch ganz viel Freude dranhing. Ich habe dann auch die Bilder von den anderen Schwangerschaften da reingetan. Das hat mit dem ersten Kind angefangen, und ich hatte von meinen anderen Schwangerschaften diese Ultraschallfotos. Bei den anderen Malen ist nicht mehr sehr viel dazu gekommen außer diesen formalen Sachen."

Frau S. erzählte von einem weiteren Ort, an dem sie mit ihren Verlusten konfrontiert ist und an dem sie schrittweise von Gegenständen, die mit ihren gestorbenen Kindern verbunden sind, Abschied genommen hat und nimmt. Dieser Prozeß der Auseinandersetzung mit den Babysachen scheint mir charakteristisch für einen Prozeß der Trennung zu sein. Frau S. ist die einzige Mutter, die mir so detailliert von ihrer Auseinandersetzung mit diesen Gegenständen berichtete. In der Literatur der Erfahrungsberichte wird diese Thematik oft erwähnt. Das Sortieren der Gegenstände des verstorbenen Kindes kann ein wesentlicher Teil des Heilungsprozesses sein. Frau S. erzählte:

"Ich besitze noch einen kleinen Koffer auf dem Speicher. Ich hatte ja schon Babysachen gesammelt, was so alles zusammengekommen ist. Stoffe, Spielsachen, Windeln, Babytücher, was ich auch schon so geerbt hatte. Ich hatte so eine Holzwiege, da hatte ich schon alles so drin. Das weiß ich noch, das war ganz hart, das umzupacken in diesen Koffer. Ich habe so überlegt, was mache ich mit dem Koffer. Aber den habe ich auch ab und zu mal wieder angeguckt, was da so drin ist. Ich hatte Strickzeug angefangen gehabt, Bücher. Ja, das habe ich immer gedacht, das müßte mein Mann doch mal fragen, was mit den Sachen passiert ist. Diesen Koffer habe ich immer noch. Da ist dann bei der zweiten Schwangerschaft wieder etwas dazu gekommen. Dann habe ich eigentlich so seit zwei Jahren angefangen, Dinge daraus zu verschenken. Da habe ich zum ersten Mal gedacht, wenn ich wieder schwanger werde, dann könnte ich mir neue Sachen kaufen. Die Sachen, wo ich nicht so einen persönlichen Bezug dazu hatte, habe ich weggegeben. Drei, vier Sachen habe ich aufgehoben, die mir auch wichtig sind. Ein Pärchen Stoffmäuse, die wollte ich auf jeden Fall aufheben. Und einen Bär. Und dann habe ich ein wunderschönes Tuch, so ein Babytragetuch, das habe ich dann mal verliehen. Ja, für mich ist dieses Wiederzurückkriegen [des Tragetuches] schon noch mit Hoffnung verbunden. Das ist so etwas nicht Ersetzbares. Ich überlege, ob ich nicht doch mal schrittweise alles weggebe, ob das dann heißt, daß ich nicht mehr damit rechne, daß ich schwanger werde. Die andere Möglichkeit, die ich sehe, ist, daß ich wirklich das Alte mal loslassen muß. Daß ich, wenn, dann wirklich noch mal neu anfange. Vielleicht muß alles erst mal weg. Ich habe lange Zeit dazu [zum Abschiednehmen von den Gegenständen] gebraucht, das sind erst so die letzten zwei, zweieinhalb Jahre."

9.7 Kerzen als Symbole des Gedenkens

Die Kerze ist ein Symbol, das die Menschheit schon sehr lange bei Feiern und besonderen Anlässen verwendet. In der christlichen Tradition steht die Kerze in einem engen Zusammenhang mit Weihnachten und Ostern. Aber auch für viele Menschen, die keine Beziehung zur christlichen Überlieferung haben, ist das Anzünden einer Kerze eine wichtige symbolische Handlung, die eine besondere, außergewöhnliche Zeit markiert. Kerzen bringen Wärme und Geborgenheit, die Flamme wird auch als ein Symbol der Liebe gesehen.

Als ein Beispiel für die Verwendung von Kerzen in einem Ritual sei mein Vorschlag genannt, eine Kerze während der Geburt eines toten Kindes brennen zu lassen und diese Kerze den Eltern dann zu schenken. Hier kann man das Licht verstehen im Sinne einer Begleitung schon während der Geburt, eines Empfangens des toten Kindes mit Kerzenlicht auf dieser Welt und einer besonderen Kerze, die die Eltern durch ihre Trauerzeit begleiten kann. Dieser Vorschlag ist inzwischen von einigen Hebammen aufgegriffen worden. Sie erzählten mir, daß sie positive Rückmeldungen von Eltern bekommen hätten, denen sie eine Kerze mit nach Hause gegeben hatten. Die Hebammen berichteten auch, daß sie selbst gespürt hätten, wie sich die Atmosphäre im Kreißsaal verändert, wenn eine Kerze brennt.

Frau D. berichtete davon, daß die Kerze, die bei der Gedenkfeier für ihre gestorbene Tochter gebrannt hatte, für sie einen großen Stellenwert hatte:

> "Die [Kerze] hat eine ganz große Bedeutung gehabt für mich. Die habe ich im Laufe der Zeit abgebrannt. Das war eine richtige Taufkerze."

Frau N.'s Sohn war drei Tage und Nächte zu Hause aufgebahrt. Frau N. berichtete, daß während dieser Zeit in dem Raum immer eine Kerze gebrannt habe.

9.8 Angemessene Kleidung für das gestorbene Kind

Bei erwachsenen Verstorbenen werden die Angehörigen meist gefragt, welche Kleidung sie für den Toten wünschen. Bei Kindern scheint diese Frage viel weniger selbstverständlich zu sein. Gerade auch die Auswahl der Kleidung kann den Eltern jedoch die Möglichkeit geben, etwas für ihr gestorbenes Kind zu tun.

Frau N. erzählte, wie sie ihrem gestorbenen Sohn zu Hause seine eigene Kleidung angezogen hatte:

> "Er hat ja diese Kleider, sobald ein Kind in eine Intensivstation kommt, werden die Kleider ja gewechselt, und die bekommen dann Kleider angezogen von dieser Intensivstation, und diese Kleider hat er ja angehabt, als ich ihn mit nach Hause genommen habe. Mein erster Impuls war, ich habe ihn ausgezogen, und habe ihm die Kleider angezogen, die eben ihm gehören, und habe ihn in die Wiege gelegt. Ich glaube, einen Tag später hätte ich es nicht mehr machen können. Vielleicht schon ein paar Stunden später nicht mehr. Aber das gehörte einfach dazu. Ich war einfach überzeugt, das ist richtig, und das mache ich jetzt."

(Ihr Sohn war am zweiten Tag nach der Geburt auf der Intensivstation einer Kinderklinik gestorben. Frau N. nahm ihren toten Sohn mit nach Hause, um dort von ihm Abschied zu nehmen.)

Frau T. wußte nach dem Tod ihres zweiten Kindes nicht, was die Mitarbeiter der Kinderklinik ihm angezogen hatte. Für sie hatte die Kleidung ihres Sohnes eine besondere Bedeutung:

> "Und ich wußte nicht, was es anhatte. Der Gedanke, daß mein Kind so ein Kunststoffhemd anhatte, nein, dachte ich, das geht echt zu weit. Ich muß wissen, wo ist das jetzt, und was hat es an. Ich hatte eine Decke für mein Kind gewebt, für die Wickelunterlage. Ich dachte dann, dann will

> ich es lieber dadrin einhüllen, ob das wohl geht... Dann wußte ich nicht mit meinen Fragen, wohin."

Einige Tage später hatte sie ein für sie sehr hilfreiches Gespräch mit dem Bestatter:

> "Er hatte vorher gesagt, ich kann das anders anziehen lassen, wenn ich das will. Aber ich war mit dem, wie die das gemacht hatten, einverstanden."

Hier wird an dem Thema der Kleidung deutlich, wie wichtig die Unterstützung durch die professionellen HelferInnen ist. In der Klinik hatte Frau T. keinerlei Begleitung, sie blieb allein mit ihren Fragen und mit ihrer Verzweiflung. Der Bestattungsunternehmer dagegen zeigte Verständnis und Mitgefühl und nahm sich viel Zeit für ausführliche Gespräche. Danach konnte Frau T. zur Ruhe kommen.

9.9 Schaffen von 'Mementoes' in der Klinik

Die Klinik kann einen wesentlichen Beitrag zum Gelingen des Trauerprozesses bei den Eltern leisten, indem sie sich bewußt für das Schaffen von 'Mementoes' einsetzt. Die Initiative Regenbogen hat 1994 mit dem Projekt "Moses-Körbchen" begonnen. Sie hatten immer wieder von medizinischem Personal gehört, wie schwierig es sei, den Eltern ihr totes Neugeborenes zu geben. So entstand die Idee, das gestorbene Kind, in ein Tuch eingehüllt, in ein geflochtenes, mit einem Kissen ausgelegtes Körbchen zu legen und dieses dann den Eltern zu geben oder es z.B. auf einen Stuhl neben das Bett zu stellen. Das gibt den Eltern die Möglichkeit, sich langsam an ihr Kind heranzutasten. Und das Körbchen kann später zu einem wichtigen 'Memento' werden.

Die Selbsthilfegruppe Regenbogen hat Elternmappen entworfen, eine erste Hilfe in der Trauerzeit. Man kann diese direkt bei der Hauptgeschäftsstelle bestellen (Adresse s. Adressenverzeichnis Selbsthilfegruppen) oder selbst anfertigen. Die Initiative schlägt folgenden Inhalt für die Mappe vor: ein Foto des Kindes, allein und / oder mit Eltern und Familienangehörigen; Erinnerungen an das Kind wie z.B. das Namensbändchen, Hand- oder Fußabdrücke u.a.; ein Namensblatt, auf dem alle wichtigen Daten des Kindes stehen (wie Geburtszeit, Gewicht, Namen der Eltern ...); ein Faltblatt über die Angebote der Selbsthilfegruppen mit lokalen Kontaktadressen; Literaturhinweise. Die Initiative Regenbogen hat auch eine Broschüre für professionelle Helfende herausgegeben, in der praxisorientiert beschrieben wird, was in bezug auf das Fotografieren des verstorbenen Kindes zu beachten ist (Regenbogen 1994).

Dieses Kapitel möchte ich mit einer hebräischen Weisheit beenden:

> "Das Geheimnis der Erlösung heißt Erinnerung."

10 Aufbahrung und Totenwache

10.1 Einführung

Die Aufbahrung von Verstorbenen in der Zeit vom Tod bis zur Beerdigung und die Totenwache waren den Menschen früher vertraut. Heute sind diese Elemente für viele nicht mehr selbstverständlich. Die Herausdrängung des Todes aus dem Alltagsleben unserer gegenwärtigen europäischen Kultur zeigt sich u.a. auch in der Tatsache, daß es in vielen Kliniken keinen Aufbahrungsraum gibt. Ist ein solcher stiller Raum vorhanden, ist dies meist auf das Engagement einzelner zurückzuführen.

Die Aufbahrung ermöglicht einen intensiven Kontakt zu dem verstorbenen Kind. Das ist gerade beim frühen Tod, bei dem es so wenige Erinnerungen gibt, ein entscheidender Aspekt.

In Begegnungen mit trauernden Eltern habe ich mehrmals den Wunsch gehört: "Ich hätte damals mein totes Kind so gern aus der Klinik mit nach Hause genommen und dort aufgebahrt."

Wird ein Kind in einer Klinik tot geboren oder stirbt dort, können die Eltern einen Bestatter beauftragen, ihr gestorbenes Kind für die Aufbahrung nach Hause zu bringen. (Es ist nicht erlaubt, einen gestorbenen Menschen im eigenen Wagen zu transportieren.)

Bei totgeborenen Kindern, die weniger als 500 g wiegen, ist die rechtliche Situation wesentlich komplizierter, weil sie vom Gesetzgeber nicht als Leiche angesehen werden. Diese makabere Situation führt dazu, daß die Klinik das Recht hat, den Eltern zu verweigern, ihr totes Kind nach Hause überführen zu lassen. Wir können nur hoffen, daß keine Klinik von diesem Recht Gebrauch machen wird.

Informationen über die jeweiligen Regelungen bezüglich der Aufbahrung (u.a. erlaubte Zeitdauer) kann man beim Ordnungsamt und in einigen Gemeinden auch beim Gesundheitsamt erhalten. Es ist wünschenswert, daß die geburtshilflichen Abteilungen informiert sind und über eine Liste mit den entsprechenden Telefonnummern verfügen.

Frau W. erzählte mir, daß ihr Sohn in der Klinik, in der er tot zur Welt gekommen war, bis zum Einsargen aufgebahrt gewesen war. In diesem Krankenhaus wird großer Wert auf einen würdevollen Umgang mit Verstorbenen gelegt. Dort gibt es einen Aufbahrungsraum, und es ist eine selbstverständliche Handlung, ein totgeborenes Kind dort aufzubahren. Herr W. hat sich dort in Stille von seinem Sohn verabschiedet.

10.2 Totenwache

Als Frau D. überlegte, was sie anders gestalten würde, wenn sie zum jetzigen Zeitpunkt ein totgeborenes Kind zur Welt bringen würde, kamen ihr u.a. folgende Ideen:

> "Vielleicht wäre es auch so, daß ich das so [gemeint ist: das Kind zu Hause aufzubahren] machen würde oder daß ich das Gefühl hätte, ich würde da Totenwache halten wollen oder auch mit anderen Leuten zusammen."

Sie erwähnt hier die Totenwache. Sowohl Frau D. als auch Frau N. haben sich intensiv mit dem Menschenbild der Anthroposophie auseinandergesetzt. In diesem Kontext ist auch die Totenwache zu verstehen. Rudolf Steiner hat in Vorträgen darauf hingewiesen, wie wichtig es sei, eine Verbindung zu den Seelen der Verstorbenen aufzubauen. Die Wache bei dem Toten von der Todesstunde bis zur Beerdigung kann der Beginn einer solchen Verbindung sein. In Anlehnung an die Ausführungen Steiners schreibt Lenz: "Neben den brennenden Kerzen sollte ein Neues Testament bereitliegen, in dem dann während der Totenwache gelesen werden kann. Der Wortlaut des Evangeliums stammt aus der geistigen Welt, in die wir durch den Tod eingehen. So kann das Lesen des Evangeliums – insbesondere des Johannes-Evangeliums - Herz und Gedanken zu dem Ort der Verstorbenen erheben." (Lenz 1986, S.43).

10.3 "So hat sich der Kreis für mich schließen können." – Aufbahrung zu Hause

Im folgenden möchte ich zitieren, was Frau N. über ihre Erfahrungen während der Aufbahrung ihres Sohnes zu Hause berichtete. Das Kind war am zweiten Lebenstag auf einer Intensivstation an einem inoperablen Herzfehler gestorben. In einem Telefonat kurz vor dem Tod des Kindes hatte eine Pfarrerin zu Frau N. gesagt, sie solle ihren Sohn nach seinem Tod auf jeden Fall mit nach Hause nehmen. Diese Bemerkung hatte einen so tiefen Eindruck auf Frau N. gemacht, daß sie trotz der Einwände der diensthabenden Ärztin mit ihrem gestorbenen Kind die Klinik verließ. Frau N. berichtete:

> "Aber ich bin so dankbar, für mich war das so eine Möglichkeit zur Verarbeitung, indem ich das gemacht habe. Ich glaube, sonst hätte ich vieles anders geschafft. Ich glaube, auch diese Möglichkeit, gerade was mit dem Verlust zu tun hat, ich glaube, der ist viel größer, wenn es einem gleich weggenommen wird. Wenn man dann gar keine Möglichkeit mehr hat, also diese drei Tage haben mir schon noch die Möglichkeit gegeben, einfach in einer tieferen Schicht das in das richtige Bild zu stellen. Schon anhand, wie die Kinder eben reagiert haben. Das hat gelebt auf eine andere Weise bei uns. So hat sich der Kreis für mich schließen können. Sonst hätte immer etwas gefehlt."

Die Aufbahrung des gestorbenen Brüderchens in der Wiege zu Hause war für seine Geschwister eine große Hilfe. Sie konnten sich so in Ruhe von ihm verabschieden, und sie erlebten, daß ihr toter Bruder bei ihnen sein durfte. In ihrer Erinnerung lebt das Bild, wie ihr Bruder zuhause in der Wiege lag, ein friedliches Bild, integriert in das tägliche Leben der Geschwister.

Die Aussage von Frau N., daß sich durch die Aufbahrung zu Hause für sie ein Kreis geschlossen habe, spricht für sich. Hier war es möglich, eine Gestalt zu schließen und so einen wesentlichen Schritt auf einem heilsamen Trauerweg zu gehen.

Frau N. erzählte, wie sie die Menschen ausgewählt hatte, die in den drei Nächten bis zur Beerdigung bei ihrem Sohn gewacht haben:

> "Wir haben dann bewußt zwei oder drei nur angesprochen, die sich dann auch abgewechselt haben in der Nacht. Also für einen allein, das durchzutragen, drei Nächte, schon allein physisch, das muß man ganz real sehen, das ist schwierig. Für mich war es wichtig, daß Menschen ringsum waren, die nicht einfach jetzt mit den Verwandten etwas zu tun haben oder so, sondern daß man bewußt diese dann auswählt. Wo man einfach auch das Gefühl hat, die haben ein Recht, für mich zu wachen. Denn sonst ist es, glaube ich, ein Eindringen in etwas, wo man das Gefühl hat, die haben kein Recht dazu. Ich finde es wichtiger, jemanden vielleicht ganz Entferntes zu nehmen, als früher, wo die Verwandtschaft dann das Recht hatte."

Hier wird deutlich, daß es ein neues Gestalten eines traditionellen Rituals ist. Diese neue Gestalt des Rituals ist nicht mehr orientiert an den familiären Bindungen. Frau N. entschied sich frei und bewußt für Menschen, die ihr nahe standen. Sie berichtete, wie sie und ihre Freunde die Totenwache gestaltet hatten:

> "Also es hat dann immer eine Kerze gebrannt. Und die Bibel war da, einfach derjenige, der drin war, hat dann gelesen. Der nächste hat dann einfach weitergelesen."

10.4 Zeit zum Abschiednehmen

Im folgenden möchte ich darstellen, was Frau G. mir von ihren Erfahrungen erzählt hat. Sie hatte einen verständnisvollen Bestattungsunternehmer gefunden. Nach einer ambulanten Geburt nahm sie ihren toten Sohn mit nach Hause. Ich möchte eine längere Passage aus dem Interview zitieren, um diesen zusammenhängenden Bericht als Ganzes wirken zu lassen.

> "Die Hebammen unterstützten uns dann, den toten Körper unseres Sohnes erst mal mit zu uns nach Hause zu nehmen. Wir hatten für uns so ein Gefühl, wir brauchen drei Tage. Irgendwie drei Tage, früher war das mal üblich, Tote drei Tage zu Hause aufzubahren, um wirklich Zeit zu haben, sich zu verabschieden. Wir waren sehr froh darüber, dann wirklich auch

die Zeit zum Abschiednehmen zu haben, die wir gebraucht haben. Mein Partner hat, sobald wir zu Hause ankamen, im Schlafzimmer, da, wo ich dann mich auch erstmal ins Bett legte, diesen Platz aufgebaut. Mit den Sachen, die wir auch im Geburtshaus dabei hatten, die uns unterstützt haben. Das sind Tarot-Karten, Maiglöckchen, unsere Bärenfreunde. Und in der Mitte natürlich unser Sohn, auf seinem Fell, auf seinem Baby-Fell. Ich möchte auch sagen, daß es für mich ganz natürlich und ganz selbstverständlich war, mit diesem toten Körper in einem Raum zusammen zu sein über zwei Tage. In diesem Raum zu essen, zu schlafen, er gehörte einfach ganz nahe zu mir. Es hatte überhaupt nichts Komisches, überhaupt nichts Ekliges. Wir haben dann viel Zeit an diesem Platz verbracht, immer wieder, uns immer wieder hingesetzt. Ich konnte sehr genau sehen, wie sich dieser Körper verändert hat über die zwei Tage, die wir ihn dann zu Hause hatten. Die Farbe seiner Lippen veränderte sich, anfangs waren sie so hellila gewesen, die wurden dann dunkellila und wurden dann schwarz. Und um seinen Mund herum bildeten sich Falten. Es war ganz deutlich zu sehen, dieser Körper ist tot. Und dieser Körper gehört in die Erde. In mir ist dann die Bereitschaft gewachsen, ihn herzugeben, ihn zurück-zugeben an die Erde."

Für Frau G. gab es mehrere Faktoren, die bedeutsam waren in bezug auf die Aufbahrung zu Hause. Ein Aspekt war, genügend Zeit zum Abschiednehmen zu haben. Dies ist ein Satz, den ich auch in Gesprächen mit anderen trauernden Eltern häufig gehört habe: "Ich hätte so gern mehr Zeit und mehr Ruhe gehabt, um mich von meinem Kind zu verabschieden."

Im letzten Teil beschrieb Frau G., wie sichtbare Veränderungen des toten Körpers ihr halfen, die Realität des Todes anzuerkennen und sich lösen zu können von dieser physischen Hülle. Sie hatte nach der Geburt sich nicht vorstellen können, ihr Kind einem Bestatter zu übergeben. Sie war noch nicht bereit gewesen, diesen Schritt des Loslassens zu tun. Die intensive Auseinandersetzung mit ihrem toten Kind während der Aufbahrung hatte einen inneren Wandlungsprozeß ermöglicht. Nun war sie bereit, sich von dem toten Körper zu trennen und ihn zu beerdigen.

Aufbahrung und Totenwache können dazu beitragen, daß der Tod (wieder) seinen würdigen Platz mitten im Leben erhält.

11 Beerdigungsfeier und Bedeutung des Grabes

11.1 Zusammenhang zwischen dem Fehlen einer Beerdigung und einem komplizierteren Verlauf des Trauerprozesses

Eine Beerdigungsfeier gibt anderen Menschen die Möglichkeit, am Trauerprozeß der Familie (an-)teilzunehmen. Beim frühen Tod eines Kindes finden nicht selten sehr kurze Feiern statt, zu denen Freunde und Verwandte nicht eingeladen werden. Manchmal kann nicht einmal die Mutter anwesend sein, weil sie (z.B. nach einem Kaiserschnitt) noch in der Klinik liegt. Solche Feiern können keine Unterstützung durch das soziale Netzwerk bieten.

Die große Bedeutung, die eine Beerdigung und die Existenz eines markierten Grabes haben, zeigen LaRoche et al. in ihrer Studie. Sie fanden eine signifikante Korrelation von erhöhten Scores im TMS (Total Mourning Score) mit dem Fehlen von Beerdigung und Grab (LaRoche 1984).

Auch Rando betont die Wichtigkeit einer Beerdigungszeremonie für ein perinatal gestorbenes Kind. Sie sieht eine solche Handlung als eine Möglichkeit, daß der Tod als Realität bestätigt wird und daß Trauer ausgedrückt werden kann (Rando 1988).

Kuse-Isingschulte weist darauf hin, daß der Trauerverlauf bei Frauen, die sich nicht um eine Beerdigung gekümmert haben (anonyme Bestattung), signifikant komplizierter ist als bei Frauen, deren Kind mit einer Feier bestattet worden ist (Kuse-Isingschulte 1995).

11.2 Gesetzliche Bestimmungen

Totgeborene Kinder, die weniger als 500 g wiegen, sind nicht bestattungspflichtig; sie können klinisch bestattet werden. In diesem Fall erfolgt eine Kremation und danach eine anonyme Sammelbestattung mehrerer totgeborener Kinder in einem markierten Urnenfeld. Ein totgeborenes Kind mit einem Geburtsgewicht von weniger als 500 g kann auf Wunsch der Eltern auch individuell bestattet werden. Hierfür ist eine formlose Bescheinigung der Klinik mit folgenden Angaben notwendig: Namen von Mutter und Vater, Zeitpunkt der Geburt, Gewicht. Außerdem muß vermerkt sein, daß die Eltern eine Bestattung wünschen. In manchen Städten und Landkreisen wird zusätzlich eine Unbedenklichkeits-Bescheinigung verlangt, diese kann beim Gesundheitsamt beantragt werden. Für weitere Informationen ist das jeweilige Friedhofsamt der beste Ansprechpartner.

Totgeborene Kinder, die über 500 g wiegen, und lebendgeborene Kinder, die kurz nach der Geburt sterben, sind bestattungspflichtig und können anonym oder individuell bestattet werden. Eine anonyme Bestattung ist immer eine Urnenbestattung, sie erfolgt als Einzelbeerdigung in einem dafür vorgesehenen Urnenfeld. Eine individuelle Bestattung kann als Erd- oder Feuer-Bestattung geschehen, der Grabplatz kann von den Eltern frei gewählt werden.

Die Kosten der Beerdigung werden nicht von den Krankenkassen oder anderen Kostenträgern übernommen. Wenn die Finanzierung für die Eltern schwierig ist, sollten KlinikmitarbeiterInnen gemeinsam mit den Eltern nach einer Lösung suchen, wie z.B. ein Fonds einer karitativen Vereinigung. Der Wunsch der Eltern, ihr Kind zu beerdigen, sollte nicht an den finanziellen Mitteln scheitern.

Eine deutsche Klinik hat drei Grabplätze gekauft, in diesen Gräbern können auf Wunsch der Eltern alle früh gestorbenen Kinder (auch Fehlgeburten) beigesetzt werden. Für eine solche Beerdigung entstehen den Eltern Kosten in Höhe von 150 DM (ein im Verhältnis kleiner Betrag, wenn man sieht, daß eine Bestattung mehrere tausend DM kosten kann).

Einige Städte haben Regelungen gefunden, die die offiziellen Kosten für die Bestattung von totgeborenen Kindern auf einen recht niedrigen Betrag festlegen.

Wie lange eine Grabstelle stehen bleibt, wird vom jeweiligen Friedhofsamt bestimmt. An manchen Friedhöfen werden Kindergräber schon nach fünf (!!!) Jahren eingeebnet - dies geschieht manchmal sogar, ohne vorher die Eltern zu benachrichtigen und zu fragen, ob sie die Grabstelle für weitere Jahre behalten möchten. Es ist ein makaberes Zeichen unserer schnellebigen Gesellschaft, daß schon nach fünf Jahren die Ruhe eines toten Kindes nicht mehr respektiert wird! Auf Antrag kann die Dauer der Grablegung verlängert werden. Deshalb sollten die Eltern darauf aufmerksam gemacht werden, daß sie Informationen darüber beim Friedhofsamt einholen müssen.

11.3 Die Beerdigung: konkret und real

Frau T. hatte einen Bestatter gefunden, der sie in ihrem Bemühen, die Beerdigung ihres Kindes zu gestalten, unterstützte:

> "Dann habe ich mit dem Beerdigungsinstitut abgemacht, daß das Kind erst noch mal gekühlt bleibt, bis ich sage, jetzt geht es los. Weil ich will bei der Beerdigung dabei sein, ich will das ja bestimmen, wie das gemacht werden soll. Der Bestatter hatte vorher gesagt, ich kann das anders anziehen lassen, wenn ich das will. Aber ich war mit dem, wie die das gemacht hatten, einverstanden. Da war ich erstmal so richtig beruhigt. Es war alles in Ordnung."

Sie nahm zwei Gegenstände, die in den Sarg des Kindes gelegt werden sollten, mit zum Bestatter:

> "Vorher bin ich noch zu dem Beerdigungsinstitut gefahren. Ich habe eine Kette mitgehabt, die ich meinem Kind gern mitgeben wollte. Und mein Mann hatte ein Taschenmesser, das er dem Kind gern geben wollte, das hatte ich dann auch mit. Ich habe ihn dann gebeten, daß er die Kette drumlegt, weil das wollte ich eigentlich machen. Und er hat gesagt, er würde das tun."

Über ein ausführliches Gespräch mit dem Bestatter berichtete sie:

> "Dann war eben meine Überlegung, ob ich mir das Kind noch angucke oder nicht. Ich war mir unsicher, ich wollte eigentlich gern, aber ich wußte nicht, ob das gut ist. Dann habe ich ganz nett mit dem Beerdigungsmann gesprochen, ich habe bestimmt zwei Stunden mit dem gesprochen, der war total nett. Ich habe ihn auch gefragt, weil ich gar nicht wußte, ob Feuerbestattung oder so in die Erde, was denn so gemacht wird. Er hat ganz lange mit mir darüber gesprochen, und daß das bei den meisten Leuten nur eine Feuerbestattung ist, weil sie Angst vor der Erde haben. Ich habe ihn ganz vieles gefragt, wie andere Eltern das machen in dieser Situation, weil ich eben auch einiges gar nicht wußte, wie ich mich da verhalten sollte. Das war unheimlich spannend, mit ihm zu reden. Er sagte, die meisten wollen das gar nicht wissen, und rufen dann nach zehn Jahren an, wo liegt das Kind. Oder da bricht das dann irgendwann auf und die kommen überhaupt nicht damit klar. Wir haben aber bis ins letzte Detail alles besprochen. Er sagte, er war ganz fasziniert davon, wie wir so damit umgegangen sind. Das wäre für ihn sehr lehrreich gewesen, sagte er, und das war unheimlich nett. Dann haben wir eben eine ganz kleine Bestattung gemacht, also nur wir Eltern und unsere Freundin, mit der wir damals zusammengewohnt haben und zwei von dem Beerdigungsinstitut."

Frau T. erzählte, welche Bedeutung die Beerdigung im nachhinein für sie hatte:

> "Die Beerdigung war ganz nett und ruhig. Im nachhinein war es gut, die Beerdigung zu machen, weil das etwas Konkretes war, vorher waren immer Gedanken und Gefühle, und das war ein Abschluß."

11.4 Gestaltung der Beerdigung und des Grabes

Frau G. berichtete darüber, wie sie und ihr Partner die Beerdigung ihres Sohnes gestaltet hatten:

> "Zwei Wochen nach der Geburt unseres Sohnes war dann die Beerdigung. Wir haben einen Erdenplatz ausgesucht auf einem ganz schönen, mehr so wildgewachsenen Friedhof, wo man auch noch ein bißchen mehr Spielraum hat. Wir haben auch die Beerdigung ganz auf unsere Art ge-

> staltet, im Kreis von Freunden. Wir haben selber gesprochen, wir haben selber gesungen. Und auf diese Weise haben wir unsere irdische Elternbeziehung vollendet. Ich kann wirklich sagen, daß es sich da auch vollendet anfühlte, als ich da wegging von der Beerdigung, da hatte ich so ein ganz rundes Gefühl, ja, das ist auf eine gute Weise zu Ende gebracht. Dann kam natürlich der Trauerprozeß."

Frau G. erlebte auf einer Ebene, daß eine offene Gestalt mit dieser Beerdigung geschlossen worden war. Gleichzeitig konnte sie jedoch auch spüren, daß der Trauerprozeß nicht mit der Beerdigung abgeschlossen war. Dies deutet darauf hin, daß die Gestaltung einer für die Familie stimmigen Beerdigungsfeier ein Teil des Trauerprozesses ist und nicht den Abschluß dieses Geschehens bildet.

Für Frau G. wurde das Grab ihres Sohnes zu einem wichtigen Ort, den sie liebevoll gestaltete. Auf dem Grab ist z.B. eine Spiralform zu sehen, die aus gebrannten Tonstücken gestaltet ist, und die für Frau G. den spiralförmigen Verlauf der Trauer symbolisiert.

Die Gestaltung des Grabes nahm für Frau W. lange Zeit in Anspruch, weil sie und ihr Mann kein traditionelles Kreuz auf dem Grab haben wollten. Schließlich fanden sie in einer anderen Kultur (der irischen) eine Kreuz-Form, die ihnen dem frühen Tod ihres Sohnes angemessen zu sein schien. Frau W. berichtete:

> "Lange war nichts [gemeint ist: kein Grabstein und kein Kreuz; Blumen waren gepflanzt] auf dem Grab, aber wir wußten, da muß irgendetwas sein. Wir wollten kein Kreuz haben, und dann haben wir, dann hat mein Mann etwas gemacht, was so wie eine Art irisches Kreuz ist."

Für Frau W. war der Gang zum Grab ein wichtiger Teil ihres Trauerprozesses, sie beschrieb die Besuche am Grab als besondere Augenblicke, in denen sie an ihren Sohn dachte.

11.5 Individuelle Auseinandersetzung mit dem Grab

Für Frau N. war es sehr schwierig, eine innere Beziehung zu dem Grab ihres Sohnes aufzubauen. Sie berichtete über ihre Gefühle und Gedanken:

> "Ich habe dann damals schon Mühe gehabt, einen Kontakt zu bekommen zum Grab. Ich habe das nie geschafft, und ich habe es auch heute noch nicht geschafft. Und das ist etwas, wo ich dann versucht habe, gedanklich dahinter zu kommen zuerst, weil es hat mich bedrückt. Wie geht man damit um? Man hat einfach so mitbekommen - also meine Eltern sind aus dem Katholizismus - da pflegt man das ja ganz fest, man geht hin zum Grab, und all diese Pflege da ringsherum. Und ich habe gemerkt, ich kann das nicht. Und dann habe ich gemerkt, ja, aber, bin ich dann schlecht? Das ist dann die Frage, die entsteht. Oder kann ich keine Be-

ziehung zu dem Kind finden, kann ich es nicht finden? Oder was ist es? Ich habe dann versucht, gedanklich damit umzugehen, und habe dann gemerkt, nein, das ist es nicht, das ist ja rein das Äußerliche. Mit diesem Grab, ich war vielleicht nie mehr als fünfmal bei diesem Grab, wobei es ist jetzt natürlich auch am alten Wohnort, aber trotzdem. Für mich ist es heute kein Problem mehr, daß ich diese Beziehung nicht habe. Es kommt nur manchmal so wieder hoch - ja, pflegst du das denn auch richtig? Also diese Frage ist nie ganz, ganz verschwunden bis jetzt. Ich habe mir letzte Woche eben wieder ein paar Gedanken gemacht, da ist es mir wieder gekommen. Wo ich mich innerlich wieder wehren muß gegen ein schlechtes Gewissen. Das ist etwas, wenn ich ganz ehrlich bin, was ich nicht ganz abgelegt habe. Ich habe noch nicht ganz, ganz durchschaut, woher es kommt. Ich muß mich immer wieder wehren gegen diesen Druck von außen, wobei der nicht mal ausgesprochen wird von meinen Freunden, gar nicht. Aber eben, er ist halt einfach da, in der ganzen Umgebung. Aber ich habe es nie fertiggebracht, wirklich dorthin zu gehen, weil ich den Eindruck gehabt habe, ich finde meinen Sohn dort nicht. Und ich habe gar keine Beziehung zu diesem Grab. Der Vater vom Kind, der hat ein bißchen vielleicht mehr Möglichkeit gehabt, der hat ja den Stein selber gemacht, behauen. Und er pflegt das, für ihn ist das wichtig. Er hat diese Beziehung, und er pflegt das auch und geht auch immer hin. Für ihn ist das ganz anders. Für mich ist das fast so (Abwehrgeste). Ich kann mir schon vorstellen, für mich ist es jetzt nicht so, daß ich jetzt prinzipiell sage, das muß man nicht tun. Es kann für eine Mutter vielleicht wirklich eine Hilfe sein, dorthin zu gehen. Aber für mich war es das nicht."

Für Frau N. war deutlich, daß sie den Kontakt zu ihrem Sohn nicht am Grab finden würde, sie mußte eine Beziehung zu ihm aufbauen, die unabhängig von diesem Ort war.

Sie spricht das Thema des schlechten Gewissens an, das verbunden ist mit gesellschaftlichen Erwartungen und traditionellen Sitten. Ihre Aussagen zeigen, wie viel innere Kraft notwendig ist, um sich diesen sozialen Erwartungen widersetzen zu können.

Ähnlich wie Frau N. hatte Frau T. den Eindruck, sie müßte zum Friedhof gehen. Von ihrem Besuch dort berichtete sie:

"Nach ein paar Wochen habe ich gedacht, ich müßte ja auf den Friedhof gehen, ich wußte eigentlich nicht, was ich da sollte. Auf dem Friedhof gibt es einen großen Kinderfriedhof, und das Gute daran ist, daß man da ganz frei in der Gestaltung des Grabes ist, da gibt es keine Vorschriften. Dann bin ich da hin, und ich dachte, daß ich die Stelle sofort wiederfinden würde, weil ich bei der Beerdigung mir so intensiv die Umgebung angesehen hatte, da war ein Baum in der Nähe. Dann stand ich davor, da waren fünf Plätze nebeneinander und ich wußte diesen Platz nicht mehr genau. Dann habe ich mich auch lächerlich gefühlt dabei und habe gedacht, was macht man denn jetzt. Dann habe ich überlegt, was ich aus Filmen kenne, was da mal jemand gemacht hatte. Dann dachte ich, irgendwie paßt das alles nicht. Dann habe ich über mir eine Kinderstimme lachen hören, dann habe ich gedacht, alles klar, wir sind uns einig. Dann bin ich mit lauter Musik und guter Laune zur Arbeit gefahren."

11.6 Wenn das Grab fehlt – Möglichkeiten des symbolischen Abschiednehmens

Frau A.und ihr Mann entschieden sich, ihr Kind nicht beerdigen zu lassen. Ihre Tochter war in einem anderen Bundesland geboren worden, so daß viele bürokratische Hürden hätten überwunden werden müssen. Außerdem wog das Kind weniger als 1000 g, war damals somit nicht bestattungspflichtig.

Frau A. berichtete über ihre Überlegungen bezüglich einer Beerdigung:

> "Und dann haben sie [KlinikmitarbeiterInnen] wohl gefragt [ob wir wollten, daß das Kind beerdigt wird], aber irgendwie war uns das dann auch zu viel. Wir wußten, wir wollten es untersuchen lassen, weil wir ja keinen Anhaltspunkt hatten, wie das denn kam. Weil es ja auch plötzlich für uns war. Und dann haben wir gesagt, nein, wir kriegen das alles auch nicht geregelt, wieder dahin fahren zu müssen, damit wir das Kind beerdigen können."

Im weiteren Verlauf des Trauerprozesses tauchten bedrohliche Vorstellungen in ihr auf:

> "Im nachhinein hatte ich ganz schlimme Phantasien, wie zerschnippelt mein Kind ist."

Diese Phantasien sind in den vergangenen Jahren bis zum gegenwärtigen Zeitpunkt mehrmals wieder aktuell geworden.

Vielleicht kann diese Erfahrung von Frau A. verdeutlichen, wie wichtig eine Beerdigung ihres Kindes für Eltern sein kann. Möglicherweise wäre es zusätzlich von großer Bedeutung, daß Eltern ihr Kind nach einer Obduktion noch einmal (in Begleitung eines ihnen vertrauten Menschen) sehen können. Denn Frau A.'s Phantasien hingen wesentlich auch mit der Frage zusammen, was mit ihrer Tochter bei der Obduktion geschehen ist.

Dieses Thema ist mit intensiven Emotionen verbunden, gerade auch, weil so vieles über den Umgang mit totgeborenen Kindern noch im Dunkeln liegt. Bisher gibt es in Deutschland noch keine Untersuchung darüber, was Krankenhäuser mit den Leichen totgeborener Kinder tun. In Großbritannien gibt es eine Studie darüber, die auch Empfehlungen für den würdevollen Umgang mit totgeborenen Kindern gibt (Kohner 1992).

Frau A. hat einen symbolischen Ort geschaffen, an dem ihre gestorbene Tochter einen geschützten Platz hat:

> "Und so gedanklich habe ich sie meinen Großeltern mitgegeben, die sind in so einem Gemeinschaftsgrab."

Über ihre inneren Bilder in bezug auf die Beziehung zwischen den ihr wichtigen verstorbenen Menschen erzählte sie:

> "Das war auch so ein Bild von mir, mein Großvater, daß der irgendwie am Himmelstor steht, so, als ob die da aufeinander warten [gemeint sind der verstorbene Großvater und ihre gestorbene Tochter]. Das ist auch etwas, das mir aus meiner Kindheit geblieben ist, wenn die sich über ihr Sterben unterhalten haben, meine Großeltern, da war mir auch klar, die warten aufeinander."

Frau A. berichtete, wie das Zeichnen eines symbolischen Grabsteins (bei einem Seminar zum frühen Tod) ihr geholfen hatte, ihren Wunsch nach Begleitung deutlicher formulieren zu können:

> "Was mir ganz wichtig war beim Malen, war, daß wir einen Grabstein gemalt haben. Da ist mir so etwas auch erst klar geworden, daß ich da auch ein Bedürfnis gehabt hätte, was mir vorher nicht deutlich war. Daß ich das vorher eher so erlebt habe, es ist eben weg, und es ist nichts da... Da war es schon auch wichtig, einen Grabstein zu malen. Und jetzt auch mehr das Gefühl, ich kann da auch ein Stück was einfordern. So daß ich jetzt auch sagen kann, ich habe ein Recht auf Unterstützung, ich muß das nicht wegmachen oder muß gleich wieder funktionieren."

Diese Erfahrung kann verstanden werden im Sinne des Sichtbar-Machens des Todes durch den symbolischen Grabstein. Dieses Sichtbar-Machen hilft, Gefühle zu ordnen und auch auszusprechen.

Frau E. und ihr Mann entschieden sich, daß das Krankenhaus sich um die Beisetzung ihres Sohnes kümmern sollte. Sie wissen nicht, wo ihr Kind beerdigt ist.

Im Verlaufe des Trauerprozesses erlebte Frau E. diese Entscheidung im nachhinein so, als habe sie ihr Kind verlassen, der Klinik überlassen. Auch aus diesem Erleben heraus entstand der Wunsch, den Abschied von ihrem Sohn nachzuholen. In diesem Ritual gestaltete Frau E. in ihren inneren Bildern auch die Beerdigung so, wie sie sie sich gewünscht hätte.

Frau T. berichtete über ihre Erfahrungen nach dem Tod ihres ersten Kindes:

> "Nein, ich habe dann auch irgendwann gefragt, da wurde nur gesagt, daß die Überreste eben verbrannt werden und irgendwo beigelegt werden. Es ist ja auch so: man entbindet ein Kind, man war am Tag vorher noch glückliche Mutter. Irgendwie kriegt man das gar nicht auf die Reihe, daß man jetzt mal gucken muß, wo ist ein Beerdigungsinstitut. Da bin ich gar nicht darauf gekommen. Da hat keiner ein Wort von verlauten lassen.

Das war im Krankenhaus nur klar, es soll untersucht werden und damit basta. Sie haben die Unterschrift, und der Rest ist uninteressant."

Sie erlebte, daß ihre Einwilligung zur Obduktion das einzig Wichtige für die Ärzte war. Sie erfuhr erst bei Nachfragen, was mit ihrem Kind nach der Obduktion geschehen war. Es war an einem fremden Ort, wo die Obduktion stattgefunden hatte, kremiert und beigesetzt worden. Sie hatte keine Möglichkeit, zu erfahren, wo das Grab ihres Kindes war. Niemand hatte ihr mitgeteilt, daß sie hätte bestimmen können, wo ihr Kind beerdigt wird.

Frau S. erlebte die fehlende Kommunikation mit ihrem Mann über die Frage, was mit ihrem gestorbenen Sohn geschehen sei, als sehr belastend. Frau S. erzählte:

> "Ich habe ganz am Anfang gefragt, was ist denn mit dem Kind passiert, na ja, halt in die Pathologie, dann waren wir beide ruhig, er hat nichts mehr dazu gesagt. Da haben wir nicht darüber geredet, was mit dem Kind letztendlich passiert ist. Ich hätte mir gewünscht, daß mein Mann das mal anspricht. Ich denke, er hätte das so am ehesten realisieren können. Da habe ich auch erst so später drüber nachgedacht. Er konnte darüber nicht reden. Und er weiß da sehr viel mehr drüber, er hat die Vorstellung."

Später hörte sie von der Möglichkeit des Beilegens von totgeborenen Kindern in Gräbern von Erwachsenen:

> "Mein Analytiker, der auch Arzt ist, der hat mir gesagt, ach, er kennt das so, daß Neugeborene mit anderen Menschen beerdigt werden. Das fand ich dann mal so eine Vorstellung, die ich so nehmen konnte. Das habe ich mir dann so überlegt, ich weiß ja nicht, ob es stimmt."

Die Vorstellung, daß ihr Sohn im Grab eines Erwachsenen mit beigesetzt worden ist, war für Frau S. eine gewisse Beruhigung.

Zu einem späteren Zeitpunkt des Gespräches tauchte das Thema der Beerdigung noch einmal auf:

> "Ich glaube, daß es zu klein für eine Beerdigung war. Da habe ich mich auch nie drum gekümmert und weiter nachgefragt. Es gab eine Fernsehsendung über katholische Kirche und Bestattung von Frühgeborenen, da gab es ein bestimmtes Zentimetermaß und Gewicht. Da hatte ich mir noch mal überlegt und nachgeguckt, traf das für das Kind zu oder nicht. Ich habe mich da nicht so mit beschäftigt, daß ich es wirklich reingelassen habe."

Die von ihr genannten Kriterien von Größe und Gewicht (35 cm Körperlänge und 1000 g Körpergewicht) galten nur für totgeborene Kinder. Lebendgeborene Kinder waren damals und sind jetzt in jedem Fall, unabhängig von Größe und Gewicht, bestattungspflichtig. Da Frau S. formulierte, daß sie 'es nicht reingelassen' hätte, habe ich an dieser Stelle nicht weiter insistiert. Es könnte sein, daß ihre Aussagen hindeuten auf eine nach wie vor in Kliniken nicht seltene Praxis beim perinatalen Tod: Kinder, die ganz kurze Zeit gelebt haben (so wie Frau S.'s Sohn, der eine halbe Stunde nach der Geburt lebte) werden als totgeboren registriert und sind damit unter Umständen (abhängig von Gewicht und Größe) nicht bestattungspflichtig.

Frau D. berichtete davon, wie sie und ihr Partner es dem Krankenhaus überlassen hatten, sich um ihren toten Sohn zu kümmern:

> "Und wir haben uns dann überhaupt nicht darum gekümmert, was die mit dem Kind gemacht haben. Weil ich mir das auch nicht vorstellen konnte. Ich konnte mir nicht vorstellen, mein totes Kind zu nehmen und damit irgendwohin zu gehen, und das hätte ich machen müssen. Das war auch für die arabischen Leute da unten ganz merkwürdig, daß wir den toten Körper unseres Kindes nicht haben wollten. Das ist für die natürlich auch ganz selbstverständlich. Und ich weiß, daß die das dann auf den christlichen Friedhof gebracht haben. Aber ich habe mich da selber nicht drum gekümmert und bin da auch nicht mit hingegangen. Das hat mir dann später leid getan, daß ich das nicht gemacht habe. Aber das war mir alles zu fremd. Ich habe in dieser Situation nicht gedacht, daß es wichtig wäre."

Zu dem damaligen Zeitpunkt war Frau D. die Bedeutung, die eine Beerdigungsfeier und die Existenz eines Grabes haben könnten, nicht bewußt. Sie erzählte, wie sich ihre Haltung in bezug auf Gräber im Laufe der Zeit wandelte:

> "Das war auch bei meinem ersten Kind ganz schwierig, daß ich kein Grab hatte von diesem Kind. Da habe ich ja jetzt [beim zweiten Kind] wenigstens so einen Friedhof und so eine Stelle. Als ich von dem ersten Kind nach Deutschland kam, hatte ich ja gar nichts. Da habe ich wirklich verstanden, warum man Gräber hat und warum man die pflegt. Also das habe ich früher auch nicht nachvollziehen können. So habe ich auch noch sehr stark gelebt bei meinem ersten Kind, daß ich immer gedacht habe, diesen Aufwand, was man da an Blumen bringt, den muß man während des Lebens machen, und nicht hinterher so einen großen Aufwand. Diese Riesenmengen Blumen bei den Beerdigungen, das hat mich immer eher abgestoßen. Ich habe gedacht, daß man sich viel zu wenig im Leben um die Menschen kümmert. Aber als ich von der langen Reise zurückkam, da habe ich wirklich verstanden, was für eine Bedeutung diese Gräber haben, und auch, daß man da jeden Tag einen neuen Blumentopf hinbringen kann und jeden Tag da harken kann. Daß das einfach wichtig ist, diese Stelle zu haben, wo man das Gefühl hat, da ist der Mensch jetzt."

Sie wußte, daß ihr Sohn auf einem christlichen Friedhof beigesetzt worden war. Sie hatte allerdings das Grab nie gesehen. Äußerlich gab es also einen Ort, an dem ihr Kind war. Dieser Ort war für sie jedoch aufgrund der großen Distanz nicht erreichbar. Sie hatte in ihrem Alltagsleben in Deutschland kein Grab, das sie pflegen konnte.

Nach dem Tod ihrer Tochter, die in Deutschland tot zur Welt gekommen war, übergab sie die Organisation der Beisetzung einem vom Krankenhaus bestellten Bestatter. Über ihre Erfahrungen damit berichtete sie:

> "Die im Krankenhaus sagten, ich bräuchte mich da nicht drum zu kümmern, das würden die alles vom Beerdigungsinstitut machen. Das habe ich dann auch nicht gemacht. Und das hat mir nachher unheimlich Schwierigkeiten gemacht. Irgendwann kam dann da jemand vom Beerdigungsunternehmen, also das war dann nämlich so, daß wir uns doch da hätten drum kümmern müssen, oder jemanden beauftragen müssen. Da die das gesagt hatten, ich müßte mich um nichts kümmern, habe ich das gar nicht gewußt, daß da von mir eine Initiative ausgehen müßte. Und irgendwann rief dann da ein Beerdigungsunternehmer an, das war aber schon nach einer Woche, und sagte, mein Kind würde da noch liegen im Krankenhaus, ob sie mal kommen könnten und damit irgendwas machen könnten jetzt. Ich kann mich auch gut erinnern, daß der Bestatter dann kam und was wir so besprochen haben, da bin ich völlig obenauf gewesen. Da habe ich gelacht, da habe ich völlig drübergestanden, aber im Grunde genommen ist es so gewesen, daß ich das noch gar nicht begriffen hatte da. Der ist dann gekommen und dann hat man diese Formalsachen erledigt, und auf welchen Friedhof und so, und ich bin gar nicht auf die Idee gekommen, zu fragen, ob ich denn dabei sein könnte und wann das denn gemacht wird. Das war halt so. Das habe ich mir dann später erst alles gedacht. Das einzige, was man wirklich davon mitgekriegt hat, war die Rechnung vom Beerdigungsinstitut. Das war ganz komisch. Und das hat mir hinterher unheimlich leid getan, daß ich das versäumt habe und daß ich da nicht wach genug gewesen bin. Es hat nie irgendjemand gesagt, ist das Kind eigentlich beerdigt. Niemand, und ich selber habe daran gar keinen Gedanken verschwendet, ob ich das machen will oder nicht. Das kam in meinen Gedanken gar nicht vor, daß das vielleicht richtig wäre, da noch irgendetwas zu machen. Das eine ist das, unter Schock zu stehen, und das andere ist, so eine starke Mentalität, nicht zu viel von sich zu machen, sich nicht zu wichtig zu nehmen. Daß es eine übertriebene Reaktion ist, wenn man sein Kind, was doch gar nicht gelebt hat, wenn man meint, man müßte das beerdigen."

Sie entschied sich, ihre Tochter anonym bestatten zu lassen:

> "Das Grab ist auf einem anonymen Friedhof. Aber das ist ein ganz kleiner Friedhof hier in der Nähe, und ich weiß, wo das ist. Die haben so einen Stein mit einem Kreuz da. Das ist nur eine ganz kleine Fläche. Und rundherum sind die Urnen beigesetzt von denen, die anonym beigesetzt sind. Da bringen viele Leute immer viel Blumen hin. Also ich weiß schon sehr genau, wo das ist. Aber ich habe keine Grabstelle oder kein eigenes Grab. Die vom Beerdigungsunternehmen haben uns davon abgeraten, sie haben gesagt, das würde so viel Geld kosten, und ich müßte es dann für 25 Jahre behalten, und ob ich das wirklich wollte. Und dann ha-

ben wir eben auch gedacht, nein, das ist nicht nötig. Und dann hat es eine Zeit gegeben danach, wo mir das leid getan hat. Aber jetzt ist es so, daß ich wieder ganz froh darüber, daß ich nicht ein Grab pflegen muß, sondern daß ich frei bin, hinzufahren, wenn ich Lust habe. Und wenn ich mal ein ganzes Jahr nicht hinfahren will, dann fahre ich ein ganzes Jahr nicht hin. Das ist also sehr unterschiedlich, wieviel ich da bin."

Frau D. erzählte, daß sie und ihre Tochter die einzigen Menschen sind, die eine Beziehung zu dem Grab haben:

> "Und es ist außer mir und meiner Tochter noch nie jemand da da gewesen, also nicht mal der Vater des Kindes, geschweige denn meine Familie. Es hat wirklich niemand sonst eine Beziehung dazu.

Frau D. hatte sich bemüht, die fehlenden Beerdigungsfeiern ihrer Kinder bei Beerdigungen anderer Menschen wie mitzuvollziehen. Darüber berichtete sie:

> "Das war bei beiden Kindern so, daß ich in den Wochen danach bei einer Beerdigung war. Daß ich mich erinnern kann, daß ich mich in beiden Situationen auf diese Beerdigung gefreut habe und daß ich so ein Stück mein Kind mit beerdigt habe für mich dabei. Also bei dem letzten Kind war es dann schon so, daß es nicht gereicht hat."

Frau D. suchte nach einer Möglichkeit, die offen gebliebene Gestalt der Beziehung zu ihrer gestorbenen Tochter zu schließen. Über die Feier, die sie dann gestaltete, erzählte sie:

> "Das war etwas, was mich ganz viel und ganz lange beschäftigt hat, daß ich ein ganz schlechtes Gewissen gehabt habe, daß ich dieses Kind nicht würdevoll verabschiedet habe oder begleitet habe in eine andere Welt. Ich hatte immer das Gefühl, das ist nicht in Ordnung gewesen. Dann habe ich lange Zeit so mit mir gekämpft, zwischen dem Gefühl, da noch was machen zu wollen, und dem Gefühl, daß es jetzt wirklich zu lange her ist, und daß ich da jetzt nicht noch mit ankommen kann. Und auch dieses Gefühl ganz stark, mich nicht so wichtig zu nehmen. Dann bin ich zu einer Pastorin gegangen, die eben auch in dieser Gruppe von den 'Verwaisten Eltern' war. Ich habe ihr gesagt, daß ich das merken würde, daß das nicht gut wäre. Und ich würde gern überlegen, ob wir nicht noch so was machen könnten. Sie hat dann sofort gesagt, sie würde das gern machen, aber sie hätte keine Ahnung, wie. Und es gäbe keine Form dafür, und wir müßten uns das selber ausdenken. Sie sagte, in der katholischen Kirche gibt es jedenfalls diese Seelenmessen noch, so was gibt es ja in der evangelischen Kirche gar nicht. Und sie hat auch nicht gefragt, ob ich in der Kirche bin. Dann haben wir uns einen Nachmittag zusammengesetzt und haben das so überlegt. Sie hat auf jeden Fall ein Gebet gesprochen und einen Segen. Und wir haben das um das Taufbecken rum gemacht in der Kirche. Und das hat sie vorher mit mir besprochen, ob ich

das wollte, daß sie mir eine Taufkerze gibt für das Kind, also daß wir eine Taufkerze in die Mitte stellen und ich die dann mit nach Hause nehmen kann. Ich weiß, daß ich noch nach Hause gefahren bin, um einen ganz bestimmten Spruch zu holen, den ich dann auch selber gesprochen habe. Dann hatten wir uns für eine Stunde später verabredet in der Kirche. Dann bin ich eben nach Hause gefahren, um diesen Spruch zu holen, und dann habe ich auch meine Tochter geholt. Ich weiß, daß ich ganz froh war, daß sie da war, und daß ich sie mitnehmen konnte. Jedenfalls habe ich sie dann mitgenommen, und wir haben das dann zu dritt gemacht. Ja, ich habe zu meiner Tochter gesagt, daß wir in die Kirche fahren, und daß wir eine Beerdigung für unser Baby machen. Dann hat die Pastorin die Kirche abgeschlossen. Wir haben das dann so ums Taufbekken herum gemacht, die Kerze. Was da so im einzelnen abgelaufen ist, das kann ich gar nicht mehr so richtig sagen. Ich weiß, daß ich diesen Spruch gesprochen habe, und daß das ganz schwierig war für mich, das selber zu sprechen, und daß ich dabei auch ziemlich geweint habe. Daß sie ein Gebet gesprochen hat, daß wir zusammen ein Vaterunser gesprochen haben und daß sie zum Schluß einen Segen gesprochen hat für meine Tochter und für mich und für die Kinder [gemeint sind die beiden gestorbenen Kinder]. Und ich meine, daß das Ganze relativ kurz gewesen ist, vielleicht zehn Minuten. Als das dann so zu Ende war und ich noch so in der Kirche war, da hatte ich so ein ganz besonderes Gefühl, von so einem ganz großen oder heiligen Moment. Und danach war das auch schlagartig besser. Das kann ich wirklich sagen, von diesem Tag an. Daß ich viel, viel weniger Schmerz empfunden habe dann. Ich habe so ein Gefühl gehabt, ich habe da etwas in Ordnung gebracht, was vorher nicht in Ordnung war. Und ich habe getan für dieses Kind, was man in so einer Situation normalerweise tut oder tun sollte oder was man für einen anderen Menschen auch tut. Danach erst habe ich so ein Gefühl von Verbindung zu dem Kind gehabt. Das war etwas ganz Merkwürdiges für mich, weil ich das nach meinem ersten Kind so ganz anders erlebt habe, von dem habe ich sehr viel geträumt. Da hatte ich ein sehr starkes Gefühl von großer Nähe und großer Begleitung von diesem Kind. Und das hatte ich bei diesem Kind überhaupt nicht."

Die Beziehung zu ihrer gestorbenen Tochter veränderte sich nach dieser Feier grundlegend. Darüber berichtete Frau D.:

"Nach dem Erlebnis in der Kirche, nach dieser Beerdigung habe ich erst gemerkt, daß mir dieses Kind nahe ist. Im nachhinein denke ich so, in den vierzehn Monaten davor, da bin ich so total mit mir beschäftigt gewesen, und da habe ich wirklich so unheimlich gearbeitet, daß ich keine Antenne dafür gehabt habe, oder da konnte das nicht an mich herankommen oder was weiß ich. Erst nach dieser Verabschiedung bin ich zu so einer Ruhe gekommen, daß ich da überhaupt was wahrnehmen konnte. Vielleicht ist es für das Kind auch ein Stück so gewesen. Das habe ich damals noch überhaupt nicht gedacht, da habe ich nur gedacht, ich müßte das für mich machen, weil ich merkte, ich komme innerlich nicht zur Ruhe. Ich habe damals noch überhaupt nicht gedacht, daß das auch eine Bedeutung für das Kind haben könnte. Aber das denke ich im nachhinein, daß das auch für diese Kinder eine ganz große Rolle spielt, wie sie von dieser kurzen Erdenerfahrung verabschiedet werden und begleitet werden in ein neues Leben. Daß es vielleicht gar nicht nur meine Unruhe gewesen ist, sondern daß auch was von dem Kind da gewesen ist, das sich mir so äußern konnte."

Ich möchte dieses Kapitel beenden mit einem Text aus einem jüdischen Gebetbuch, der mir sehr passend erscheint für eine Beerdigungs- oder Gedenkfeier.

Wir erinnern uns...

Beim Aufgang der Sonne
und bei ihrem Untergang
erinnern wir uns an sie;

Beim Wehen des Windes
und in der Kälte des Winters
erinnern wir uns an sie;

Beim Öffnen der Knospen
und in der Wärme des Sommers
erinnern wir uns an sie;

Beim Rauschen der Blätter
und in der Schönheit des Herbstes
erinnern wir uns an sie;

Zu Beginn des Jahres
und wenn es zu Ende geht,
erinnern wir uns an sie;

Wenn wir müde sind
und Kraft brauchen,
erinnern wir uns an sie;

Wenn wir verloren sind
und krank in unserem Herzen,
erinnern wir uns an sie;

Wenn wir Freuden erleben,
die wir so gern teilen würden,
erinnern wir uns an sie;
So lange wir leben,
werden sie auch leben,
denn sie sind nun ein Teil von uns,
wenn wir uns an sie erinnern."

(Aus den "Toren des Gebets":
Reformiertes jüdisches Gebetbuch,
Übers. d. Verf.)

12 Jahrestage und andere wichtige Gedenktage

12.1 Meilensteine auf dem Weg durch die Trauer

Jahrestage können ein Anlaß sein, auf das vergangene Jahr zurückzublicken, vielleicht auch auf die Zeit seit dem Tod des Kindes. Dieser Rückblick kann hilfreich sein, denn während des Durchlebens des Prozesses sehen die Eltern ihre Schritte in Richtung Heilung manchmal nicht. Diese können im Überblick viel deutlicher wahrgenommen werden.

Nicht nur der Todestag des Kindes, sondern auch andere Tage können für die Eltern die Funktion von Meilensteinen haben: der errechnete Geburtstermin; in folgenden Schwangerschaften die Schwangerschaftswoche, in der das Kind gestorben ist; der eigene Geburtstag, an dem die Eltern sich erinnern, daß das Kind fehlt; und viele ganz individuelle Tage.

12.2 Der eigene Geburtstag

Eine englische Mutter teilte mit, wie sie ihren eigenen Geburtstag als einen traurigen Tag erlebte. Ein Jahr vorher war an ihrem Geburtstag gerade ihre Schwangerschaft bestätigt worden. Sie berichtete:

> "In diesem Jahr wäre mein Geburtstag sowieso ein genug trauriger Tag gewesen, denn keinem von uns war nach Feiern zumute. Aber ich konnte auch nichts dagegen tun, mich zu erinnern, was ich am selben Tag nur ein Jahr vorher gedacht und gefühlt hatte. Ich war damals so aufgeregt, so zufrieden mit mir selbst. Es läßt mich jetzt denken, was für ein Narr ich war. Ich kann kaum glauben, daß ich damals wirklich erwartete, daß alles in Ewigkeit glücklich sein würde." (Kohner & Henley 1991b, S.77, Übers. d. Verf.).

Frau N. erzählte mir, wie durch die enge zeitliche Beziehung zwischen der Geburt und dem Tod ihres Sohnes und ihrem eigenen Geburtstag das Feiern ihres Geburtstages für sie mit vielen Erinnerungen an ihren Sohn verbunden ist. Sie berichtete:

> "Mein Sohn ist wenige Tage vor meinem Geburtstag geboren und gestorben. Das ist ganz nahe beieinander. Das ist etwas, das habe ich nie... Ich habe nie eine so besondere Beziehung gehabt, daß ich jetzt Geburtstag habe. Aber seither habe ich Mühe. So diese Tage... Für mich ist es ein-

fach noch das Fest für die Kinder, daß die Kinder das feiern können. Aber für mich ist es ein bißchen schmerzhaft. Also es war für mich dann schon schwierig. Er ist am Dienstag beerdigt worden, und am Donnerstag habe ich Geburtstag gehabt, damals. Einfach, das sind so Erinnerungen, und das war für mich furchtbar. Die Kinder konnten das nicht verstehen, sie wollten doch den Geburtstag feiern von Mama, mir war es wirklich nicht so. Das sind schon Erinnerungen, die geblieben sind. Wobei das vielleicht auch mit der Zeit sich verändert."

12.3 Festtage im Jahreslauf

Frau A. sprach darüber, wie sich ihr Erleben des Todestages ihrer Tochter im Laufe der Zeit verändert hat:

> "Dieses Jahr war dieses Datum nicht mehr ganz so schrecklich. Vorher war es schon furchtbar, auch wenn ich mir Ruhe genommen habe. Obwohl ich nicht das Gefühl habe, das dieses Jahr verdrängt zu haben. Es hat nicht mehr diese Macht und ist nicht mehr so lähmend."

Für sie war nicht nur der Todestag, sondern auch der errechnete Geburtstermin ein wichtiger Tag. Dieser Termin war für den 26. Dezember berechnet. Ich fragte Frau A., welchen Einfluß das auf ihre Gestaltung des Weihnachtsfestes gehabt habe. Sie antwortete:

> "Ja, das hängt dann auch mit Weihnachten und mit Familie zusammen. Nein, wir sind sonst auch oft über Weihnachten weggefahren. Mein Mann und ich sind dann auch weggefahren, so für uns. Weil wir dann auch so Familie nicht gut haben konnten. Wir haben auch vorher nie groß was Weihnachtliches gemacht. Wir sind an die See gefahren und spazieren gegangen."

Für Frau N. gibt es einen Zusammenhang mit der Osterzeit:

> "Es ist schon eine besondere Zeit für mich. Es hat immer mit der Osterzeit zu tun. Daß er am historischen Karfreitag geboren ist, das hat für mich schon auch eine Beziehung. Das ist schon sehr... Wirklich gerade am Karfreitag, das ist die schwierigste Konstellation, überhaupt am Karfreitag, wenn man den Saatkalender anguckt, ist alles gestrichen, also da sollte man überhaupt nichts machen. [Gemeint ist der Saatkalender von Maria von Thun, der sich u.a. an Mondphasen und Sternkonstellationen orientiert.] Nicht pflanzen, nichts, auch wirklich in der Natur ruhen lassen, weil es so eine schwierige Konstellation ist. Und dann kommt mein Sohn. Das ist schon besonders."

Auch Frau W. erlebt eine Verbindung zur Osterzeit:

> "Dann waren es etwa zehn Tage vor dem Termin, vor dem Geburtstermin, daß ich sehr starke Bewegungen verspürte, viel stärker als sonst. Etwa zwei Tage lang, das war gerade zur Osterzeit, also wirklich symbolisch. Das war Mittwoch und Gründonnerstag, und am Karfreitagmorgen habe ich gar nichts mehr gespürt. Da war Totenstille!"

Ihr Sohn ist dann am Ostermontag abends tot geboren worden. Später waren die Erinnerungen an den Tod ihres Kindes mit der Osterzeit verknüpft:

> "Und auch so die Osterzeit hat einen außergewöhnlichen Einschlag bekommen dadurch. Und eben auch, wenn es so Frühling ist und alles so in Blüte steht, kommt die Erinnerung natürlich auch stark."

Frau T. erlebt die Tage, an denen ihre Kinder gestorben sind, nicht als einschneidende Ereignisse im Jahreslauf. Sie erzählte:

> "Es sind nicht so die Tage, manchmal ist es schon die Jahreszeit, daß einem das dann wieder einfällt. Ich habe den Tag auch schon mal vergessen gehabt. Ich hatte gedacht, jetzt merke ich mir das mal, aber das war dann auch okay."

Der Hinweis auf die Verbindung mit der Jahreszeit taucht in verschiedenen Zitaten auf. Dies zeigt, wie eng Erinnerungen oft mit dem Erleben der Veränderungen in der Natur im Jahreslauf verbunden sind. Sicherlich sind es auch Erinnerungen an Atmosphären, an Wärme oder Kälte, Licht oder Dunkelheit, an blühende Pflanzen, an fruchttragende Bäume, an Gerüche.

Die Schwierigkeiten, traditionelle Feiertage (wie Weihnachten in der christlichen Tradition, Chanuka in jüdischen Familien usw.) zu begehen, ist nur von Frau A. benannt worden. Ich möchte dennoch darauf hinweisen, weil ich aus anderen Gesprächen mit Trauernden weiß, wie schwierig diese Tage in der dunklen Jahreszeit sein können.

In dem Rundbrief einer amerikanischen Selbsthilfegruppe werden Vorschläge für die Gestaltung dieser traditionellen Familienfeiertage gemacht: "Feiertage im allgemeinen, und die Zeit der Feiertage im Winter im besonderen, sind immer schwierige Zeiten für trauernde Eltern. Sie bringen lebendige persönliche Erinnerungen an glücklichere Jahre zurück und regen schmerzhafte Tagträume an darüber, was hätte sein können. Es ist schwierig, durch die Feiertage zu kommen, aber es gibt einfach keinen Weg, daran vorbei zu gehen. Wir können die Dinge ein bißchen einfacher für uns selbst machen, wenn wir realistisch sowohl mit uns selbst als auch mit Angehörigen außerhalb der unmittelbaren Familie sind, was wir in der Lage sein werden, zu tun, und was nicht. Der erste Schritt ist, Prioritäten zu setzen, zu entscheiden, was uns bei diesem Feiertag wichtig ist und was nicht. Im Idealfall sollten alle Mitglieder der unmittelbaren Familie, einschließlich der Kinder, in das Treffen dieser Entscheidungen einbezogen sein. Eine Veränderung in der normalen Feiertagstradition kann helfen, schmerzhafte Erinnerungen in einer Weise zu vermindern, die erstaunlich wirkungsvoll ist. Wenn Sie Feiertagskarten verschicken, wird Ihnen möglicherweise klar, daß einige der Menschen auf Ihrer Adressenliste noch nicht von dem Tod des Babys wissen. Legen Sie eine einfache Gedenkkarte dazu oder fügen Sie eine kleine Anerkennung des Lebens und des Todes Ihres Babys hinzu nach Ihrer Unterschrift: "... und im liebevollen Gedenken an unseren Sohn David" oder "... und unsere Tochter Marie, die am ... bei der Geburt starb"." (Dilts 1992, Übers. d. Verf.).

Imber-Black und Roberts weisen darauf hin, daß das Einbeziehen des Verlustes in die Gestaltung von Feiern eine heilende Wirkung ausüben kann. Ein Beispiel für dieses Einbeziehen habe ich einem amerikanischen Rundbrief für trauernde Eltern entnommen: "Nach dem Tod ihrer Tochter begannen sie eine neue Weihnachtstradition - jedes Jahr kaufen sie ein neues Ornament, daß sie zu ihrem Gedenken an den Baum hängen." (Kutik 1992, S.7, Übers. d. Verf.).

12.4 Muttertag und Vatertag

Diese Tage können besonders für Eltern, die keine lebenden Kinder haben, schwierige und traurige Tage sein. Fragen der Identität als Eltern können in dieser Zeit besonders drängend werden. In einer Veröffentlichung einer amerikanischen Selbsthilfegruppe beschreibt eine Mutter ihre Gedanken zu diesen Gedenktagen: "Verständlicherweise sind diese zwei Tage, die von unserer Gesellschaft bestimmt worden sind, um den Status der Elternschaft zu ehren, wie das sprichwörtliche Salz in unseren Wunden. Für diejenigen von uns, die keine überlebenden Kinder haben, bringen diese beiden Feiertage auch viele Fragen an die Oberfläche. Wird irgendjemand anerkennen, daß wir Eltern sind? Werden wir uns selbst erlauben, anzuerkennen, daß wir Eltern sind? Im Papierwarenladen gibt es Muttertags- und Vatertagskarten für Ehefrauen und Ehemänner, für Onkel und Tanten, für Menschen, die 'wie' eine Mutter oder ein Vater für den Absender gewesen sind. Aber es gibt keine Karten für Eltern wie uns. Sind wir Eltern? Natürlich sind wir es! Töchter und Söhne hören nicht auf, Töchter und Söhne zu sein, wenn ihre Eltern sterben. Wir sind Mütter und Väter, deren Kinder gestorben sind." (Hoffman 1992, Übers. d. Verf.).

In den Interviews ist das Thema des Muttertages nicht benannt worden. Möglicherweise können Eltern in Europa sich besser schützen vor der ständigen Konfrontation mit Mutter- und Vatertags-Karten und -Geschenken, als dies amerikanische Eltern können. Grußkarten sind dort sehr wichtig und prägen zu den entsprechenden Zeiten das Bild in Einkaufszentren usw. erheblich.

12.5 Ein bedeutsamer Tag

Für Frau B. war der 25. Geburts- und Todestag ihrer Tochter ein wichtiger und sehr trauriger Tag. Nachdem sie so viele Jahre keinen Raum für ihre Trauer gehabt hatte, war dieser Gedenktag ein entscheidender Meilenstein auf ihrem Weg. Zum ersten Mal sprach sie mit anderen Menschen darüber, wie sie den Tod ihrer Tochter und das darauf folgende Tot-Schweigen des Geschehenen erlebt hatte. Frau B. erzählte, daß sie sich sehr gefreut hatte über die Anteilnahme von anderen Menschen anläßlich dieses Jahrestages. Sie hatte u.a. einen Brief von einer Teilnehmerin eines Seminars über den frühen Tod von Kindern bekommen, in dem diese einige Gedanken über den frühen Tod und gute Wünsche für Frau B. formuliert hatte. Dies ist ein Beispiel für die von Imber-Black und Roberts beschriebenen Funktionen von Jahrestagen. Sie weisen darauf hin, daß das Begehen von Jahrestagen zwei Funktionen hat. Einerseits geben sie die Möglichkeit, weiter zu trauern, andererseits ermöglichen sie es uns auch, uns weiterhin mit anderen zu verbinden. Das offene oder öffentliche Gestalten von Jahrestagen erlaubt, daß ein Verlust, der im Alltag selten benannt wird und für Außenstehende auch nicht sichtbar ist, zum Gesprächsthema werden kann.

Frau B. konnte den 25. Geburts- und Todestag ihrer Tochter als einen Anlaß nehmen, sich weiter mit ihrem Trauerprozeß zu beschäftigen; gleichzeitig war dies eine Gelegenheit, daß neue Verbindungen zu anderen Menschen sichtbar wurden.

Kurze Zeit nach dem Jahrestag stand für Frau B. ein weiterer Gedenktag an: ihr 25jähriges Dienstjubiläum. Für sie war dieses Jubiläum sehr eng mit dem Tod ihrer Tochter und mit ihrer ungewollten Kinderlosigkeit verbunden. Wenn sie ein lebendes Kind gehabt hätte, hätte sie nicht mehr gearbeitet und daher nie ein 25jähriges Dienstjubiläum begehen können.

Die Menschen an ihrer Arbeitsstelle wußten nichts über den Tod ihrer Tochter. Dort galt Frau B. als kinderlose Frau. Es war für sie ein großer Schritt, mit ihren Kollegen über das Leben und den Tod ihres Kindes zu sprechen. Sie teilte ihnen mit, daß sie nicht mit ihnen dieses Jubiläum feiern würde, weil dieser Tag für sie ein sehr trauriger Tag wäre. Sie konnte dort zum ersten Mal offen über ihre Trauer sprechen. Frau B. entschied sich, den Tag des Dienstjubiläums in einer für sie wohltuenden Atmosphäre zu verbringen. Sie fuhr mit ihrem Mann in Urlaub und konnte so für ihre Bedürfnisse sorgen.

12.6 Tagebuch-Schreiben als Unterstützung im Trauerprozeß

Für Frau S. wurde der Geburts- und Todestag ihres Sohnes im Laufe des Trauer-Prozesses zu einem wichtigen Tag, den sie bewußt gestaltete. Sie erzählte:

> "Eigentlich erst vorletztes Jahr habe ich das erste Mal so richtig getrauert, wo es mir dann auch sehr schlecht ging. Weil vorher war ich entweder wieder schwanger oder wieder am Probieren, also es war immer irgendwie mit Hoffnung verbunden. Und so, es ist gerade so eine Zwischenphase, bis du wieder schwanger wirst. Daß ich wirklich mal realisiert hatte, daß das Kind tot ist, daß es das nicht mehr gibt, das ist eigentlich erst so seit zwei Jahren. Der Jahrestag war mir vorher zwar auch wichtig. Das erste Jahr hat mein Mann angerufen. Aber er hat auch nicht so gefragt, wie es mir geht und ich ihn nicht. Das war nicht deutlich angesprochen, wie wir den Tag z.B. begehen. Ich habe mir schon jedes Jahr an diesem Tag diese Mappe [gemeint ist eine Mappe mit Erinnerungsgegenständen an ihre gestorbenen Kinder] wieder vorgeholt und mich hinge-

> setzt und länger Tagebuch geschrieben. Seit sieben Jahren schreibe ich regelmäßig Tagebuch, und ich habe auch sehr schöne Tagebücher mit schönem Papier. Daß ich mich da schon auch an diesem Tag hinsetze und die Bilder noch mal angucke und länger so ins Tagebuch schreibe. Daß ich Bestandsaufnahme mache, wie es mit Kind, Kinderwunsch so aussieht. Ich weiß nicht, ob das etwas so Besonderes ist. Für mich sind das Tage, wo ich mir auf jeden Fall diese Mappe angucke und dran denke. "

Hier wird deutlich, wie ein Jahrestag erst in dem Moment wirklich bedeutungsvoll wird, als die Endgültigkeit des Verlustes wahrgenommen und angenommen wird. In den Jahren vorher hatte Frau S. auch an diesen Tag gedacht, aber eine wirklich tiefe Trauer war nie aufgetaucht, weil sie immer in der Hoffnung auf eine neue Schwangerschaft gelebt hatte.

Von einem ähnlichen Jahrestagsritual wie dem von Frau S. berichtete auch eine englische Mutter in einem Buch:

> "Der Tag von Simons Geburtstag ist auch der Tag, an dem er gestorben ist. Es ist ein Tag, der für mich immer ein Gedenktag war, den ich sogar irgendwie feiern wollte. Rituale sind für mich wichtig geworden, genau so wie das nochmalige Durchleben der Ereignisse jenes Tages und der darauf hinführenden Tage und das Sprechen über all das. Die Rituale schließen ein, daß ich mir selbst freie Zeit erlaube an diesem sehr besonderen Tag, Zeit, die ich so verbringe, wie ich das Gefühl habe, daß es meine jeweilige Stimmung am besten widerspiegelt. Bis auf ein Jahr habe ich immer den Tag frei genommen von der Arbeit, damit ich das Krematorium besuchen konnte, in dem unser Eintrag in dem Buch der Erinnerung gemacht wurde. Viel Zeit verbringe ich auch damit, 'Simons Buch' anzuschauen, eine Sammlung von wertvollen Gegenständen, z.B. Fotos von mir, als ich schwanger war, Bewegungsliste, der Anhänger des Kinderbettes, die Geburtsurkunde, Trauerkarten, die Todesurkunde etc." (Kohner & Henley 1991b, S.80, Übers. d. Verf.).

Auch für diese Mutter ist es wichtig, an einem solchen Gedenktag sich die 'mementoes', die mit ihrem Sohn verbunden sind, anzusehen und sich zu erinnern an die Zeit, als ihr Kind starb.

Die Bedeutung von Tagebüchern beschreibt auch eine amerikanische Mutter in einem Rundbrief einer Selbsthilfegruppe: "Wenn Jahrestage kommen, ging ich immer zurück und las die Tagebücher, um zu sehen, wo ich im Prozeß des Vorwärtsgehens war." Das Tagebuch-Schreiben und auch das Lesen von alten Tagebucheintragungen gibt die Möglichkeit, sich in schriftlicher Form und in Ruhe mit Gefühlen und Erinnerungen auseinanderzusetzen. Ein Tagebuch ist etwas Bleibendes, kann Halt geben in Zeiten, in denen sich so vieles wandelt.

12.7 Auslösende Erfahrungen und Ereignisse

Frau T. erzählte, bei welchen Anlässen für sie die Erinnerung an ihre gestorbenen Kinder wieder mehr in ihre Aufmerksamkeit kam:

> "Mein Vater ist vor zwei Jahren gestorben, und dann noch eine Freundin von mir vor einem Jahr, und in Verbindung mit deren Tod kam das [gemeint sind Erinnerungen an ihre gestorbenen Kinder] wieder. Aber sonst eher so in schönen Momenten, wo man denkt, es wäre nett, wenn sie jetzt da wären, wenn man das gemeinsam erleben könnte."

Auf den Zusammenhang zwischen einer neuen Verlusterfahrung und einem vermehrten Auftauchen von Erinnerungen an vorhergehende Verluste, den Frau T. beschreibt, geht auch die Psychoanalytikerin Heimann ein. Sie formuliert folgende These: "In der Trauerarbeit werden die Schmerzen aller vergangenen Verluste wiederholt." (Heimann 1966, S.329). Diese Aussage ist unter verschiedenen Aspekten zu interpretieren. In bezug auf die Erfahrung von Frau T. wird deutlich, daß sie in der Trauerarbeit um den Tod ihres Vaters und ihrer Freundin sich erinnerte an ihren Schmerz um den Verlust ihrer beiden Kinder.

Zusätzlich kann die These von Heimann auch verstanden werden im Hinblick auf die Frage, welche Bedeutung frühkindliche Verlusterfahrungen für die Bewältigung der aktuellen Trauer haben. Wenn gleichzeitig zum Aktuellen alte Schmerzen durchlebt werden müssen, wird der Prozeß sehr komplex und intensiv sein.

Frau N. sprach darüber, wie die Zeit um den Tod ihres Sohnes herum für sie vermehrt Anlässe bringt, welche die Trauer ins Bewußtsein bringen:

> "Es ist nicht in dem Sinn eine schwierige Zeit, daß ich eher depressiv wäre oder so. Sondern es ist dann alles wieder aktuell, also es kommt einfach ins Bewußtsein hoch, was eigentlich sonst so ruht. Ich kann eigentlich nicht sagen, durchs Jahr durch, daß mich da immer wieder sehr viel bewegt. Es gibt einfach Anlässe, wo es dann wieder mehr bewußt wird. Aber nicht so, daß ich dann so knorzen muß und so ringen muß. Aber es ist dann einfach die Zeit."

In Anlehnung an das Modell von Rosenblatt wird hier die Bedeutung von auslösenden Situationen deutlich. Für Frau N. gibt es mehrere Faktoren, die diese Zeit zu einer erinnerungsreichen Zeit machen: das Osterfest, ihr eigener Geburtstag, die zeitliche Nähe von Geburt und Tod ihres Sohnes zu diesen Ereignissen.

Für Frau S. gibt es noch andere Anlässe, die im Sinne von Auslösern wirken:

> "Ich kenne auch ein paar Jungen in dem Alter, und so deren Geburtstag, das ist so ein kritischer Termin. Das eine ist eine Kollegin, die war zur gleichen Zeit schwanger, da habe ich den Kontakt eher abgebrochen. Das war weniger wegen dem Kind. Aber trotzdem verbinde ich mit der, ihr Sohn ist vier Wochen älter... Und eine Freundin hat ein Kind adoptiert,

was gleich alt ist. Diese Geburtstage von Kindern, die genau so alt sind, das hat mich schon immer berührt."

An den Schluß dieses Kapitels möchte ich ein Gedicht stellen, das eine Mutter am fünften Todestag ihrer Tochter geschrieben hat. Sie nahm diesen Jahrestag zum Anlaß, sich mit ihren Erfahrungen in der Trauerzeit und mit ihrer Beziehung zu ihrem verstorbenen Kind auseinanderzusetzen. Sie beschreibt in diesen Zeilen auch, wie Auslöser wirken: "etwas kann mich zu jenem Tag zurückwerfen".

Gedanken an einem fünften Jahrestag

Es ist wahr, daß sie immer
im Hintergrund meiner Gedanken ist.
Aber sie beschäftigt mich nicht immer.

Wenn ich jetzt an sie denke,
erinnere ich mich in Wärme an sie.
Ich weine kaum noch
aus Verletzung oder Wut.

Aber es gibt Zeiten, in denen etwas
mich zu jenem Tag
zurückwerfen kann.
Und die Tiefe meiner Gefühle
von Verlust und Schmerz ist wieder einmal
genau so groß wie die Tiefe meiner Liebe für sie.

Und ich weine. Und es tut mir weh.
Aber es erinnert mich umso mehr,
daß sie immer mein Kind sein wird,
Teil meines Lebens, und daß sie
besonders genug ist, sich um sie zu kümmern.

Die Zeit hat mich geheilt.
Aber die Zeit hat mich nicht vergessen lassen.

(Janis Heil, zitiert in: Savage 1989, S.28, Übers. d. Verf.)

---

13 Beziehungen zu anderen Menschen

13.1 Das Fehlen von gemeinsamen Erinnerungen

Gerade in bezug auf die soziale Interaktion wird deutlich, daß die Situation nach dem perinatalen Tod eines Kindes eine ganz andere ist als die nach dem Tod eines Erwachsenen. Wenn ein Kind um die Geburt herum stirbt, gibt es (beinahe) keine gemeinsamen Erinnerungen, die die Eltern mit Freunden und Verwandten teilen könnten. Eltern eines früh gestorbenen Kindes können eben nicht sagen: "Weißt du noch, wie unser Sohn zum ersten Mal gesessen hat?" Solche geteilten und mitgeteilten Erinnerungen erleichtern den Trauerprozeß - und sie fehlen beim frühen Tod eines Kindes.

Frau D. sprach darüber, wie sie den intrauterinen Tod ihrer Tochter erlebt hatte:

> "Und bei diesen Kindern [gemeint sind: totgeborene Kinder] hat man nicht einmal die Erinnerung von der Geburt oder irgendwas Positives, wo man sich im nachhinein so dran freuen könnte. Das ist einfach unheimlich schwer. Da hast du wirklich nur die Schwangerschaft, und das ist dann doch irgendwo ganz anders und etwas, was du eben nicht teilen kannst. Das ist ja doch dann sehr nur deine Beziehung zu dem Kind."

Frau D. nimmt hier Bezug auf ihre Erfahrung, daß sie sich nicht an den letzten Teil der Geburt erinnern kann, vermutlich infolge einer Medikation mit Opioiden.

Frau D. benennt die Tatsache, daß es schwierig ist, die Beziehung der Mutter zu ihrem ungeborenen Kind anderen mitzuteilen. Diese Beziehung konzentriert sich sehr auf die Zweiheit von Mutter und Kind, ist eher nach innen orientiert als nach außen. Diese Beziehungsqualitäten sind oft kaum in Worte zu fassen.

Frau D. sprach auch darüber, welche Folgen es haben kann, daß die weitere Familie keine gemeinsamen Erinnerungen an das gestorbene Kind hat:

> "Meine Schwester hat vor 14 Tagen ein kleines Kind gekriegt. Nach drei, vier Tagen habe ich mit ihr telefoniert, wie das heißen sollte, und dann sagte sie den Namen. Und dann sage ich, oh, das ist ja genau, wie mein Kind hieß. Das wußte sie natürlich, aber da hatte sie überhaupt nicht daran gedacht. Da habe ich gedacht, so ist es sogar, daß deine eigenen Geschwister nicht mal wissen, wie die Kinder geheißen haben. Obwohl ich das natürlich irgendwann mal erzählt habe. Das ist dann so, daß es keine gemeinsamen Erinnerungen gibt."

Ihre Tochter kam tot zur Welt, nur Frau D. und ihr Partner haben sie gesehen. Sie ist anonym bestattet worden. Es gab keine gemeinsame Feier mit der Familie. Den Namen hat Frau D. ihrer Tochter mehrere Jahre nach deren Tod gegeben. Sie hat damals Gespräche mit ihrer Familie über diese Namensgebung geführt. Möglicherweise ist dieses Vergessen des Namens des totgeborenen Kindes ein Zeichen für den Wunsch, den Tod des Kindes zu vergessen. Vielleicht hängt es auch damit zusammen, daß die Schwester von Frau D. das Kind nicht gesehen hat und daß die Existenz dieses gestorbenen Kindes nie gemeinsam symbolisch anerkannt worden ist.

Mehrere Jahre vor dem Tod ihrer Tochter hatte Frau D. erlebt, daß ihr Sohn fünf Tage nach der Geburt starb. Über ihre Erfahrungen mit diesem Verlust sagte sie:

> "Das ist auch was, was ich denke, was etwas ganz Schwieriges ist bei diesem frühen Tod, daß man wenig Menschen hat, die dieses Kind kannten und mit denen man überhaupt irgendetwas teilen kann."

Ihr Sohn wurde im Ausland geboren. So konnte Frau D. noch weniger Kontakt zu den Menschen halten, die ihn gekannt hatten, als das der Fall gewesen wäre, wenn er in Deutschland zur Welt gekommen wäre. Und durch diesen weit entfernten Geburtsort konnte niemand aus ihrem Freundeskreis oder ihrer Familie kommen, um das Kind zu sehen. Trotz dieser speziellen Situation gilt die Aussage, daß nur wenige Menschen das Kind gekannt haben, auch für viele andere Familien. Gerade wenn ein Kind direkt nach der Geburt auf eine Intensiv-Station verlegt wird und man nicht weiß, ob es überleben wird, geschieht es selten, daß Freunde oder Verwandte zu dem Kind gehen.

Oft ist es auch eine Frage der Zeit, wie z.B. bei dem Sohn von Frau N., der am zweiten Lebenstag nach einer Verlegung in eine Kinderklinik starb. Seine Situation verschlechterte sich so rapide, daß es nur noch möglich war, den Vater des Kindes zu benachrichtigen. Es blieb keine Zeit mehr, noch Freunden oder Familienangehörigen mitzuteilen, daß das Kind wahrscheinlich sterben würde.

Frau D. berichtete, wie wichtig ihr die Beziehung zu dem Fotografen war, der ein Foto von ihrem Sohn gemacht hatte:

> "Das war mir auch so eine merkwürdige Erfahrung, daß ich eine viel stärkere Beziehung zu diesem Mann hatte, den ich auch nur einmal gesehen hatte, als zu ganz vielen Leuten. Weil der einfach etwas wußte von dieser Geschichte, weil er daran teilgenommen hat."

Dieser Mensch wußte, was geschehen war, er hatte das kurze Leben des Kindes miterlebt, war Zeuge geworden. Und all die Freunde und Verwandten in Europa waren eben nicht Zeugen der Existenz dieses Kindes gewesen.

13.2 Schwierige Kommunikation

Viele Menschen fühlen sich unsicher, wie sie einem Trauernden begegnen sollen und wie sie ihre Anteilnahme ausdrücken können. Beim frühen Tod eines Kindes wird diese Unsicherheit oft noch größer. So sagen manche dann tröstend gemeinte Worte und verletzen die Eltern damit ungewollt.

Frau N. berichtete, wie schmerzhaft es anfangs für sie war, mit den Reaktionen ihrer Mitmenschen konfrontiert zu sein:

> "Einfach die Qual, das leiden zu müssen, daß die anderen Menschen nicht wissen, wie sie sich verhalten sollen. Das gibt so unmögliche Situationen. Man leidet eigentlich mehr darunter als das Leid selber. Aber ich habe es ein bißchen relativiert, daß ich darüber nachgedacht habe, wie würdest du reagieren, was würde ich sagen? Das Gefühl zu haben, sie möchten etwas sagen und wissen nicht was, und so kommt es ganz schief raus. Ich glaube, manchmal ist es besser, dann einfach da zu sein und nicht das Gefühl haben, man müßte was sagen."

Auch Frau T. erlebte für sie sehr verletzende Verhaltensweisen von Menschen in ihrer Umgebung:

> "Schwierig ist es, damit umzugehen, wie die anderen mit einem umgehen. So was passiert leicht, die Leute tun so, als ob nichts ist. Wenn dann die Leute so tun, als ob man gar keines hätte, oder sagen, da mußt du jetzt aber durch, dann ist das wirklich unheimlich schwer, damit klar zu kommen."

Ihr zweiter Sohn war per Sectio entbunden worden und sofort nach der Geburt in eine Kinderklinik verlegt worden. Frau T. erzählte, wie die Ärzte und Pflegenden in dem Krankenhaus, in dem sie lag, zunächst mit den ungewissen Überlebenschancen des Kindes und dann mit seinem Tod umgingen:

> "Das Harte in dem Krankenhaus war, daß die nicht damit umgehen konnten. Ich war eben der Kaiserschnittpatient. Und die haben mir keine Informationen von meinem Kind gegeben. Und dann kommen die an und sagen herzlichen Glückwunsch, weil die ja auch nicht wissen, was sie denn sonst machen sollen. Und ich weiß gar nicht, ob mein Kind überhaupt noch lebt. Das finde ich echt brutal. Die haben praktisch die ganze Woche so getan, als ob das Kind gar nicht gestorben ist."

Dies ist ein trauriges Beispiel dafür, wie mangelnde Kommunikation zwischen Eltern und Klinikpersonal schließlich zu der absurden Situation führt, daß der Tod des Kindes überhaupt nicht benannt wird.

Frau A. erzählte, wie schmerzhaft die Reaktionen ihrer Eltern und ihrer Schwiegereltern für sie gewesen waren:

> "Das war dann auch noch ganz schlimm, weil sich unsere Familien, unsere Eltern dann irgendwie untereinander gestritten haben, wer denn nun die Erbkrankheit in der Familie hatte, bevor wir irgendwelche Ergebnisse der Obduktion hatten. Das war ziemlich schrecklich. Meine Schwiegereltern sind dann nicht hierher gekommen, erst viel später, haben keine Blumen mitgebracht und haben da auch überhaupt nicht drüber geredet. Auch von seiten meiner Familie, daß da relativ wenig drüber geredet wurde, so nach dem Motto: du bist ja noch jung. Daß das so weggemacht wurde."

Sie erlebte das Phänomen des Tot-Schweigens: so, als könne man den Tod des Kindes ungeschehen machen, wenn man darüber schweigt. Mit der Bemerkung 'Du bist ja noch jung' wird der Verlust auf eine andere Weise verdrängt bzw. abgewehrt. Hinter diesem Satz steht die Überzeugung, daß eine junge Frau wieder schwanger werden könne und daß ein nächstes lebendes Kind dieses gestorbene Kind ersetzen könne. Mit dieser Aussage ist ein Nicht-Anerkennen der Einzigartigkeit des gestorbenen Kindes verbunden.

13.3 Das jähe Ende mitteilen

Wenn Mütter über ihre Begegnungen mit anderen Menschen nach dem perinatalen Tod ihres Kindes sprechen, taucht ein Thema immer wieder auf: die Konfrontation mit Fragen nach dem Kind.

Frau W. berichtete davon:

> "Und eben all die Leute, die wußten das alle nicht. Die kamen dann freudig: 'Was ist es denn geworden?' Noch lange, lange, ein halbes Jahr nachher oder noch länger ist es nicht durchgedrungen."

Obwohl sie eine Mitteilung über die Geburt und den Tod ihres Sohnes verschickt hatte und obwohl sie in einer Gemeinde mit eher dörflichem Charakter lebt (in der sonst viele Nachrichten sich sehr schnell verbreiten), begegnete sie immer wieder Menschen, die erwartungsvoll nach dem Kind fragten.

Dies ist einer der Unterschiede zum Tod eines Erwachsenen. Wenn ein erwachsener Mensch stirbt, sind die Angehörigen in der Regel nicht mit solchen freudig-erwartungsvollen Fragen über das Wohlergehen des Verstorbenen konfrontiert wie die Eltern eines perinatal gestorbenen Kindes. In diesen Begegnungen wird die Polarität deutlich, die Lothrop in dem Titel ihres Buches 'Gute Hoffnung - jähes Ende' genannt hat (Lothrop 1991). Gefragt wird nach der Erfüllung der 'guten Hoffnung', geantwortet werden muß mit einem Bericht vom 'jähen Ende'.

Auch Frau G. erzählte von ähnlichen Begegnungen:

> "Es war sehr gut für mich, daß sich mein Partner diese Zeit eingeräumt hatte und wir da zusammen waren. Ich weiß nicht, wie ich es sonst geschafft hätte, auf die Straße zu gehen und ständig gefragt zu werden: was ist es denn. Ständig, bei der Bäckerin, von den Nachbarn natürlich. Und ich sage dann: ja, es ist ein toter Junge. Oder jemand fragt: darf man gratulieren? Ja, zu einem toten Jungen. Und das war gut, jemanden an meiner Seite zu haben."

13.4 Solidarität mit anderen Betroffenen

Die Begegnung mit einem Menschen, der einen ähnlichen Verlust erlitten hat, hilft, ein Gefühl der Solidarität entstehen zu lassen. Diese Solidarität kann Einsamkeit, Isolation und das Gefühl des Nicht-Verstanden-Werdens mindern.

Frau T. berichtete davon, wie es ihr geholfen hatte, mit einer anderen trauernden Mutter über die Reaktionen von Freunden und Verwandten zu sprechen:

> "Das war eben so, daß alle, die mich besucht haben, die wußten echt nicht, was sollten sie sagen. Und die sind alle so hilflos. Am zweiten Tag lag neben mir eine Frau, die hatte ihr Kind im dritten Monat verloren. Und die war mindestens so traurig wie ich. Wir haben uns gut verstanden, wir haben uns nachher wirklich über den Besuch amüsiert, wie hilflos die alle sind. Ich weiß noch, mein Vetter kam, der war damals so 14, 15, so ein langes Ende, so ein langgeschossener Jüngling, und steht am Bett und sagt, oh Mensch, das tut mir leid, aber Sue Ellen in Dallas hat auch gerade eine Abtreibung gemacht. Da muß man lachen, das ist alles so süß und lieb gemeint, aber man denkt, nein, das kann doch nicht angehen."

Frau W. erzählte, wie der Erfahrungsaustausch mit anderen trauernden Menschen ihr geholfen hatte:

> "Und später habe ich dann Menschen aufgesucht oder von Menschen gehört, denen das ähnlich gegangen ist, und habe mit denen gesprochen. Einfach sich ausgetauscht, und das hat auch Erleichterung gebracht."

Diese Erfahrung kann man auch verstehen im Sinne der Wiedererkennung, wie sie von Staudacher beschrieben worden ist (Staudacher 1987). Sie weist darauf hin, daß es für Trauernde oft sehr hilfreich ist, im Gespräch mit anderen Betroffenen zu hören, daß diese ähnliche Erfahrungen gemacht haben wie sie selbst. Wenn Trauernde Eigenes bei anderen in ähnlicher Form wiedererkennen, können sie ihre Gefühle eher als normal einordnen und können sich lösen von der Angst, verrückt zu werden.

Frau W. erlebte viele hilfreiche Reaktionen von anderen Menschen:

> "Aber es haben enorm viele Menschen Anteil genommen, ich habe ein ganzes Buch gesammelt von wirklich sehr bewegenden Briefen. Aber es waren nicht nur die, die einen solchen Brief bekamen. Man schenkte uns auch enorm viel Blumen."

Frau W. hat auf eine ganz besondere Weise erlebt, wie sich nach dem Tod ihres Kindes zwischenmenschliche Beziehungen positiv gewandelt haben:

> "Ich habe das Gefühl, das ist gut, wenn das viele erfahren, auch überhaupt von dem Kind. Ich hatte das Gefühl, daß es viel bewirkt hat, dieses Kind, das gar nicht da ist. Überhaupt unter Menschen, die besser zusammen sein können, daß sie ein besseres Verhältnis zueinander haben."

13.5 Rituale als Hilfe für den Umgang mit anderen Menschen

In einem Buch, das sich direkt an trauernde Eltern wendet, weist Davis auf den Einfluß von symbolischen Handlungen für das Entstehen eines sozialen Netzes hin: "Alle ritualisierten Handlungen können die Fähigkeit Ihrer Freunde und Verwandten erhöhen, Ihren Verlust als bedeutsam anzuerkennen, und ermöglichen es ihnen, Sie zu unterstützen." (Davis 1991, S.74, Übers. d. Verf.).

In einem wissenschaftlichen Werk schreibt Rando über die Funktion von Ritualen: "Diese kollektiven Rituale erleichtern die soziale Interaktion, die für eine erfolgreiche Trauerbewältigung und Wiedereingliederung in die soziale Gruppe erforderlich ist." (Rando 1985, S.239, Übers. d. Verf.). Rando bezieht sich damit indirekt auch auf die Phasen des Übergangsrituals, die van Gennep differenziert hat. Die letzte von ihm beschriebene Phase ist die der Wiedereingliederung in die Gesellschaft.

Frau G. erzählte, daß sie ein kurzes gemeinsames Abschiedsritual mit den betreuenden Hebammen, das nach der Aufbahrung und vor dem Einsargen stattfand, als eine positive Erinnerung behalten hatte:

> "Das ist für mich ein sehr schönes Bild. Unsere betreuende Hebamme war auch dabei, und die anderen Hebammen, die da in dem Geburtshaus waren, haben sich auch von unserem Sohn verabschiedet."

Ein weiteres Beispiel, wie eine ritualisierte Handlung helfen kann, die soziale Interaktion zu erleichtern, ist der folgende Bericht einer Mutter aus Großbritannien:

> "Ich habe anderen Menschen Briefe geschrieben, haben ihnen erzählt, was geschehen ist, oder habe auf ihre Briefe geantwortet. Und ich habe einen Bericht von allem, was in dem kurzen Leben von James passiert ist, aufgeschrieben. Ich wollte das gleich tun, so daß ich es niemals vergessen würde und daß er niemals vergessen würde. Ich habe Kopien von

> dem, was ich geschrieben habe, an alle aus der Familie geschickt." (Kohner & Henley 1991b, S.45, Übers. d. Verf.).

An einer Aussage von Frau A. kann deutlich werden, welche Folgen das Fehlen eines Rituals für die soziale Interaktion haben kann. Frau A. hätte sich Unterstützung von den Pastoren ihrer Kirchengemeinde gewünscht. Sie erhielt diese jedoch nicht:

> "Es ist dann auch keiner von den Pastoren auf die Idee gekommen, mal zu gucken, wie es mir geht."

Hier wird deutlich, wie ein Ritual die soziale Interaktion möglicherweise hätte erleichtern können. Wenn die Tochter von Frau A. beerdigt worden wäre, wäre mindestens ein Gespräch zwischen den Eltern und einem Pastor selbstverständlich gewesen, nämlich um die Gestaltung der Beerdigung miteinander zu vereinbaren. So gab es keinen äußeren formalen Anlaß zu einem Kontakt, und es fand gar kein Gespräch statt.

Frau S. erlebte, daß die symbolische Handlung, den Namen ihres Sohnes öffentlich auszusprechen, indirekt eine hilfreiche Wirkung auf die Beziehung zu ihren Eltern hatte. Sie beschrieb, wie vor diesem Ritual niemand aus ihrer Familie den Tod des Kindes als einen Verlust benannt hatte:

> "Es hat praktisch niemand gesagt, daß es auch ein Verlust ist. Gut, mein Vater hat mal angedeutet, daß er niemand für seine Briefmarkensammlung hat, und meine Mutter einfach so, ach, es wäre schön gewesen. Ich denke, das hätte mir schon ein Stück geholfen, wenn die das als Verlust gesehen hätten. Während so, da hat jeder getan, als sei das kein Verlust."

Nachdem Frau S. mit einer symbolischen Handlung für sich selbst die Endgültigkeit des Verlustes anerkennen konnte, wurde Kommunikation über die Verlusterfahrung und Gefühle der Trauer möglich. Sie erzählte:

> "Ich habe mit meinen Eltern noch mal so gesprochen, die haben das schon so [gemeint ist als Verlust] erlebt, aber so das Gefühl gehabt, das nicht ansprechen zu dürfen."

Frau S. erlebte jedoch auch, daß ihr eigener offenerer Umgang mit der Trauer nicht alle Beziehungen klären half: ihre Schwiegereltern reagierten nicht auf einen Brief, in dem sie ihnen über ihre Gefühle und ihren Wunsch nach Unterstützung geschrieben hatte.

In die Thematik der sozialen Interaktion gehört auch die Frage hinein, wie sich die Beziehung zwischen den Partnern durch den und nach dem Tod des Kindes verändert. Da dies ein komplexes Thema ist, habe ich mich entschieden, es in diesem Buch nicht zu diskutieren. In einigen Zitaten der betroffenen Mütter finden sich Aussagen darüber, wie sie die Beziehung zu ihrem Partner nach dem Tod des gemeinsamen Kindes erleben.

14 Der Umgang mit offenen Gestalten

14.1 Rituale als Hilfe beim Schließen von Gestalten

Der Begriff der 'unerledigten Geschäfte' wurde in der Theorie und Praxis der Gestalt-Therapie geprägt (Perls et al. 1951). Später beschrieb die Sterbeforscherin Elisabeth Kübler-Ross mit diesem Terminus ihre Erfahrungen in ihrer Arbeit mit Sterbenden. Sie erlebte, wie Menschen gelassener und ruhiger über die Schwelle gehen konnten, wenn sie Konflikte mit Angehörigen gelöst hatten oder Fragen ausgesprochen hatten, die ein Leben lang verschwiegen worden waren (Kübler-Ross 1971). Kübler-Ross hat ihre Erfahrungen mit Sterbenden auf die Arbeit mit trauernden und traumatisierten Menschen übertragen. Sie entwickelte Workshops zur Thematik von 'Leben, Tod und Übergang'. Dort fanden viele Menschen aus aller Welt den geschützten Raum, um unerledigte Geschäfte zu erledigen. Vielen Trauernden haben Elisabeth Kübler-Ross und ihre MitarbeiterInnen gesagt: "Sprich das aus, was Du dem Menschen, den Du durch den Tod verloren hast, schon immer sagen wolltest, aber nie gesagt hast - sprich es jetzt aus!"

In der Integrativen Therapie, die u.a. aus der Gestalttherapie weiterentwickelt worden ist, entspricht dem Begriff der 'unerledigten Geschäfte' der Terminus 'unvollendete Gestalten' (Rahm et al. 1993). Gleichbedeutend damit ist der Ausdruck 'offene Gestalten'. Ich werde im folgenden diese beiden Begriffe aus dem Vokabular der Integrativen Therapie verwenden.

Rando weist darauf hin, welche Funktion Rituale in bezug auf unerledigte Geschäfte haben können: "Es [das Ritual] kann eine Gelegenheit bieten, unerledigte Geschäfte zu erledigen." (Rando 1985, S.238f., Übers. d. Verf.).

Rituale können einen Rahmen bilden, in dem das Schließen von offenen Gestalten möglich ist. Dieser Rahmen kann auf sehr unterschiedliche Weise ausgefüllt werden, wie im folgenden zu zeigen sein wird.

Ich zitiere eine längere Passage aus meinem Gespräch mit Frau S., um den von ihr erlebten Prozeß in seinem Verlauf zu verdeutlichen. Frau S. berichtete:

> "Dieses Jahr war für mich ganz wichtig, womit ich mich beschäftigt habe noch mal so als Abschiedsritual, da war ich auf so einer Selbsterfahrungswoche, wo Familienkonstellationen gestellt werden. Das ist eine bestimmte Methode, nach Bert Hellinger, einem Therapeuten benannt. Da ist so die Aufgabe, daß man die Familiensituation, sei es aus der Herkunftsfamilie oder aus der aktuellen Familie, stellt. Therapie oder Heilungsprozeß ist dann, daß dieses Bild in die richtige Ordnung gestellt

wird und daß das dann auch einen inneren Prozeß bewirkt. Ich habe eben mich und meinen Mann in einer bestimmten Konstellation gestellt, er so mit Blick zur Tür und ich so hinter ihm. Na ja, auf jeden Fall sagte der Therapeut, der mich gut kennt, 'Und Eure Kinder oder Euer Kind?'. Ich habe das nicht dazu gestellt. Da ist mir das erste Mal bewußt geworden, daß ich den Namen von dem Kind nie öffentlich gesagt habe. Ich habe niemand den Namen gesagt. Ich wollte nicht hören, daß das Kind so heißt. Schon so aus der Phantasie heraus, wenn ich wieder einen Jungen habe, dann nenne ich den wieder so. Dann sollte ich den Gruppenteilnehmer, der die Rolle meines Sohnes übernommen hatte, aufstellen. Das fand ich ganz schwierig, wo der [gemeint ist der perinatal gestorbene Sohn] so seinen Platz hat zwischen meinem Mann und mir. Ich habe mit meinem Mann auch eine Abtreibung gehabt. Und dieser Hellinger sagt, Abtreibungen gehören wie ein geborenes Kind in eine Beziehung hinein. Weil ein Kind etwas Gemeinsames aus einer Beziehung ist, und wenn man eine Abtreibung macht, ist die Beziehung beendet, auf jeden Fall innerlich. Dann kann eine Beziehung höchstens wieder, wenn um dieses abgetriebene Kind getrauert ist, angefangen werden. Von daher war klar, daß auch dieses abgetriebene Kind noch eine Form kriegen sollte, ein Bild kriegen sollte. Da war so die Frage, mein Mann, ich, und zwei Kinder [gemeint sind: der perinatal gestorbene Sohn und das abgetriebene Kind]. Das war so was ganz Wichtiges, mich mit so einem Kind zusammen zu erleben in so einem Bild. Ich habe die Kinder dann so zwischen uns gesetzt. Da ging es mir sehr schlecht damit, ich mußte sehr weinen. Ich denke, das noch mal so ein Stück lebendig zu machen, das war der Punkt. Wie das auch so mit dieser Beziehung hätte anders aussehen können. Da ging es dann eben auch darum, das Bild so zu stellen, wie hätte sich das angefühlt, wenn dieser Mann und ich, wenn wir zwei Kinder hätten. Ich denke, da wäre die Beziehung anders gewesen. Das fand ich auch sehr traurig zu sehen, daß das auch eine Möglichkeit gewesen wäre für den Mann, mehr reinzukommen. Da war für mich wichtig, dieses Kind [gemeint ist hier der perinatal gestorbene Sohn] praktisch lebend zu erleben. Den Namen zu sagen, das war ganz wichtig. Sonst habe ich das immer vermieden, weil ich schon immer dachte, irgendwann gibt es noch mal einen Sohn. Das war mir dann auch klar, daß es ihn nicht mehr gibt. Ja, ich denke, das war für mich das wichtigste Abschiedsritual, zu sehen, wie diese Familie hätte aussehen können. So mit mehreren Kindern, denn ich war ja dann insgesamt fünfmal schwanger. Ja, und daß mein Mann ganz anders einbezogen gewesen wäre."

Indem sie den Namen ihres Sohnes in der Gruppe aussprach, erkannte sie auch die Endgültigkeit ihres Verlustes an. Dies wird deutlich an ihrer Aussage: "Das war mir dann auch klar, daß es ihn nicht mehr gibt."

Gleichzeitig mit diesem Akzeptieren der Realität des Todes erkannte sie auch, wie die mehrfachen Verluste die Beziehung zu ihrem Mann beeinflußt haben. Sie hatten in einer Paar-Beziehung gelebt und nicht, wie sie es sich gewünscht hatte, als Familie mit Kindern.

Frau S. berichtete, daß sie sehr weinen mußte. Nun konnten die Tränen fließen, und damit kam auch der ins Stocken geratene Trauerprozeß in Bewegung. In der von ihr geschilderten Erfahrung ging es um den Abschied von ihrem Sohn. Diese Erfahrung war ein Teil eines noch andauernden Prozesses. In diesem Prozeß wird auch die Bewältigung ihrer weiteren Verlusterfahrungen wichtig sein. Diese waren in dem dargestellten Erlebnis eher ein Randthema.

An diesem Beispiel wird deutlich, daß das Schließen einer offenen Gestalt spontan entstehen kann. Es muß nicht unbedingt geplant sein. Die Dynamik eines intrapsychischen Prozesses kann dazu führen, daß plötzlich ein nicht bewußt intendiertes Thema auftaucht und in einer symbolischen Handlung (wie hier dem Aussprechen des Namens und dem Aufstellen der verlorenen Kinder in einer Familienkonstellation) bearbeitet wird. Ein solcher Prozeß kann sich aus einem eigenen Impuls des Trauernden entwickeln. Manchmal wird er, wie bei Frau S., durch eine therapeutische Intervention ausgelöst.

14.2 Klärung einer Beziehung

Frau A. wußte, daß die Beziehung zu ihrer gestorbenen Tochter eine offene Gestalt geblieben war. Sie beschrieb ihr Erleben folgendermaßen:

> "Ich hatte schon immer noch das Gefühl, das ist was, was für mich noch offen ist. Und daß ich mich verabschieden wollte und mir das noch mal genauer angucken wollte und die Begegnung mit dem Kind haben wollte."

Sie hat dann bewußt an einem Wochenendseminar für betroffene Eltern und professionelle HelferInnen zum Thema des frühen Todes von Kindern teilgenommen, um an diesen offenen Fragen zu arbeiten. Während des Seminars erlebte sie eine Klärung der Beziehung zu ihrer verstorbenen Tochter:

> "Ich habe in einer Arbeit wirklich so eine Begegnung zwischen meiner Tochter und mir gehabt. Da ging es auch so um diese Schuldfrage, die mich immer noch so belastet hat. Und daß sie mich dann entlastet hat und gesagt hat, nein, es ist okay, und es war meine Zeit mit Dir. Du bist dafür nicht schuldig. Du kannst Dich freuen, daß Du jetzt auch mit eurer Adoptivtochter zusammen sein kannst. Das war eine schöne Erfahrung. Was mich auch immer noch so im nachhinein begleitet hat."

Ein sehr wichtiges Thema im Umgang mit der Trauer um den frühen Tod ist das Erleben von Schuldgefühlen. Die Frage, ob sie durch ihr Verhalten den Tod ihrer Tochter verursacht hatte, belastete Frau A. sehr. Die Erfahrung während des Seminars half ihr, sich von ihren Schuldgefühlen zu lösen.

Für Frau A. gab es eine weitere offene Gestalt, die sie auch während des Seminars schließen konnte. Sie berichtete:

> "Und das andere war für mich, vom Verstand her war ich in dem Moment so weit, zu sagen, ich will auch kein eigenes Kind mehr, aber eben da auch mit den Gefühlen nachzukommen. Und dann haben wir ja auch Sachen verbrannt, was wir da lassen wollten, und das war für mich, mich davon zu verabschieden, kein eigenes lebendes Kind zur Welt gebracht zu haben."

Sie bezieht sich auf ein in der Gruppe vollzogenes Ritual, in dem zum Schluß des Seminars die TeilnehmerInnen auf ein Blatt Papier schrieben, was sie am Ort des Seminars zurücklassen wollen. Dieses Blatt wurde dann verbrannt.

Frau A. beschrieb, wie es für sie eine innere Vorbereitungszeit auf diese symbolische Handlungen gab. Außerdem sprach sie darüber, wie sich das Schließen der Gestalten auf ihr Leben ausgewirkt hatte. Sie erzählte:

> "Ja, wahrscheinlich habe ich die Zeit vorher auch so gebraucht, daß das so reifen konnte. Und daß jetzt eben auch so viel Platz dafür da ist, in einer Arbeitsgruppe über den perinatalen Tod von Kindern mitzuarbeiten, das hätte ich vorher auch nicht gekonnt."

Sie erlebte, daß sie nun Raum für Neues in ihrem Leben hatte, und daß eine konstruktive Verarbeitung ihrer traumatischen Erfahrungen möglich war.

Schließen von Gestalten heißt nicht, den entsprechenden Themenkreis danach zu vermeiden, sondern es kann bedeuten, auf einer neuen Ebene der Thematik zu begegnen.

14.3 "Wie ein umgepflügter Acker..."

Frau D. erlebte, wie eine offene Gestalt für sie zu einer drängenden Frage wurde. Sie erzählte:

> "Ich weiß nur, daß das der Punkt war, wo ich überhaupt nicht mit fertig wurde, daß ich das Gefühl hatte, daß das nicht in Ordnung war, dieses Kind nicht zu beerdigen. Das war etwas, was mich ganz viel und ganz lange beschäftigt hat, daß ich ein ganz schlechtes Gewissen gehabt habe, daß ich dieses Kind nicht würdevoll verabschiedet habe oder begleitet habe in eine andere Welt. Ich hatte immer das Gefühl, das ist nicht in Ordnung gewesen."

Gemeint ist ihre Tochter, die in Deutschland tot geboren wurde. Sie ist anonym beigesetzt worden. Es gab keine Beerdigungsfeier. Frau D. spricht hier nicht über den Vorgang des Beerdigens, sondern über die Tatsache, daß sie keine Feier im Gedenken an ihre Tochter gestaltet hat.

Frau D. berichtete ausführlich von ihrem inneren Ringen, ob und wie sie diese offene Gestalt schließen könnte. Ich möchte im folgenden eine längere Passage aus dem Interview zitieren, weil der notwendige innere Prozeß der Vorbereitung auf ein Ritual hier sehr deutlich wird. Frau D. berichtete:

> "Dann habe ich lange Zeit so mit mir gekämpft, zwischen dem Gefühl, da noch was machen zu wollen, und dem Gefühl, daß es jetzt wirklich zu lange her ist, und daß ich da jetzt nicht noch mit ankommen kann. Und auch dieses Gefühl ganz stark, mich nicht so wichtig zu nehmen. Also noch nach einem Jahr so etwas zu veranstalten, das kam mir so hysterisch vor. Ich bin sehr so darin erzogen, mich nicht so wichtig zu nehmen. Das habe ich dann, glaube ich, bestimmt bald ein halbes Jahr, habe ich so mit diesem Kampf gelebt, es machen zu wollen und dann doch nicht, und daß es mir peinlich war, nach so langer Zeit anzukommen und zu sagen, ich habe das Gefühl, es ist noch nicht in Ordnung, ich werde da so nicht mit fertig. Dann habe ich mal ein Erlebnis gehabt, ich bin also in dieser Gruppe von "Verwaisten Eltern" gewesen. Ich weiß nicht mehr, wie es auf dieses Thema kam, und daß ich so furchtbar geweint habe da. Und daß alle völlig erstaunt waren, weil sie mich immer erlebt haben als diejenige, die da völlig drübersteht und gut mit fertig wird. Ich war selber erstaunt, daß ich da noch so eine Ecke habe, wo mir das so wahnsinnig weh tut. Und danach habe ich dann gedacht, es ist egal, wie lange das her ist, du mußt es jetzt irgendwie noch machen. Und dann habe ich aber noch mal zwei Monate gewartet. Dann bin ich zu einer Pastorin gegangen, die eben auch in dieser Gruppe von den 'Verwaisten Eltern' war. Ich habe ihr gesagt, daß ich das merken würde, daß das nicht gut wäre. Und ich würde gern überlegen, ob wir nicht noch so was machen könnten. Sie hat dann sofort gesagt, sie würde das gern machen, aber sie hätte keine Ahnung, wie. Und es gäbe keine Form dafür, und wir müßten uns das selber ausdenken."

Frau D. berichtete von einer intensiven inneren Vorbereitung auf diesen nachgeholten Abschied von ihrer Tochter:

> "Da waren vierzehn Monate dazwischen bis zu dieser Beerdigung. Und in diesen vierzehn Monaten habe ich unheimlich gearbeitet an mir, da habe ich einen ganz starken Verwandlungsprozeß durchgemacht. Daß das ganze Leben völlig verändert war, wie so ein Acker, den man wirklich umpflügt."

Nachdem sie eine Gedenkfeier für ihre verstorbene Tochter gestaltet hatte, erlebte sie eine große Veränderung ihrer seelischen Befindlichkeit und der Beziehung zu ihrer Tochter:

> "Und danach war das auch schlagartig besser. Das kann ich wirklich sagen, von diesem Tag an. Daß ich viel, viel weniger Schmerz empfunden habe dann. Ich habe so ein Gefühl gehabt, ich habe da etwas in Ordnung

gebracht, was vorher nicht in Ordnung war. Und ich habe getan für dieses Kind, was man in so einer Situation normalerweise tut oder tun sollte oder was man für einen anderen Menschen auch tut. Danach erst habe ich so ein Gefühl von Verbindung zu dem Kind gehabt. Nach dem Erlebnis in der Kirche, nach dieser Beerdigung habe ich erst gemerkt, daß mir dieses Kind nahe ist. Im nachhinein denke ich so, in den vierzehn Monaten davor, da bin ich so total mit mir beschäftigt gewesen, und da habe ich wirklich so unheimlich gearbeitet, daß ich keine Antenne dafür gehabt habe, oder da konnte das nicht an mich herankommen oder was weiß ich. Erst nach dieser Verabschiedung bin ich zu so einer Ruhe gekommen, daß ich da überhaupt was wahrnehmen konnte. Vielleicht ist es für das Kind auch ein Stück so gewesen. Das habe ich damals noch überhaupt nicht gedacht, da habe ich nur gedacht, ich müßte das für mich machen, weil ich merkte, ich komme innerlich nicht zur Ruhe. Ich habe damals noch überhaupt nicht gedacht, daß das auch eine Bedeutung für das Kind haben könnnte. Aber das denke ich im nachhinein, daß das auch für diese Kinder eine ganz große Rolle spielt, wie sie von dieser kurzen Erdenerfahrung verabschiedet werden und begleitet werden in ein neues Leben. Daß es vielleicht gar nicht nur meine Unruhe gewesen ist, sondern daß auch was von dem Kind da gewesen ist, das sich mir so äußern konnte."

14.4 "Auf Wiedersehen, mein Sohn"

Frau E. gestaltete mehrere Jahre nach dem Tod ihres Sohnes ein Ritual, in dem sie symbolisch alles nachholte, was sie in der Realität beim Abschied von ihrem Sohn nicht hatte tun können. Nach unserem Gespräch schickte sie mir einen Brief, in dem sie dieses Abschieds-Ritual beschrieb. Ich möchte diesen Brief vollständig zitieren, weil er auf eine anrührende Weise Frau E.'s Erleben vermittelt. Sie schrieb mir:

"Wie bereits gesagt, hat mir im nachhinein sehr zu schaffen gemacht, daß ich in der Klinik für mich nicht den richtigen Rahmen gefunden habe, um mich liebevoll von meinem Sohn zu verabschieden. Ich wußte nicht, wohin mit all der Liebe, die ich in meinem Herzen spürte, und immer wieder und wieder lief vor meinen Augen der Film ab, wie ich das Kind in meine Arme nahm, es wiegte, liebkoste und mit ihm sprach. Es schmerzte mich sehr, daß diese Szene in der Realität nie stattgefunden hat.
An dem besagten Wochenende bot mir die Seminarleiterin an, den Abschied nochmals im Rollenspiel zu vollziehen.
Ein Kissen war mein totes Baby, und nachdem ich mir die Situation mit der Geburt nochmals in den Sinn gerufen hatte, nehme ich mein Kind liebevoll in meine Arme, wiege und liebkose und spreche mit ihm so, als ob es leben würde.
Ich merke aber, daß mir das noch nicht reicht. So spiele ich die Situation, wie ich meinen Sohn mit nach Hause nehme, ihn bade, ankleide und ihn in sein Körbchen lege.

> Die letzte Szene findet bei uns im Garten statt. Ich möchte meinen Sohn immer in meiner Nähe wissen und entschließe mich, ihn in unserem Garten unter einer Blumen-Stein-Spirale zu begraben.
> Dazu lege ich ihn in einen kleinen weißen Kindersarg mit goldenen Verzierungen.
> Ich habe das Bedürfnis, meinen Sohn mit einem christlichen Spruch zu verabschieden oder einem religiösen Satz oder einem entsprechenden Ritual (Worte, die ausdrücken sollten, daß ich ihn jetzt in Ruhe zu Gott gehen lassen kann), aber mir fällt nichts Passendes ein. Ich weine nur immerfort, und nach langem Zögern kommen die Worte: "Auf Wiedersehen, mein Sohn, ich liebe Dich so sehr!"
> Alles Liebe in meinem Herzen schien sich in Tränen aufzulösen und zu meinem Sohn zu fließen. Eine Weile konnte ich ihm ganz nahe sein, und das gab mir ein Gefühl des Einverstanden-Seins und meinen inneren Frieden wieder."

Sie hat diesen nachgeholten Abschied als einen wichtigen Teil ihres Heilungsprozesses erlebt. Wenige Monate nach diesem Ritual wurde sie wieder schwanger. Sie sagte damals, daß für sie Leben und Tod, Schmerz und Freude zusammengehören.

14.5 Ein Dialog in Brief-Form

Frau W. bemühte sich, eine innere Beziehung zu ihrem gestorbenen Sohn aufzubauen. Sie vollendete die unvollendet gebliebenen Gestalten nicht in einer einmaligen symbolischen Handlung, so wie es in den anderen Beispielen beschrieben ist. Sie gestaltete bewußt einen längeren Prozeß. Sie berichtete darüber:

> "Ich hatte ein Büchlein mitgenommen, und in dieses Büchlein fing ich dann an, Briefe zu schreiben an meinen Sohn. Und alles, was ich so erlebte, habe ich darin aufgeschrieben, in Brief-Form an ihn. Manchmal aus einer Fröhlichkeit heraus, manchmal auch aus einer Traurigkeit heraus. Manchmal habe ich es auch so gemacht, daß er gesprochen hat zu uns wie tröstend, und warum er das gemacht hat. So daß ich das dadurch besser ertragen konnte. Das Tagebuch, also diese Briefe an das Kind, das ist eine enorme Hilfe. Oder auch das Kind selber sprechen lassen. Das muß ja nicht stimmen, aber man kann sich ja in der Phantasie in das Kind hineinversetzen. Man kann mit der Phantasie sehr viel machen. Wenn man versucht, sich in das Kind hineinzuversetzen, dann ist man auch schon mal ein Stück weiter weg von sich selbst. Und kann das alles mit anderen Augen sehen."

In einem inneren Dialog stellte sie Fragen an ihren Sohn, ließ ihn auch antworten. In den Briefen an ihn setzte sie sich mit religiös-spirituellen Fragen und mit der Sinn-Frage auseinander. Sie versuchte, das Geschehene in größere Zusammenhänge einzuordnen.

Die offenen Gestalten waren in diesem Fall viele Fragen nach religiösen Inhalten und nach der Beziehung zu Verstorbenen. Solche Gestalten lassen sich nie endgültig schließen, denn sie haben einen lebensbegleitenden Charakter. Es wird nur möglich sein, sie auf einer gewissen Ebene so weit zu vollenden, daß sie uns auf der nächsten Ebene der Spiralbewegung wieder begegnen können. Nach eineinhalb Jahren der intensiven inneren Auseinandersetztung waren für Frau W. die Gestalten zumindest so weit vollendet, daß sie ihr Leben wieder neu ergreifen konnte, was sich u.a. darin ausdrückte, daß sie sich bewußt für eine weitere Schwangerschaft entschied.

14.6 Es ist nie zu spät, um Abschied zu nehmen

Eine britische Mutter berichtete, genau wie Frau W., davon, wie sie Briefe an ihr gestorbenes Kind geschrieben hatte:

> "Eine Mutter schrieb einen Brief an ihr Kind, fünfzig Jahre, nachdem der Säugling gestorben war. Später sagte sie, 'Ich habe das Gefühl, als seien fünfzig Jahre Last von mir genommen.' Sie schrieb auch einen Phantasiebrief zurück von ihrem toten Kind. In diesem Brief vergab sie sich selbst einen großen Teil der alten Schuld." (Johnson & Johnson 1982, Übers. d. Verf.)

Hier taucht noch einmal das Thema Schuld auf, das auch schon in dem Bericht von Frau A. angesprochen worden war. Diese Mutter hat fünfzig Jahre mit ihren Schuldgefühlen gelebt, bis sie sich in dieser symbolischen Handlung des Briefeschreibens davon befreien konnte. Das zeigt auch, daß es nie zu spät ist, um offene Gestalten zu schließen.

Der folgende Text wurde von einer 83jährigen Frau geschrieben, die 62 Jahre nach dem frühen Tod ihres ersten Kindes endlich beginnen konnte, zu trauern. Abschiednehmen und Trauern ist auch nach so vielen Jahrzehnten möglich.

Mein fehlendes Stück

62 Jahre lang habe ich nach meinem fehlenden Stück gesucht -
Als ich 21 Jahre alt war, sagten sie mir, es sei so das Beste gewesen
Ich habe so sehr versucht, das zu glauben
Als ich 21 Jahre alt war, habe ich geweint, und sie haben mir gesagt, ich sollte mich zusammennehmen
Ich habe so sehr versucht, das zu glauben
Ich habe so sehr versucht, aufzuhören
Als ich 21 Jahre alt war, haben sie mir gesagt, daß ich andere Kinder haben würde -
Ich habe so sehr versucht, es so zu sehen wie sie
Als ich 21 Jahre alt und allein war, machte ich weiter, als sei nichts geschehen
Als ich 26 Jahre alt war, hatte ich Kinder
Sie sagten, siehst du, alles ist wunderbar

Ich sagte, ja, und es war wunderbar, aber mein Stück fehlte immer noch
Ich hätte glücklicher sein können.
Und so ging das Leben weiter -
Eine schleichende Traurigkeit, die ich nicht abschütteln konnte
62 Jahre lang wartete ich auf jemanden, der mich danach fragte und der sagte, wie schwierig für dich
Jemand sagte es, und das fehlende Stück wurde gefunden, wiedergeboren.
Mein Baby, mein Kind, meine Träume
Du warst mein erster Schritt, an die Zukunft zu glauben
Du, mein Kind, mein fehlendes Stück.
So viele Jahre war ich von dir und von mir selbst isoliert -
Nun ist mein Schmerz klar
ich weiß noch nicht, warum, aber ich weiß, ich habe ein Recht zu trauern und zu erinnern und anzuerkennen, was du für mich bedeutest und bedeutet hast.
Merkwürdig, nun, ich bin 83 Jahre alt, habe ich wirklich das Gefühl, daß ich weitergehen kann.

(anonym; aus: Mc Caw 1994, Übers. d. Verf.)

An dieser Stelle möchte ich meine Hoffnung ausdrücken, daß Mütter und Väter, die jetzt ein Kind verlieren, ermutigt werden, ihre Trauer zu durchleben. Denn ein Leben mit verdrängter Trauer kann so unendlich schwer sein.

15 Suche nach einer neuen Identität

15.1 Selbst- und Fremdbilder

In diesen Ausführungen orientiere ich mich an der Definition für Identität, wie sie von der Integrativen Therapie gegeben wird. Rahm et al. definieren in ihrem Buch über Integrative Therapie den Terminus 'Identität' folgendermaßen: "Identität ist das Bild und das Gefühl, das ich von 'mir selbst' habe. [...] Identität ist also immer doppelgesichtig: *ich sehe mich und werde gesehen*. Im Prozeß dieser Integration von Selbst- und Fremdbildern entsteht das Gefühl und die Vorstellung eines zentralen, halbwegs konstanten Ich-Zentrums, das wir 'Ich-Selbst' nennen." (Rahm et al. 1993, S.148).

Im Zusammenhang mit der Situation von Müttern nach dem frühen Tod ihrer Kinder ist der 'doppelgesichtige' Charakter der Identität beachtenswert. Die Mütter erleben sich selbst als Trauernde, sie trauern um den Tod ihres Kindes. Die Menschen in ihrem sozialen Umfeld erkennen diese Trauer möglicherweise nicht als berechtigt an, weigern sich vielleicht auch, die Krise der Mutter als eine solche wahrzunehmen. Selbstbild und Fremdbild können stark divergieren und die Identitätskrise der Mutter noch verstärken.

In der Integrativen Therapie werden fünf Säulen der Identität beschrieben: Leiblichkeit, soziales Netzwerk, Arbeit und Leistung, materielle Sicherheit, Werte (Rahm et al. 1993). Im folgenden werde ich erläutern, wie in der Trauer um den frühen Tod diese Säulen ins Wanken geraten können.

Leiblichkeit

Die Mütter erleben sehr oft postpartale körperliche Beschwerden, wie z.B. Schmerzen im Dammbereich, evtl. Wundschmerz nach einer Sectio. Meist sind sie körperlich sehr erschöpft nach der Geburt. Ein weiteres körperliches Phänomen, das die Mütter sehr belastet, ist der Milchfluß, der sie immer wieder daran erinnert, daß sie kein Kind haben, das sie stillen können. Manche Mütter berichten von starken Schmerzen im Schulter-Arm-Bereich, die beschrieben werden, als würden sie durch das Tragen eines Kindes verursacht sein.

Soziales Netzwerk

Beziehungen zu anderen Menschen können in dieser Zeit eine stützende und stabilisierende Wirkung haben. Sie können jedoch auch kränkend und labilisierend wirken, wenn die Mütter erleben, daß andere sie nicht verstehen, und es aus diesem Grund zu einer Isolation kommt.

Arbeit und Leistung

Nicht selten haben Mütter an ihrem Arbeitsplatz gekündigt, um sich ganz ihrem Kind widmen zu können. So fehlt dann zunächst einmal die Anerkennung, die sie vorher aus ihren beruflichen Leistungen gewinnen konnten. Ähnliches gilt auch für Mütter, die im Mutterschutz sind, auch sie erleben eine Zeit, in der Arbeit und Leistung fehlen und damit auch Anerkennung und Bestätigung.

Materielle Sicherheit

Für manche Mütter kann die finanzielle Situation ein Problem sein, wenn es um die Kosten für die Beerdigung des Kindes geht.

Bei längerandauernder Arbeitsunfähigkeit nach dem Tod des Kindes (bzw. generell bei freiberuflich Tätigen) kann die materielle Sicherheit bedroht sein.

Werte

Hier geht es um Fragen nach dem Sinn, um religiöse Fragen. Der Tod eines Kindes führt nicht selten dazu, daß die Mütter nach neuen Orientierungsmöglichkeiten, nach neuen Werten suchen. Das Wertgefüge kann durch einen solchen schwerwiegenden Verlust sehr erschüttert werden.

Mit dem Thema der Identität eng verbunden ist der Bereich der 'Rollen'. Rahm et al. definieren den Begriff folgendermaßen: "Der Rollenbegriff schließt in seiner Definition das 'Außen', die soziale Erwartung, und das 'Innen', die individuelle Vorstellung, zusammen, er übergreift die Trennung zwischen beidem: Rollen werden verkörpert, übernommen und individuell gestaltet von einem Menschen (Aktualrolle), dieser geht dabei aber von den sozialen Rollenerwartungen (Kategorialrolle) aus." (Rahm et al. 1993, S.128).

Nach dem frühen Tod eines Kindes ist die Mutter in verschiedenen Rollen angesprochen und verunsichert. Möglicherweise erlebt sie Mutterschaft als einen Teil der Kategorialrolle 'Frau'. Eine richtige, vollwertige Frau (und damit sozial akzeptiert) ist nur die Frau, die Mutter eines lebenden Kindes ist. In ihrer Aktualrolle muß sich die Frau dann deutlich distanzieren von diesen sozialen Erwartungen und ihre eigene Rollenvorstellung bestimmen. Die Rolle der trauernden Mutter kann mit sehr unterschiedlichen Kategorialrollen konfrontieren. Die Erwartungen differieren von 'Trauerkleidung-Tragen und Nicht-Mehr-Lachen' bis hin zu der Überzeugung, daß Trauer in diesem Fall nicht angemessen sei.

Die Sozialwissenschaftlerin Lovell hat sich in einer Studie mit dem Thema 'Identität nach perinatalem Verlust' auseinandergesetzt. Sie beschreibt die Phänomene so: "Während ihrer Schwangerschaft hatte eine Frau einen sozialen Prozeß der Identitätskonstruktion erlebt. Schwangerenvorsorge heißt jedoch nicht nur, sich um die körperliche Seite der Frau zu kümmern. Sie [die Vorsorge] ist Teil der Sozialisation und der Vorbereitung für die Mutterschaft. Von Anfang an sprachen medizinische Professionelle über das 'Baby' und bezeichneten sie als 'Mutter'. Jedoch in dem Moment, in dem entdeckt wurde, daß das Baby verloren war, gab es einen abrupten Abbruch in den Prozessen der Identitätskonstruktion. In Wort und Tat wurde eine Verleugnung der Existenz des Babys ausgedrückt. Es gibt eine sofortige Auflösung der von der Frau durchlebten Erfahrung und eine schnelle De-Konstruktion ihrer Mutterschaft." (Lovell 1983, S.760, Übers. d. Verf.).

Die Situation von Müttern nach dem perinatalen Tod ihres Kindes kann als ein Schwellenübergang bezeichnet werden. Die Frauen erkennen, daß ihre alte Identität (verbunden mit der Mutterschaft) tiefgreifend erschüttert ist. Die neue, zukünftige Identität als eine Frau, deren Kind gestorben ist, muß erst gestaltet werden. Dieser Übergang vom Alten zum Neuen, vom Vertrauten zum Noch-Unbekannten kann durch Rituale erleichtert werden.

Ross und Ross beschreiben den Zustand der Liminalität als einen "Zustand des Niemand- und Nirgendwo-Seins, der Zustand, in dem man eine alte Identität aufgegeben hat, ohne bisher eine neue Identität angenommen zu haben". (Ross & Ross 1983, S.29, Übers. d. Verf.).

15.2 Das Fehlen einer Lebensaufgabe

Frau W. berichtete über ihre Erfahrungen in der Zeit nach dem Tod ihres Sohnes:

> "Als werdende Mutter ist man doch ganz darauf eingestellt, daß man erst einmal Zeit braucht für das Kind. Und dann steht man vor einem Nichts, gerade wenn man die Arbeit aufgegeben hat, was man ja normalerweise tut. Ich wußte einfach nicht weiter, was ich jetzt tun sollte. Ich sah eigentlich keine Lebensaufgabe mehr vor mir."

Sie erlebte in dieser Situation das Fehlen eines Lebensinhalts und einer zukunftsorientierten Lebensplanung. Frau W. beschrieb den Zustand des 'Nirgendwo-Seins' sehr eindringlich: sie habe vor einem Nichts gestanden. Sie ging den Weg einer bewußten inneren Auseinandersetzung mit diesem 'Nichts'. In ihren Briefen an ihren gestorbenen Sohn vollzog sie in symbolischen Handlungen den Prozeß der Verarbeitung. Sie erkannte, daß ihre Aufgabe eine andere ist als diejenige der Eltern, deren Kind lebt. Frau W. nahm es als ihre Aufgabe an, die Beziehung zu ihrem gestorbenen Kind bewußt zu pflegen. Schließlich fand sie eine neue Identität, die es ihr ermöglichte, das gestorbene Kind weiterhin zu lieben, *und* sich auf die Geburt eines weiteren Kindes zu freuen.

Imber-Black und Roberts weisen auf die Kraft von Ritualen hin, "unsere Identität wirklich zu verändern und unser Selbstbild zu wandeln". (Imber-Black & Roberts 1992, S.32, Übers. d. Verf.). Rituale können demnach ein wesentlicher Teil des Prozesses der Suche nach einer neuen Identität sein. In diesem Zusammenhang erscheint es mir bedeutsam, darauf hinzuweisen, daß die Gestaltung von Ritualen nicht ein Endziel dieser Identitätsfindung sind, sondern eine Station auf dem Weg zu einer neuen Identität. Die Identität muß nicht schon vor dem Ritualvollzug klar festgelegt sein, sie kann sich auch durch das Ritual neu konstellieren. Für Frau S. hatte sich durch eine symbolische Handlung, in der sie den Namen ihres gestorbenen Sohnes aussprach, ihre Identität als Mutter gewandelt:

> "Aber es ist noch nicht so lange her, daß ich überhaupt sage, ich hatte ein Kind. Sonst, wenn ich gefragt worden bin, habe ich gesagt, nee, ich habe keine Kinder. Das hat sich für mich erst in so einer Familienkonstellation in einer Psycho-Fortbildung, wo ich das auch mal gestellt habe, das Bild, da hat sich das noch mal so verdeutlicht. Da hatte ich auch den Namen noch mal so überlegt."

Nach dem Tod ihres zweiten Kindes suchte Frau D. nach neuen Werten und nach einer neuen geistigen Orientierung. Ihre bisherigen Erklärungsmuster waren keine Hilfe mehr für sie. Sie erzählte:

> "... daß ich das mit all dem, was ich bis jetzt gelernt und gemacht habe, nicht mehr bewältigen kann."

An diese Erfahrung schloß sich ein Wandlungsprozeß an, in dessen Verlauf sie den Weg zur Anthroposophie fand. Mit diesem Kennenlernen eines neuen Menschenbildes wandelte sich auch ihre eigene Identität. Die Feier, die sie nach dieser inneren Arbeit im Gedenken an ihre Tochter gestaltete, bildete auf einer Ebene einen Abschluß für ihre Suche nach einer neuen Identität und nach neuen spirituellen Werten.

15.3 Mutter-Sein

Kast sieht einen Zusammenhang zwischen Schuldgefühlen und einer dahinter verborgenen Identitätskrise. Sie schreibt: "In diesen Schuldgefühlen scheint sich aber auch eine tiefe Identitätskrise der Frau als Mutter auszudrücken. Die Frage, die oft nicht gestellt wird, ist: Bin ich eine richtige Mutter, habe ich versagt als Mutter, kann ich eine Mutter sein oder kann ich es nicht?" (Kast 1991, S.68). In einem Gespräch und in mehreren schriftlichen Erfahrungsberichten von Müttern ist diese Frage gestellt und auch beantwortet worden.

Frau T. erzählte, wie sie sich in der Zeit nach dem Tod ihres ersten Kindes gefragt hatte: "Bin ich denn jetzt Mutter oder bin ich keine Mutter?" Später beantwortete sie sich die Frage selbst folgendermaßen: "Und man ist genauso Mutter wie ein Frau, die ein lebendes Kind hat."

Eine amerikanische Mutter beschrieb ihr Selbstbild so: "Meiner Meinung nach bin ich eine Mutter, ich habe nur jetzt kein Baby. Aber ich habe geboren, und die Erinnerung an meinen Sohn lebt mit mir, heute und immer." (Ilse 1982, S.24, Übers. d. Verf.).

Eine andere amerikanische Mutter setzte sich lange mit der Frage nach ihrem Mutter-Sein auseinander. Über diesen Prozeß schrieb sie: "Ich nähere mich jedem Muttertag mit einer Frage im Sinn: bin ich wirklich Mutter? Ich habe kein lebendes Kind, um der Welt oder sogar mir selbst zu zeigen, daß ich Mutter bin. Was heißt es, Mutter zu sein? Zu nähren und für jemanden zu sorgen; bedingungslos zu lieben; Tränen wegzuwischen und Schmerz zu lindern; ein Kind zu ermutigen und zu lehren, zu wachsen und ein guter Mensch zu werden. Habe ich irgendetwas davon getan in Jaimies kurzem Leben? Bis heute, dem vierten Muttertag seit dem Tod meiner Tochter, hatte ich immer das Gefühl, ich hätte nichts davon getan. Aber in diesem Jahr, nachdem ich lange über meine Frage nachgedacht habe, kann ich sagen, ja, ich habe etwas getan. Nicht alles, aber einen großen Teil davon. Ja, ich denke, ich kann sagen, ich bin Mutter - eine besondere Art Mutter, die ihr Kind immer in ihrem Herzen hat und die sich darauf freuen kann, es eines Tages wiederzusehen. Viele Menschen wissen nicht, daß ich Mutter bin, aber ich weiß es, und das ist es, was zählt." (Coolin 1992, Übers. d. Verf.).

In einem Text einer amerikanischen Selbsthilfegrupe geht es auch um die Frage der Identität als Eltern. Dort heißt es: "Wird irgendjemand anerkennen, daß wir Eltern sind? Werden wir uns selbst erlauben, anzuerkennen, daß wir Eltern sind? Sind wir Eltern? Natürlich sind wir es! Töchter und Söhne hören nicht auf, Töchter und Söhne zu sein, wenn ihre Eltern sterben. Wir sind Mütter und Väter, deren Kinder gestorben sind." (Hoffman 1992, Übers. d. Verf.).

Neben der Frage der Identität als Mutter geht es auch um das eigene Lebenskonzept, in dem Mutterschaft möglicherweise eine wichtige Rolle spielt. Frau S. berichtete darüber folgendes:

> "Und wo ich mir schon überlege, gut, ich wollte schon lange Jahre, das war in meinem Lebenskonzept drin, ein Kind zu kriegen. Wo ich jetzt eher so das Gefühl habe, ich habe eine Aufgabe angefangen, die ich aber nicht fertig gemacht habe. Ich möchte ein Kind, um diese Aufgabe zu beenden oder anders halt zu beenden."

Auch für Frau B. war die Mutterschaft ein wichtiger Teil ihrer Lebensplanung. Sie hat sich sehr auf dieses Kind gefreut, hat alles auf ein Leben mit ihrem Kind eingestellt. Sie wollte nach der Geburt nicht mehr arbeiten, sondern ganz für das Kind da sein. Nach dem Tod ihrer Tochter war sie in ihrer Lebensplanung damit beschäftigt, wieder schwanger zu werden. Sie wollte nicht arbeiten, sondern Mutter sein. Alle beruflichen Planungen waren zunächst kurzfristig, denn sie ging immer davon aus, sowieso bald wieder schwanger zu werden.

Abschließen möchte ich dieses Kapitel mit einer Aussage einer amerikanischen Mutter:

Kurzes Gedicht an jene Ärzte, die darüber nachdenken,
eine neue Definition für Geburt zu bestimmen, die besagt,
daß das Baby mindestens 72 Stunden leben muß –
geschrieben von jemandem, dessen Baby 44 Stunden lebte.

Wie kann irgendjemand es wagen, mich anzuklagen,
daß ich nicht geboren hätte,
und Kerin, daß sie nicht geboren worden wäre?

Wie kann irgendjemand es wagen, mich anzuklagen,
daß ich keine Mutter sei,
und Kerin, daß sie kein Baby sei?

(Cohen 1987, Übers. d. Verf.)

---

16 Tiefe Berührung: über das Außergewöhnliche

16.1 Hinausgeleiten über das Alltägliche

Mit der Frage nach Außergewöhnlichem und Heiligem begeben wir uns in Bereiche, die jenseits der Alltagserfahrungen, jenseits von Quantifizierbarkeit liegen. Das Heilige wird assoziiert mit religiösen Dimensionen. Die Tatsache, daß nur in zwei Interviews das Erleben eines heiligen Momentes benannt worden ist, hängt damit zusammen: es geht um tiefe Schichten, um existentielle Erfahrungen, über die in einer solchen Interviewsituation nur selten gesprochen wird.

Beim Tod eines Kindes um die Geburt herum werden Geboren-Werden und Sterben, werden Geburt und Tod gleichzeitig erlebt, eine existentielle Erfahrung der Grenzen des menschlichen Lebens. Die Auseinandersetzung mit dem frühen Tod und die Fragen nach einer Beziehung zum Kind können zu einer Erweiterung des Erlebens um eine spirituelle Dimension führen.

Wenn Eltern nach dem Tod ihres Kindes ein Abschiedsritual vollziehen, so geschieht das in einer besonderen Atmosphäre und an einem besonderen Ort außerhalb des alltäglichen Lebens. Imber-Black und Roberts weisen auf die Erlebnisqualität des Heiligen im Zusammenhang mit dem Ritualvollzug hin. Sie schreiben: "Rituale schaffen eine besondere Zeit außerhalb der gewöhnlichen Zeit, um dem Bedeutung zu geben, wo unser Leben war und wohin es geht. Lebenslauf-Rituale sind oft erfüllt mit einer Ahnung des Heiligen und mit einem Element des Geheimnisvollen." (Imber-Black & Roberts 1992, Übers. d. Verf.).

Bemerkenswert erscheint mir hier noch ein Übersetzungsproblem. Im englischen Original wird der Begriff 'mysterious' gebraucht. Im allgemeinen wird dieses Wort mit 'geheimnisvoll' übersetzt, wie ich diese Stelle auch wiedergegeben habe. Es ist in diesem Zusammenhang jedoch auch zu verstehen als: 'etwas, das uns mit Mysterien in Verbindung bringt'. Mysterien hängen mit Erfahrungen und Erkenntnissen des Übersinnlichen zusammen, die alten Weisheitsstätten und Tempel wurden auch Mysterienstätten genannt. Das Mysteriengeschehen weist genau wie die Erfahrung des Heiligen über das säkulare Leben hinaus, in Sphären, die nicht materiell greifbar sind.

Die folgende Aussage von Campbell ist auf mythische Rituale bezogen. Sie ist auf die Abschiedsrituale, die im vorliegenden Buch dargestellt werden, übertragbar. Campbell schreibt: "Die wichtigste Funktion von Mythologie - Mythen, mythischen Ritualen, Weihegesängen und zeremoniellen Tänzen - ist, im Menschen ein Gefühl der Achtung und des Erstaunens zu wecken und ihn Anteil haben zu lassen an dem unergründlichen Mysterium des Seins." (J. Campbell in: Eliot 1976, S.11). Achtung und Erstaunen sind Seelengesten, die vielen Erwachsenen in unserer Gegenwartskultur weitgehend verloren gegangen sind und die sie wieder neu lernen müssen. Das Staunen ist die Haltung, mit der ein kleines Kind der Welt begegnet. Achtung kann hier auch im Sinne von Ehrfurcht verstanden werden.

Heimeran beschreibt die Phänomene beim Vollzug von Ritualen so: "Wo Menschen sich gelegentlich einer Geburt, einer Eheschließung, eines Todesfalles zusammenfinden, entsteht eine Feier. Meist zeigen sich die Beteiligten an solchen Schicksalswendepunkten für geistige Eindrücke besonders empfänglich; oft sind das sogar die übriggebliebenen Gelegenheiten zur Aufnahme geistiger Wahrheiten. Denn die persönlichen Schicksalsereignisse, in denen der Lebensstrom deutlich spürbar wird, sind die gegebenen Anlässe, Menschen über den Alltag hinaus zu geleiten." (Heimeran 1970, S.73f.). Heimeran verwendet hier nicht die Begriffe 'heilig' oder 'außergewöhnlich', sie beschreibt jedoch genau diese Erlebnisqualitäten, wenn sie von einer besonderen Empfänglichkeit für geistige Eindrücke und dem Hinausgeleiten über den Alltag spricht.

In diesem Sinne einer vertieften Auseinandersetzung mit geistigen Inhalten und Erfahrungen kann die folgende Schilderung von Frau W. verstanden werden. Sie erlebte Außergewöhnliches nicht primär durch den Vollzug von Ritualen, sondern in bezug auf das Geschehen des Todes selbst und den Aufbau einer inneren Beziehung zu ihrem gestorbenen Sohn. Sie erzählte:

> "Dadurch ist mein Erleben sehr viel weiter geworden, durch dieses Ganze. Ja, gerade das mit dem Tod, es ist eine ganz andere Beziehung. So eine Wärme auch zu dieser anderen Welt, und auch, wenn man vom ganzen anthroposophischen Wissen her kommt und sogar versucht hat, das im Künstlerischen zu praktizieren, dann habe ich einfach erkannt, wie theoretisch das alles war bisher. Gegenüber dem, was ich dann erlebt habe, wo ich plötzlich das Gefühl hatte, ja, da ist die Schwelle zur geistigen Welt. Da ist die andere Seite, so real, und sie ist viel realer, als man normalerweise empfinden kann."

Frau W. weist im letzten Satz darauf hin, daß ihre Erfahrungen einen anderen Charakter hatten als 'normalerweise'. Dies deutet auf die außergewöhnliche Lebenssituation einer Mutter nach dem frühen Tod ihres Kindes.

Für Frau D. war das Erleben eines heiligen Momentes eng verbunden mit einer Feier, die sie vierzehn Monate nach dem Tod ihrer Tochter im Gedenken an ihr Kind gestaltet hatte. Sie berichtete:

> "Als das [gemeint ist die Feier, die in einer Kirche stattfand] dann so zu Ende war und ich noch so in der Kirche war, da hatte ich so ein ganz besonderes Gefühl, von so einem ganz großen oder heiligen Moment. Ich denke, daß das manchmal für andere Leute so ist, wenn sie heiraten. Wenn man etwas erlebt, was völlig aus dem Alltag herausgenommen ist, wie ein ganz großes Fest. Ich weiß noch, daß ich das unheimlich stark genossen habe, da zu sitzen, und daß mich das noch eine ganze Zeit getragen hat. Wie nach einem ganz großen Fest, das einen ganz tief berührt hat. Daß ich mich so ganz beseligt fühlte."

Ich möchte dieses Kapitel beenden mit einer Aussage von Mahatma Gandhi:

> "Das Geheimnis des Lebens und das Geheimnis des Todes sind verschlossen in zwei Schatullen, von denen jede den Schlüssel zum Öffnen der anderen enthält."

17 Schritte zur Heilung: Wandlung und Integration

17.1 Verschiedene Dimensionen des Heil-Werdens

Heilung verstehe ich als einen lebenslang andauernden Prozeß mit vielen kleinen Schritten, die für den Beobachter manchmal (beinahe) unsichtbar sind und unverständlich bleiben können. Gemeint ist weiterhin ein subjektives Gefühl der Ganzheit und der inneren Einheit, nicht eine objektive Diagnose. Heil-Werden bedeutet Ganz-Werden - das, was auseinandergerissen ist, kann wieder zusammengefügt werden. Heilung ist ein Prozeß der Entwicklung und der Wandlung.

Die Aussagen der interviewten Mütter sollen nicht bewertet werden, wer am besten oder am meisten integriert habe, oder wer am 'heilsten' ist. Diese Steigerung macht die Absurdität der Beurteilung deutlich.

Die Psychoanalytikerin Savage beschreibt ihr Verständnis von Heilung nach dem frühen Tod eines Kindes so: "Jede Vorstellung einer Heilung von Verlusten, die diese spirituell-symbolische Dimension mit einschließt, ist schwierig in einer Kultur, die Imagination abwertet und sie, wie der Westen es tut, mit Tagträumerei und wunscherfüllter Phantasie gleichsetzt. Indem nur das, was konkret und materiell sichtbar ist, für wichtig erachtet wird, wird die schon breite Kluft zwischen dem Heiligen und dem Weltlichen verstärkt. Im Gegensatz dazu möchte ich, daß dieses Buch sich konzentriert auf Aspekte von Verlusten über die besorgniserregenden Symptome hinaus (die üblicherweise als das Äquivalent von Heilung angesehen werden) zu einem Erkennen der einzigartigen persönlichen Bedeutung des Verlustes für das Individuum." (Savage 1989, S.XII, Übers. d. Verf.). Die von Savage benannte spirituell-symbolische Dimension wurde auch von einigen der interviewten Mütter beschrieben.

Das hier beschriebene Verständnis von Heilung entspricht nicht dem naturwissenschaftlich-medizinischen Heilungsbegriff. Letzterer gründet sich auf die Abwesenheit von Symptomen oder Störungen. In Anlehnung an Büttner und Petersen gehe ich davon aus, daß Chaos und Krankheit (und damit auch Schmerz und Trauer) zum Menschsein dazugehören (Büttner 1991, Petersen 1993). Dieses von Petersen als integrales Krankheitskonzept beschriebene Verständnis des Menschen wird in der Integrativen Therapie in ähnlicher Form dargestellt: "Wenn wir von Gesundheit und Krankheit sprechen, sprechen wir immer auch von anthropologischen Konzepten, von unserem Verständnis vom Mensch-Sein: Krankheit gehört zu unserem Leben, ebenso wie Schmerzen und wie der Tod." (Rahm et al. 1993, S.263).

17.2 Wie Mütter ihren Weg des Heil-Werdens gegangen sind

Im folgenden möchte ich nun eingehen auf die Aussagen der interviewten Mütter.

Frau A. beschrieb ihren Weg der Heilung unter dem Aspekt ihrer Mitarbeit in einer Arbeitsgruppe zum Thema 'Perinataler Tod':

> "Ja, wahrscheinlich habe ich die Zeit vorher auch so gebraucht, daß das so reifen konnte. Und daß jetzt eben auch so viel Platz dafür da ist, in der Arbeitsgruppe mitzuarbeiten, das hätte ich vorher auch nicht gekonnt. Ich denke, das war dann auch so weit, daß ich auch meinte, mein Trauma so weit verarbeitet zu haben. Und daß ich jetzt auch damit konfrontiert bin, was kann ich aufgrund meiner Erfahrungen auch weitergeben."

Frau A. berichtete, daß immer wieder Menschen über das Verlieren eines Kindes sprechen:

> "Ich habe mein Kind doch nicht wie eine Brieftasche beim Einkaufen im Supermarkt verloren."

Vom Verlieren eines Kindes wird dann gesprochen, wenn die Tatsache des Todes eines Menschen verschleiert werden soll (bewußt oder unbewußt). Zur Heilung gehört auch dazu, immer wieder auf die Realität des Todes hinzuweisen.

Frau A. kann den Tod ihrer Tochter als einen Teil ihres Lebens annehmen:

> "Ich denke, daß ich es jetzt auch ein Stück besser nehmen kann, ich hadere nicht mehr so doll mit meinem Schicksal. Es gehört so zu unserem oder zu meinem Leben mit dazu."

Frau S. sprach darüber, was sie aus dem Erleben ihrer mehrfachen Verluste gelernt hat. Machbarkeit ist gerade in der High-Tech-Medizin der Gegenwart ein wichtiges Thema - und der frühe Tod von Kindern steht dieser Machbarkeit diametral entgegen. Gelassenheit und innere Ruhe in schwierigen Lebenssituationen sind wichtige Elemente des Heilungsprozesses. Frau S. bezog ihre Gelassenheit u.a. auf ihren Umgang mit schweren Erkrankungen von Familienangehörigen.

Frau S. berichtete:

> "Ich habe sehr viel gelernt aus diesem Prozeß. Gerade zu dem Thema Machbarkeit, weil vorher war bei mir auch alles machbar. Ich war mir da auch so sicher, daß ich es machen würde, daß ich schwanger werden würde, und das war für mich gleichbedeutend mit, daß ich ein Kind haben werde. Und dann plötzlich, hoppla. Das war auch lange Zeit ein sehr verwundbarer Bereich bei mir, so dieses: 'Du hast es nicht gebracht. Du hast es nicht hingekriegt.' Alle machen es, und kriegen es hin, es ist doch so einfach. Da habe ich so gelernt, daß eben nicht alles machbar und kontrollierbar ist. Und daß man auch lernen muß, sowas hinzunehmen, denn ändern kann ich nichts dran. Und das auch aushalten zu können, daß es so ist. Das ist natürlich eine Fähigkeit, die ich sehr gut in der Ar-

beit gebrauchen kann, und das finde ich auch wichtig, wenn ich so etwas vermitteln kann. So ein Stück Gelassenheit. Ich denke, das hat mir für mein Leben mehr Gelassenheit gegeben, weil momentan habe ich keine Phantasie, was mir Schlimmeres passieren könnte. Ich gehe nicht mehr so panisch mit Situationen um."

Frau D. berichtete über den Unterschied in ihrem Erleben nach dem Tod ihres Sohnes und nach dem Tod ihrer Tochter. Über ihre Gefühle und Gedanken in bezug auf den frühen Tod ihres Sohnes erzählte sie:

"Ich hatte sehr stark so ein Gefühl von einer stimmigen Geschichte. Das hat mir auch bei allem, was mir das natürlich auch weh getan hat und Schmerzen gemacht hat, ein gutes Gefühl gegeben. Ich bin nach diesem Kind [gemeint ist: nach dem Tod des ersten Kindes] nicht so verzweifelt gewesen. Weil ich irgendwo ganz stark das Gefühl hatte, es hat so gestimmt, es ist so meine und die Geschichte von diesem Kind gewesen. Das, was wir vielleicht auch so besprochen haben, mit diesem Vertrauen in die Schöpfung. Das habe ich da sehr stark gehabt."

Sie bezieht sich auf ein Gespräch, das wir am Vortag über das Thema des Vertrauens in die Schöpfung und in schicksalsmäßige Zusammenhänge geführt hatten.

Über ihren Impuls, frei zu werden von der schweren Last auf ihren Schultern, erzählte sie:

"Bis dahin [bis zum Tod des zweiten Kindes] habe ich auch gedacht, ich mache alles so gut wie möglich in meinem Leben, oder ich bemühe mich darum, ein guter Mensch zu sein, oder um ein religiöses Leben, oder wie man das sagen will, und doch immer schon sehr viel Zeit und Kraft in meine innere Entwicklung oder in so ein religiöses Leben gesteckt habe, das ist ja nichts, was ganz neu auf mich zugekommen ist. In diesem Jahr nach dem Kind [nach dem Tod des zweiten Kindes], wo es mir so schlecht ging, da dachte ich, daß ich das mit all dem, was ich bis jetzt gelernt und gemacht habe, nicht mehr bewältigen kann. Also ich kann es wohl überleben, das war nicht die Frage, aber nicht wirklich bewältigen. Sondern überleben habe ich dann so gedacht, daß man mit so einem Riesenpaket auf den Schultern durch den Rest des Lebens läuft. Und das wollte ich nicht. Wo ich gedacht habe, das will ich einfach nicht, daß das das entscheidende Erlebnis meines Lebens für den ganzen Rest meines Lebens war und daß ich wirklich mit dieser Bürde durchs Leben mehr krieche als gehe. Da habe ich mich auch zu jung dafür gefühlt. Da ist wirklich so ein Impuls bei mir gekommen, daß ich gedacht habe, das will ich nicht. Ich will alles tun, was mir möglich ist, daß ich auch wieder frei werden kann davon und daß ich das nicht so als diese Bürde tragen muß."

In dieser Aussage wird deutlich, daß Heilung mit einem bewußten Willensimpuls zusammenhängt, der dann zum Tätig-Sein führt. Dieses Tätig-Sein beschrieb Frau D. folgendermaßen:

"Und in diesen vierzehn Monaten [vom Tod des zweiten Kindes bis zu einer Gedenkfeier] habe ich unheimlich gearbeitet an mir, da habe ich einen ganz starken Verwandlungsprozeß durchgemacht. Daß ich so danach schon auch viel in meinem äußeren Leben geändert habe, aber viel stärker so innerlich. Da ist nichts mehr so gewesen wie vorher in meinem Leben. Was man vielleicht so äußerlich gar nicht nachvollziehen kann, daß das ganze Leben völlig verändert war, wie so ein Acker, den man wirklich umpflügt. Ein ganz starker Verwandlungsprozeß, der mich wahnsinnig viel Kraft und viel Anstrengung gekostet hat. Das halbe Jahr dadrin, wo ich diese Beratungsarbeit gemacht habe, als ich das zu Ende hatte, habe ich gedacht, so was Schwieriges habe ich noch nie in meinem Leben gemacht."

Das Bild des umgepflügten Ackers ist sehr aussagekräftig: denn auf einem solchen Acker kann man Neues säen und auch ernten.

Über ihren Umgang mit ihren Erfahrungen sagte Frau D.:

"Daß ich im nachhinein so einen Abstand zu meinen Erfahrungen habe, daß ich so in dieser Form darüber sprechen kann, und daß ich merke, ich bin da so ausgesöhnt mit meinem Schicksal."

Frau N. sprach viel über die spirituelle Dimension ihrer Erfahrungen. Für sie waren die Aussagen von Steiner über das nachtodliche Leben wegweisend (Steiner 1990, GA 157 & GA 254). Sie erzählte:

"Das war für mich eigentlich der Grund, worauf ich alles dann aufbauen konnte. Deshalb denke ich oft, es ist eben doch eine Hilfe, wenn man eine gewisse Vorstellung hat, was ist vor der Geburt oder nach dem Tod. Weil wenn das einfach so ein Ungewisses ist, wo man das Kind entläßt, ich finde es schwierig. Natürlich, also viele haben dann den Eindruck, ja, es kommt einfach in den Himmel, das ist so die gängige Idee. Aber die Katholiken unterscheiden dann ja auch zwischen Fegefeuer und ... Man denkt, das Kind ist im Himmel, aber es ist so ein diffuses Bild. Und wenn man einfach, für mich ist es schon eine Hilfe gewesen, daß es zum gesamten Weltbild dazu gehört, auch dieser Teil. Daß ich es einfach viel besser begleiten kann, was ist es. Auch diese Seele, daß sie eben wieder auf die Erde kommt, es ist einfach eine Hilfe, damit umzugehen, was ist das, der Tod, oder warum kommt das und geht gleich wieder. Für mich war das schon eine Hilfe. Daß ich die Möglichkeit bekommen habe, gewisse Dinge, die man sonst meistens nur in Gedanken hat, weil man sie nie erlebt hat, daß man sie auch leben kann. Also die Auseinandersetzung mit dem Tod zum Beispiel für sich selber, das ist ja eine Auseinandersetzung, die man eigentlich immer wieder haben muß, sollte, und die findet bei mir ein Stück weit anders statt, weil ich diese Gedanken eben nicht nur in Gedanken habe, sondern auch versucht habe, ein bißchen damit zu leben, also daß sie einfach ein Stück weiter heruntergekommen sind. Und das hat mir sehr viel geholfen, überhaupt damit umzugehen. Daß es für mich eigentlich nur so eine Chance gewesen ist, ein Stück weiter zu kommen, also weg von diesem Verlustgedanken zu kommen. Ich habe einfach gemerkt, es gehört vielleicht auch zu einer bestimmten Zeit von der Trauerarbeit, aber man muß wirklich versuchen, sich da zu lösen von diesem Verlust. Für mich war das so das, was mit der Materie zu tun hat. Weil, wenn man weitergeht, also über die Materie hinaus, dann muß man sagen, ja, das ist für das Kind sein Weg. Da muß man diesem Kind den Weg lassen. Und ich habe die Chance dazu bekommen, zu lernen, damit umzugehen."

Über ihre Gefühle in bezug auf die Umstände des Todes von ihrem Sohn berichtete sie:

"Ich habe von Anfang an das Gefühl gehabt, für das Kind ist es richtig, sonst hätte es diesen Weg nicht gewählt. Es war von Anfang an klar, er hat einen Leib gewählt, wo er keine Möglichkeit hatte, zu bleiben. Es war ganz klar. Und ich war so froh, weil, als ich gewußt habe, daß es ein schwerer Herzfehler ist, die erste Reaktion war die Angst, man behält das Kind an Maschinen und läßt es leben, obwohl es nicht mehr richtig da ist. Das war eine Panik bei mir. Und als die Ärztin dann gesagt, es hat so oder so keine Möglichkeit, war es für mich fast wie eine Erleichterung, also diesen Teil wenigstens muß ich nicht miterleben. Also dann lieber, das Kind kann gehen, weil es gehen will, als dann man versucht, es festzuhalten. Und von dem her war es ganz klar und eindeutig, diese Seele hat einen Leib gesucht, weil sie wirklich diesen Weg machen wollte. Es war klar, es war nicht ein Ringen oder es war nicht ein Unfall, wo man sich fragen muß, hätte ich den verhindern können. Das fiel alles weg. Es war ganz klar. Und von dem her war für mich die Frage ganz klar schon von Anfang an, das Kind hat diese Situation gesucht. Es war für es richtig. So habe ich einfach mir sagen müssen, es liegt nur an mir, wie ich den Zugang dazu bekomme, daß ich das bejahe."

Sie ordnet ihre Erfahrungen mit dem Tod ihres Sohnes als einen Teil ihres Lebens ein:

"Für mich ist einfach das Ganze im nachhinein ein Stück von meinem Leben gewesen. Es gibt Momente, wo ich mich schon selber frage, ja, bist du zu nüchtern, wenn ich das einfach so sage. Diese Frage kommt manchmal zum Vorschein. Hast du zu wenig Beziehung gehabt? Aber trotzdem muß ich sagen, es ist für mich einfach ein Stück, was in mir drin ist, es ist eine Erfahrung, die immer mit mir zusammenhängt. Ich kann nicht sagen, daß ich sie hinter mir gelassen habe, aber es gehört einfach zu der Zeit. Und die Zeit ist weitergelaufen. Nicht daß ich es nicht mitgenommen habe, aber nicht mehr in dieser Form, sondern nur noch als Erfahrung."

Frau T. beschrieb die Trauer als einen inneren Reifungsprozeß:

> "Das ist einfach eine innere Reifung, die man macht. Ich habe das Gefühl, es gibt nur zwei Wege: entweder man schafft es oder man schafft es nicht. Dazwischen gibt es nichts. Ich habe bei meinen beiden Schwangerschaften so ein gutes Gefühl gehabt, daß für mich nur die Frage war, wie schaffe ich es, damit umzugehen."

Sie kann klar differenzieren zwischen ihrem eigenen Weg und dem Weg ihrer verstorbenen Kinder:

> "Ansonsten ist es so, daß ich wunderbar und gut weiterleben kann, weil ich denke, das sind Sachen, die in Ordnung sind. Die sind nicht gestorben, weil ich immer traurig sein soll. Ich finde meinen Weg, das ist ihr Weg, und das ist mein Weg."

Für sie bedeutet Heilung nicht, daß Traurigkeit nicht mehr auftauchen würde:

> "Klar, ich bin immer mal traurig und weine auch mal, aber vor allem in Momenten, die schön sind, wenn mal ein toller Sonnenuntergang ist, oder wenn ich mal etwas besonders Schönes sehe, dann denke ich, das hätte ich den Kindern gern gezeigt."

Für Frau G. war ihre spirituelle Orientierung eine wichtige Hilfe in ihrem Heilungsprozeß. Sie berichtete darüber:

> "Ich möchte noch etwas sagen zu meinem spirituellen Hintergrund. Ich fühle mich der Traditon der weisen Frau sehr verbunden. Und die Sichtweise der weisen Frau betrachtet Krankheit, Schmerz und Tod als zum Leben dazu gehörig. Und es gibt da nichts zu vermeiden, nichts zu bekämpfen, sondern es geht darum, sich auch diesen Erfahrungen zu öffnen, wenn sie sozusagen an unsere Tür klopfen, sich mit ihnen zu verbinden. Und auch zu sehen, was trägt diese schmerzliche Erfahrung zu meinem Mensch-Sein bei. Es ist diese Haltung, die darüber entscheidet, ob eine Erfahrung, eine schmerzliche Erfahrung zu einem Horror wird oder zu einer schmerzlichen Erfahrung, die mein Mensch-Sein einfach auch bereichert. In der Sichtweise der weisen Frau fragen wir nicht, warum, warum passiert mir das, was habe ich falsch gemacht, sondern wir fragen, wie, wie kann ich mit dieser Erfahrung umgehen, wie kann ich gut damit umgehen? Wie kann ich mich nähren in dieser vielleicht sehr belastenden, schmerzlichen Situation? Was brauche ich an Unterstützung? Was trägt diese Erfahrung zu meinem Mensch-Sein bei?"

Frau E. berichtete, daß ihr Verhältnis zu Leben und Tod sich verändert habe, nachdem ihr Sohn gestorben war. Sie erlebte Leben und Tod als sehr nahe beieinander, nicht mehr als unvereinbare Gegensätze. Sie wünschte sich, daß der Tod von der Gesellschaft als etwas Natürliches akzeptiert werde. Frau E. erzählte, daß ihr Glauben sich durch ihre Erfahrungen vertieft habe.

Frau W. beschrieb ihre Trauerzeit als einen inneren Wandlungsprozeß. Für sie war das Buch, in dem sie Briefe an ihren gestorbenen Sohn aufschrieb, ein wesentliches Element der Heilung. Dort konnten grundlegende Fragen gestellt und nach Antworten gesucht werden. Die spirituelle Dimension nimmt in diesem Buch einen entscheidenden Raum ein.

Frau B. begegnete ich im Verlauf des Entstehens dieses Buches mehrmals. Während unserer Gespräche wurde für mich der Wandlungsprozeß, den sie durchlebt hatte, sehr deutlich. Die Erstarrung ist von ihr abgefallen, ihre Lebendigkeit ist beeindrukkend. Sie erzählte mir viel von den Themen, die sie gegenwärtig bewegen, u.a. von einem wichtigen Traum, den sie im Zusammenhang mit dem Tod ihrer Tochter sieht, und von der notwendigen inneren Arbeit am Tod ihres Bruders. Frau B. erzählte, daß sie in einem Gespräch mit einer Verwandten und deren kleiner Tochter, als es um den Tod des Babys einer Nachbarin ging, gesagt hatte: "Ja, dann ist das so wie bei mir." Es ist ein sehr mutiger Schritt, so offen zu ihrem Verlust, zum Tod ihrer Tochter zu stehen, gerade in Begegnungen mit Menschen, die bis dahin nichts davon wußten, wie in diesem Fall.

Frau B. berichtete, daß sie das Gefühl habe, Unterstützung zu brauchen, um weiterhin an der Integration arbeiten zu können. Gemeinsam entwickelten wir verschiedene Ideen, wo und wie sie sich Hilfe holen könnte. Einen ersten Schritt in diese Richtung hatte sie schon getan, indem sie die Kunsttherapeutin, mit der sie einige Zeit gearbeitet hatte, um einen Termin gebeten hatte.

Zwei Elemente gehören hier zum Heilungsprozeß: das Benennen des Todes als Realität und die Erfahrung, andere um Hilfe bitten zu können und diese Hilfe auch zu bekommen und annehmen zu können.

Ich möchte dieses Kapitel schließen mit einer Aussage aus dem Thomas-Evangelium:

> Wenn Ihr hervorbringt, was in Euch ist, wird das, was Ihr hervorbringt, Euch erretten.
> Wenn Ihr nicht hervorbringt, was in Euch ist, wird das, was Ihr nicht hervorbringt, Euch töten.
>
> (aus dem Thomas-Evangelium[1])

---

[1] Mit herzlichem Dank an Ursula Wirtz für die Angabe des deutschen Wortlautes.

18 Geschwister-Trauer

18.1 Einführung in die Thematik

Die Trauer von Geschwistern wird in der Literatur nur selten erwähnt. Deshalb möchte ich in diesem Buch darauf hinweisen, welchen Einfluß der frühe Tod eines Kindes auf überlebende und nachfolgende Geschwisterkinder haben kann.

Begegnungen mit drei erwachsenen 'verwaisten Geschwistern' haben meinen Zugang zu der Thematik wesentlich geprägt. Ich möchte zwei Beispiele von erwachsenen betroffenen Geschwistern und ein Beispiel eines Kindes an den Anfang dieses Kapitels stellen; ein Text von Frau R., einer jungen Frau, deren Schwester tot geboren wurde, wird den Abschluß des Kapitels bilden.

In der Begegnung mit Frau O. konnte ich spüren, wie viel innere Arbeit sie hatte leisten müssen, bis sie die 'Verschwörung des Schweigens' (Lewis 1983) brechen konnte. Sie hatte als Kind keinen Raum für ihre Trauer gehabt; niemand hatte wahrgenommen, daß dieses dreijährige Mädchen Unterstützung gebraucht hätte. Sie beschrieb, daß sie mit dem Tod ihrer Schwester auch ihre Mutter verloren hatte. Die Mutter konnte nach dem Tod des Kindes keinen Zugang mehr zum Leben finden und zog sich emotional völlig von ihren lebenden Kindern zurück. So hatte Frau O. als Kind ihre Trauer unterdrücken müssen, um innerhalb dieser Familie überleben zu können. Als Erwachsene konnte sie sich behutsam ihrer alten Trauer nähern. So gelang es ihr, nach und nach ihre frühen Verluste in ihr gegenwärtiges Leben zu integrieren. Ein bedeutender Meilenstein auf diesem sehr beeindruckenden Weg war die Anfertigung einer schriftlichen Arbeit über die Thematik der Geschwistertrauer. Hier verknüpfte Frau O. ihre eigenen Erfahrungen mit den bisher publizierten wissenschaftlichen Ergebnissen und entwickelte Vorschläge für die Begleitung von trauernden Geschwisterkindern.

Frau Z., die meinen ersten Entwurf für diese Arbeit gelesen hatte, gab mir den Text mit folgendem Kommentar zurück:

> "Sie müssen unbedingt darüber schreiben, welchen Einfluß der Umgang, der innerhalb der Familie mit dem Tod gepflegt wird, für die Geschwisterkinder hat. Es ist ganz wichtig, nicht nur von den Müttern zu sprechen, sondern auch von den Geschwisterkindern. Ich bin ein nachfolgendes Kind. Meine Mutter hat vor meiner Geburt ein Kind durch eine Fehlgeburt verloren. Es hat für mein Leben große Bedeutung gehabt, daß meine Eltern so offen mit dem Tod dieses Kindes umgegangen sind. Sie haben uns erzählt, daß meine Mutter gewartet hat, bis mein Vater abends nach Hause kam, und daß sie ihm das tote Kind gezeigt hat. Sie haben

> dann eine kleine Feier gestaltet, bei der auch ein Pfarrer anwesend war, und haben das Kind im Grab meiner Großeltern beerdigt. Meine Eltern haben immer wieder erzählt, daß sie beide über den Tod des Kindes sehr traurig waren. Als Kind habe ich gespürt, daß ihnen mein Geschwisterchen sehr wichtig war. Das war verbunden mit einer bedeutsamen Vermittlung von Werten: die Anerkennung der Einzigartigkeit dieses Kindes und die Wertschätzung des menschlichen Lebens. Es hat tiefe Spuren in mir hinterlassen, zu hören, wie würdevoll dieses Kind verabschiedet worden ist - die Erinnerung an diese Erzählungen meiner Eltern begleitet mich bis heute."

Im folgenden geht es um ein Mädchen, das zum Zeitpunkt des Todes der neugeborenen Schwester fünf Jahre alt war. Das Baby war mit so schweren Mißbildungen zur Welt gekommen, daß es keine Überlebenschance hatte. Die Fünfjährige setzte durch, daß sie ihre sterbende Schwester sehen durfte. Das folgende Zitat aus einem Bericht, den die Eltern in einer weitverbreiteten amerikanischen medizinischen Zeitschrift (JAMA) publiziert haben, beschreibt die beeindruckende Begegnung zwischen den Geschwistern (das fünfjährige Kind heißt Corey, das Baby Elisabeth):

> "Corey wandte sich zu Elisabeth und begann, zu ihr zu sprechen. 'Deine Haut ist so weich, Elisabeth. Ich wollte, du müßtest nicht sterben. Wir lieben dich.' Elisabeth fing an, ihre Arme und Beine zu bewegen als Antwort auf Coreys Stimme und Berührung. Corey drehte sich mit einem erfreuten Gesichtausdruck um. 'Sie liebt mich! Sie weiß, daß ich hier bin!' Lange Zeit streichelte Corey Elisabeth und sprach mit ihr, hielt ihre Hand, streichelte ihr Haar. Schließlich war es Zeit zu gehen. Corey wiederholte: 'Wir lieben dich, Elisabeth. Wir werden dich niemals vergessen. Wir werden dich niemals vergessen.' Wir saßen hinter Corey, in fassungslosem Schweigen. Hinter uns wischten sich einige der Schwestern Tränen aus den Augen. Wie wußte Corey, wie sie 'Hallo, ich liebe dich.' und 'Auf Wiedersehen' zu ihrer sterbenden Schwester sagen konnte?" (Scrimshaw & March 1984, S.733, Übers. d. Verf.)

Beim Lesen dieser Zeilen werde ich still angesichts dieses so selbstverständlichen Umgangs eines fünfjährigen Kindes mit einem sterbenden Menschen. Corey lebte in einer Familie, in der sie Fragen stellen durfte über alles, was sie beschäftigte. Niemand versuchte, den bevorstehenden Tod ihrer Schwester vor ihr zu verbergen, sie bekam eindeutige Informationen. Corey entschied dann, daß sie ihre tote Schwester sehen wollte, und auch das war möglich. Das, was Coreys Eltern an den Schluß ihres Berichts gestellt haben, möchte ich hier noch zitieren:

> "Corey hat uns viel gelehrt über ihre Möglichkeiten, mit Tod umzugehen, über kindliche Wahrnehmung von Leben und Tod, über Bedürfnisse von Kindern und über uns selbst und unsere Gefühle. Sie lehrte uns, Kindern sorgfältiger zuzuhören. Wie sie später erklärte: 'Als meine kleine Schwester geboren wurde, wußte mein Papa nicht, wie er sie lieben sollte, aber

ich habe es ihm gezeigt.'" (Scrimshaw & March 1984, S.733, Übers. d. Verf.)

Bei den wissenschaftlichen Publikationen über das Thema Geschwistertrauer nach frühem Tod ist insbesondere der Name des amerikanischen Psychotherapeuten I.G. Leon zu nennen. Leon berichtet über Psychotherapien von überlebenden und nachfolgenden Geschwisterkindern, und zwar sowohl über Therapien im Kindesalter als auch über die psychotherapeutische Begleitung von Erwachsenen, die als Kinder mit dem frühen Tod eines Geschwisters umgehen mußten. Er weist darauf hin, daß die Wirkungen eines perinatalen Todes auf überlebende und nachfolgende Geschwister bisher kaum untersucht worden sind. Leon bezeichnet Kinder, die vor dem totgeborenen Geschwister geboren sind, als 'surviving sibling' (dt.: überlebendes Geschwisterkind); den Ausdruck 'subsequent sibling' (dt.: nachfolgendes Geschwisterkind) verwendet er für Kinder, die nach dem Tod des Geschwisters zur Welt gekommen sind (Leon 1990).

Der britische Psychiater Lewis vertritt genau wie Leon die Meinung, daß der Trauer von Geschwistern zu wenig Aufmerksamkeit gewidmet wird: "Wenn Psychiater eine Krankengeschichte aufnehmen, dann fragen sie selten nach Details über die Schwangerschaften der Mutter des Patienten - nur Gynäkologen tun dies regelmäßig. Deshalb bleiben die psychologischen Folgen von Totgeburten oft in Dunkelheit begraben." (Lewis 1983, S.230f., Übers. d. Verf).

Bei einer Befragung von Frauen, die eine Fehlgeburt erlitten hatten, gaben 30% der Frauen an, ein Geschwisterkind durch Fehl- oder Totgeburt oder durch einen frühen Tod verloren zu haben (Beutel 1996). Retrospektiv zeigten sich bei den betroffenen Frauen mehr Angst vor einer Fehlgeburt, mehr Niedergeschlagenheit und vermehrte körperliche Beschwerden während der Schwangerschaft. Ähnliche Reaktionen traten bei Frauen auf, deren Vater früh gestorben war. Über den Einfluß früher Verluste auf den Trauerprozeß nach dem Tod eines Kindes muß noch viel Forschungsarbeit erfolgen.

18.2 Familiendynamik und 'Familienmythos'

Ein sehr wichtiges Thema in Veröffentlichungen über trauernde Geschwisterkinder ist die Dynamik in Familien, in denen ein Kind früh stirbt.

Leon berichtet, daß er in Psychotherapien mit Kindern und Erwachsenen, die den perinatalen Tod eines Geschwisters erlebt haben, immer wieder die Erfahrung gemacht habe, daß die Reaktionen der Eltern auf den Tod und die Familiendynamik entscheidenden Einfluß auf die Bewältigung des Verlusts bei den überlebenden Kindern haben (Leon 1990).

Der britische Psychotherapeut Bowlby erläutert in seinem grundlegenden Werk über Bindung und Verlust, daß er tief beeindruckt davon gewesen sei, wie groß der Einfluß des Familienmusters auf die Art und Weise ist, wie ein Mensch trauert (Bowlby 1980).

Leon weist auf die unter anderem von Ferreira entwickelte Theorie des 'Familienmythos' hin (Ferreira 1963). Der 'Familienmythos' beschreibt von allen Familienmitgliedern anerkannte Überzeugungen, die auf einer unbewußten Ebene die Dynamik in der Familie so beeinflussen, daß das Gleichgewicht gewahrt bleibt. Im Falle eines perinatalen Todes bezieht sich laut Leon dieser 'Familienmythos' vor allem auf ein gemeinsames Verständnis von Tod (Leon 1990).

Frau R. erzählte von dem 'Mythos' in ihrer Familie:

> "Ich habe als Kind sehr schnell verstanden, daß ich nicht über den Tod meiner Schwester reden darf. Niemand hat mir das explizit gesagt. Die non-verbalen Botschaften und die tödliche Atmosphäre des Schweigens haben genügt, um mich zum Verstummen zu bringen. Als ich viele Jahre nach dem Tod meiner Schwester begann, mit anderen Menschen über sie zu sprechen, spürte ich, wie schwer es mir oft fiel, das Tabu des Schweigens zu brechen. Daß ich anfangs nicht selbstverständlich über meinen Schmerz sprechen konnte, hing mit unserem 'Familienmythos' zusammen. Unser 'Familienmythos' hieß: 'Wenn wir nicht über den Tod, über unsere Verluste und über unsere Trauer sprechen, dann ist all das auch nicht existent. Und wenn die Verluste nicht existent sind, spüren wir unseren Schmerz auch nicht.' Zu einem bestimmten Zeitpunkt in meinem Leben hatte ich zu viele Verluste erfahren, ohne darüber sprechen zu können. Damals brach alles über mir zusammen - mit sehr viel liebevoller Unterstützung durch andere Menschen konnte ich mich von dem 'Mythos' des Schweigens lösen. Und zunächst war dieses Lösen aus den Fesseln nur möglich in einer anderen Sprache und auf einem anderen Kontinent: den Text an meine Schwester [s. Ende dieses Kapitels] habe ich in Englisch geschrieben und erst später (mit viel Widerstand) ins Deutsche übersetzt. Die erste Gelegenheit, bei der ich öffentlich über die Bedeutung des Todes meiner Schwester gesprochen habe, war in einer amerikanischen Fernsehsendung zum Thema Trauer, die eine Freundin von mir moderierte. Mit so viel räumlicher Distanz zu den Orten, wo ich aufgewachsen war, war es viel einfacher, über meinen Schmerz und auch über meinen Weg der Heilung zu erzählen."

18.3 Schuldgefühle: Magisches Denken und Überlebens-Schuld

Wenn über das Thema Geschwister-Trauer gesprochen und geschrieben wird, taucht immer wieder die Frage der Schuld auf. Ich möchte diese Schuldfrage unter zwei Aspekten beleuchten. Der eine Aspekt ist, daß das Kind sich am Tod des Geschwisters schuldig fühlt. Die zweite Fragestellung ist die der Überlebens-Schuld.

Das Kind kann überzeugt davon sein, durch Wünsche, Gedanken oder Handlungen sein Geschwister getötet zu haben. Über diese Schuldgefühle, die unter anderem in Zusammenhang mit Eifersuchtsgedanken und magischen Wünschen zu sehen sind, ist viel geschrieben worden. Ein berühmtes Geschwisterkind ist Sigmund Freud, der in seiner Selbstanalyse erkannte, daß er seinen jüngeren, früh gestorbenen Bruder "mit bösen Wünschen und echter Kindereifersucht begrüßt hatte, und daß von seinem

Tod der Keim zu Vorwürfen in mir geblieben ist." (Freud 1962, S.189). Freud hat als Kind wahrscheinlich geglaubt, seine 'bösen Wünsche' und seine Eifersucht hätten den Tod des Bruders verursacht. Dem oben wiedergegebenen Zitat ist zu entnehmen, daß Freud den Verlust nicht vollständig in sein Leben integrieren konnte: seine durch den Tod des Bruders ausgelöste Tendenz zu Selbstvorwürfen hat ihn bis in sein Leben als Erwachsener hinein begleitet.

Leon erläutert das magische Denken von Kindern folgendermaßen: "Die eigenen Wünsche und machtvollen Gefühle werden gleichgesetzt mit Handlungen und realen Ereignissen; Ursache und Folge können vertauscht werden. Daher kann ein perinataler Tod, auch wenn er völlig jenseits der Kontrolle eines Geschwisterkindes liegt, als die direkte Folge seiner Wut über den bevorstehenden Rivalen bezüglich der Liebe und der Aufmerksamkeit der Eltern erlebt werden." (Leon 1990, S. 147f., Übers. d. Verf.).

Der folgende Brief, den Alicia Sims an ihren früh gestorbenen Bruder Austin geschrieben hat, ist dem Buch 'Am I still a sister?' (Sims 1986) entnommen. In dem Zitat wird das oben erwähnte magische Denken illustriert. Alicia schreibt:

> "Lieber Austin, ich frage mich, ob Du wütend auf mich wirst, wenn ich Dir dies erzähle. Es hat mich lange Zeit belastet. Hast du jemals etwas von Zauber-Wünschen gehört? Damals, als ich kleiner war, habe ich mir gewünscht, Du würdest für immer weggehen. Und dann, als Du für immer weggegangen bist, wußte ich, daß ich Zauber-Wünsche hatte. Diese Art von Wünschen machte mir Angst. Aber nun bin ich älter, und ich weiß, daß es keine Zauber-Wünsche gibt." (Sims 1986, S.12f., Übers. d. Verf.)

Im folgenden möchte ich meine Gedanken zu der Thematik der Überlebens-Schuld erläutern.

Die Überlebensschuld ist sehr schwer zu greifen und in Worte zu fassen. Sie reicht in existentielle Dimensionen hinein, denn sie ist verbunden mit dem Ur-Gefühl, kein Recht auf das eigene Leben zu haben. "Ich bin schuldig, weil ich überlebt habe, und du nicht."

Betroffene Geschwisterkinder glauben nicht selten, sie hätten es nicht verdient, zu überleben. Manchmal führt das dazu, daß sie nicht für sich selbst sorgen, weil sie meinen, sie seien es nicht wert, zu leben. Manchmal ist mit diesem fehlenden Selbstwertgefühl die Forderung an sich selbst verbunden, sehr viel zu leisten und alle ihnen gestellten Aufgaben zu erfüllen. Diese Menschen haben den Eindruck, daß das Recht auf Leben etwas sei, daß sie sich möglicherweise durch harte Arbeit verdienen könnten. Frau R. sagte mir:

> "Ich konnte mir früher nicht vorstellen, daß ein Mensch bei seiner Geburt das Recht auf ein eigenes Leben geschenkt bekommt."

Diese Schuldgefühle sind in so tiefen Schichten der Persönlichkeit verankert, daß es lange dauert, bis sie, zum Beispiel im geschützten Raum einer Psychotherapie, an die Oberfläche kommen. Viel Geduld ist notwendig, bis die Betroffenen ihre Überlebens-Schuld in Worte fassen können. Oft begeben sie sich mit dieser Thematik auch in präverbale Bereiche hinein, so daß die Sprach-Losigkeit noch verstärkt werden kann. Wenn dann Worte gefunden sind, die diese besondere Schuld beschreiben, ist nicht selten noch ein langer Weg zu gehen, bis diese Menschen es wagen, einem anderen von ihrem grundlegenden Lebensgefühl zu erzählen.

Letztendlich geht es um den Kern der Persönlichkeit, um die Ahnung oder das Wissen, wie Frau R. beschreibt:

> "Ich darf hier sein. Es ist gewollt, daß ich jetzt auf dieser Erde bin. Ich habe ein Recht darauf, mein Leben entsprechend meinen inneren Wünschen und Zielsetzungen zu gestalten."

Sicherlich ist es eine Hilfe, wenn andere Menschen den trauernden Geschwistern diese bejahende Lebenseinstellung vorleben. Aber niemand kann einen anderen von der Überlebens-Schuld freisprechen, nur der Betroffene selbst kann dies tun. Er selbst muß einsehen, daß er nicht allein durch die Tatsache seiner irdischen Existenz Schuld auf sich geladen hat. Wenn die überlebenden Geschwisterkinder sich selbst vergeben können, dann erleben sie dies als sehr befreiend. Frau R. erzählte:

> "Ich habe das damals erlebt, als sei eine große Last von mir genommen. Die Schwere, die ich seit dem Tod meiner Schwester gespürt hatte, war nicht mehr da. In der Zeit nach dem Schreiben der Zeilen bis jetzt bin ich immer wieder einmal durch Phasen gegangen, in denen das Thema 'Überlebens-Schuld' wieder aktuell wurde. Es hat mir dann sehr geholfen, mich an den Brief an meine Schwester zu erinnern. Ich habe ihn auch oft wieder gelesen. Dann hatte ich so etwas wie eine äußere Bestätigung dafür, daß ich schon einen weiten Weg in bezug auf das Thema Schuld zurückgelegt habe. Und ich habe mich daran erinnert, wie eine Freundin, die den Text als erste gelesen hat, ihm den Titel 'Freiheit' gegeben hat. Es hat so viel zu meinem Heil-Werden beigetragen, daß meine Freundin die große Bedeutung dieses Textes erkannt hat und das auch mir gegenüber zum Ausdruck gebracht hat. Mein Umgang mit diesem Brief war für mich ein Abschiedsritual - und dazu gehörte es für mich auch, den Text mit anderen zu teilen."

Diese Äußerung verdeutlicht, wie wichtig symbolische Handlungen gerade auch für Erwachsene sein können, die sich viele Jahre nach dem Verlust auf ihren Trauerweg begeben. Den Verlust sichtbar machen, dem alten Schmerz Worte verleihen, sich von Schuldgefühlen befreien - das kann durch Rituale des Abschieds und der Trauer wesentlich erleichtert werden.

Die Überlebens-Schuld ist ein sehr komplexes Phänomen. Monokausale Erklärungsmodelle, die den Tod des Geschwisters als einzige Ursache für die Schuldgefühle sehen, sind der Komplexität der Thematik nicht angemessen. Wenn in einem Menschen ein solches Grundgefühl des Schuldig-Seins wächst, ist das ein langer Prozeß, der von vielen Faktoren beeinflußt wird, unter anderem von einer frühen Traumatisierung durch körperliche Gewalt oder sexuellen Mißbrauch. Der Tod eines Geschwisters ist ein Ereignis in einer Kette von Ereignissen, die alle auf die intrapsychische Entwicklung eines Menschen wirken.

18.4 Begleitung und Unterstützung für Geschwister

Alicia Sims beschreibt in einem ihrer Briefe an ihren gestorbenen Bruder, was sie sich von einem Treffen mit anderen trauernden Geschwisterkindern wünschen würde:

> "Lieber Austin, es gibt so viele Dinge, die ich mit Dir teilen möchte! Ich habe so viele Gedanken und Gefühle über Dich und Dein Sterben gehabt. Manchmal kann ich nicht darüber reden, dann schreibe ich sie auf. Ich denke, es ist in Ordnung, sie mit anderen zu teilen, vielleicht gibt es andere Kinder, die auch Gefühle geheimhalten. Ich wünschte, wir könnten alle zusammenkommen und unsere Ängste in der Runde mitteilen, ich denke, dann wären sie nicht so schlimm." (Sims 1986, S.6, Übers. d. Verf.)

Die Kontakt- und Informationsstelle "Verwaiste Eltern in Deutschland" (Hamburg) bietet regelmäßig Seminare für trauernde Familien an. Hier werden die Geschwister in eigenen, altersmäßig gestaffelten Gruppen begleitet. Auch in anderen Regionen gibt es Angebote für trauernde Geschwister. Jugendliche und junge erwachsene Geschwister bemühen sich, Kontakte zu anderen Betroffenen zu knüpfen, sei es im Rahmen von Selbsthilfegruppen oder begleiteten Gesprächsgruppen. Meines Wissens gibt es noch keine speziellen Gruppenangebote für (kleinere) Kinder, die um ein früh gestorbenes Geschwisterchen trauern. Da sie keine Erinnerung an ein gemeinsames Leben mit dem Brüderchen oder Schwesterchen haben, wird ihr Trauerprozeß eine andere Gestalt haben als bei Kindern, die z.B. mehrere Jahre mit einem kranken Geschwister gelebt haben.

An dieser Stelle sei auf ein beeindruckendes Buch über Geschwistertrauer hingewiesen: "Warum gerade mein Bruder? Trauer um Geschwister" (Baßler & Schins 1992).

18.5 Beispiele aus den Interviews mit Müttern

Nun möchte ich einige Ausschnitte aus den Interviews anfügen, in denen die Mütter mir davon erzählten, wie ihre lebenden Kinder mit dem Tod des Geschwisters umgegangen sind.

Frau A. berichtete:

> "Wir haben irgendwann mal diesen australischen Film ["Some babies die"] gesehen, und da war unsere Adoptivtochter auch hier. Da hat sie schon mitgekriegt, daß ich geweint habe. Aber da habe ich mich noch nicht getraut, irgendetwas zu sagen. Ja, nach dem Seminar habe ich dann auch mit ihr darüber gesprochen. An dem Sonntag habe ich dann bei ihr am Bett gesessen, und sie fragte, was ich gemacht habe. Und dann habe ich ihr das erzählt, daß ich mich halt mit Leuten getroffen habe und darüber gesprochen habe, daß eben unser Kind gestorben ist. Sie hatte da

eine Ahnung davon, ich denke auch aufgrund dieses Films. Sie hat dann auch gefragt, ob es ein Mädchen war oder ein Junge, und woran es gestorben ist. Aber das war dann auch relativ normal. Sie konnte dann auch verstehen, daß ich traurig war. Von daher war das dann auch ganz gut, und ich hatte dann auch ein gutes Gefühl."

Die Mutter konnte die Verschwörung des Schweigens brechen. Sie erzählte von dem Tod ihrer leiblichen Tochter, und ihre Adoptivtochter durfte alle Fragen stellen, die sie bewegten. So war eine direkte Kommunikation möglich, die die Mutter später als sehr befreiend beschrieb.

Frau N. hatte drei lebende Kinder, als ihr viertes Kind kurz nach der Geburt starb. Er wurde zuhause aufgebahrt, so daß die Geschwister ihren gestorbenen Bruder sehen konnten. Frau N. berichtete, wie insbesondere ihre älteste Tochter, die zum Zeitpunkt des Todes fünf Jahre alt war, mit dem Tod ihres Bruders umgegangen ist:

"Mein Sohn lag in der Wiege, und meine Tochter ist dazu gekommen und hat ihn angeguckt. Es war nicht eine besondere Scheu oder so. Und sie hat das Händchen genommen und hat gemeint: 'Mama, du mußt ihn wärmer anziehn, er ist ganz kalt.' Es stimmte irgendwie für die Kinder. Es hat mich sehr erstaunt, und ich habe mich lange gefragt, ja, haben sie überhaupt keine Schwierigkeit, damit umzugehen. Das ist nachher dann schon gekommen. Das hat sich nachher dann ausgedrückt. Aber im Moment, ja, sie haben schon einen gewissen Teil vorgelebt, wie man dazu stehen könnte zu so einem Tod."

Frau N. beschrieb Reaktionen ihrer Kinder, die bis ins Physische hineinreichten und mit denen sie nach einer anfänglich ruhigen Phase nicht gerechnet hatte:

"Ich habe dann bemerkt, wie meine älteste Tochter - ich habe zuerst gedacht, für die Kinder wäre das überhaupt so vorbeigegangen, und die hätten das so gut gegriffen - ich habe dann aber gemerkt, wie sie einen Bär aufgegriffen hat. Sie hat eine Puppe gehabt, die sie geliebt hat, und die hat sie nicht mehr genommen. Und sie hat einen Bär gehabt dann, mit dem hat sie stundenlang gespielt, also windeln, ankleiden. So intensiv, und nur dieser Bär. Der ist nachher kaputt gegangen vor lauter Damit-Umgehen. Da habe ich gemerkt, es arbeitet in ihr trotzdem etwas, was eigentlich nicht so spurlos vorbeigegangen ist. Drei Monate nach dem Tod meines Sohnes haben beide Kinder angefangen, zuerst der jüngere, daß er dann erbrochen hat und keine Nahrung mehr zu sich genommen hat. Also irgendwie haben sie es auf ihre Art dann doch verarbeiten müssen."

Ein in sich stimmiges Weltbild der Mutter hilft auch den Kindern, sich in dieser unbekannten Situation zu orientieren und den Verlust in ihr Leben zu integrieren, wie man an dem folgenden Ausschnitt wahrnehmen kann:

"Die Kinder haben auch gefragt, als wir zum Friedhof gingen. Ich habe mir dann Gedanken gemacht, wie sage ich es meiner Tochter, weil es ist

> ja furchtbar für ein Kind im Moment, daß ein Kind in die Erde kommt. Ich habe dann versucht, ihr das Bild zu geben, daß nicht ihr Bruder jetzt da unten liegt und in der Erde oder im Sarg ist, sondern das Kleid nur. Es ist ja nur das Kleid, es ist nicht ihr Brüderchen, er ist eigentlich woanders. Und das war dann für sie in Ordnung. Das ist für sie heute noch, das ist für sie eine ganz tiefe Erfahrung. Das ist für sie heute noch das Kleid. Sie empfindet das sehr, ich bin eigentlich nicht das, was ich anfasse, das ist das, was in meinem Herzen ist, sondern das ist mein Kleid. Das ist ganz tief bei ihr drin. Die jüngeren haben das eigentlich nicht so mitbekommen, aber sie hat das schon sehr aufgefaßt. So ist für sie auch die Frage beantwortet worden jetzt, was ist das, wenn ich schlafe. Das Kleid ist im Bett, und das schläft, und sie geht eben ein Stück weit zu den Engeln."

Frau D. berichtete von dem Umgang ihrer Tochter mit dem Tod ihrer beiden Geschwister:

> "Und meine Tochter lebt da auch so mit, daß es nicht so ein großes Thema ist, daß sie da jetzt so ständig daran denkt. Aber schon öfters mal, daß sie zum Beispiel daran denkt, in welcher Klasse ihr Bruder wohl jetzt wäre."

Frau D. hatte vierzehn Monate nach dem Tod ihres zweiten Kindes eine Beerdigungsfeier gestaltet, weil sie selbst bei der Beerdigung nicht anwesend gewesen war. Ihre damals fünfjährige Tochter nahm an dieser Feier teil, wurde einbezogen in das Ritual des Abschiednehmens:

> "Ich habe zu meiner Tochter gesagt, daß wir in die Kirche fahren, und daß wir eine Beerdigung für unser Baby machen."

Frau D. beschrieb, wie sie zunächst unsicher war, inwieweit sie ihre Tochter einbeziehen sollte, zum Beispiel bei Friedhofsbesuchen. Die Bedenken lösten sich nach einiger Zeit:

> "Ich habe da so ein Gefühl gehabt, so vorsichtig sein zu müssen, daß ich nicht meine Sache zu ihrer mache. Daß ich ihr da so was auferlege, was für sie eigentlich gar kein Thema ist. Weil sie lebt da sehr selbstverständlich damit, mit ihren Geschwistern. Als das andere Kind geboren wurde, war sie vier. So in dem ersten Jahr danach habe ich sie öfters mitgenommen auf den Friedhof, vielleicht zehn- oder fünfzehnmal. Aber dann danach nicht mehr, dann bin ich selber wenig da gewesen. Vor zwei Jahren bin ich noch mal sehr, sehr viel auf dem Friedhof gewesen. Und da habe ich meine Tochter nicht mitgenommen, ganz bewußt nicht, weil ich dachte, das ist jetzt mein Thema und mein Schmerz, und für sie ist das eine klare Sache. Und das möchte ich ihr nicht so auferlegen. daß sie das noch mal so mitmachen muß, was eigentlich mein Ding ist. Und dann habe ich ihr einmal erzählt, daß da auf einem Grab, was da in der Nähe

ist, so zwei Engel sitzen, da habe ich mich so drüber gefreut. Und dann sagte sie: 'Wann warst du denn auf dem Friedhof?' Dann habe ich gesagt:' Vorgestern.' Und dann sagte sie: 'Und dann nimmst du mich nicht mit?' Total selbstverständlich, so daß ich dann dachte, da mußt du dir auch gar nicht so viele Gedanken machen."

18.6 Brief an ein gestorbenes Geschwisterkind: An Dich, meine kleine Schwester

Ich möchte dieses Kapitel abschließen mit einem Text, der mir viel Hoffnung vermittelt. Beim Lesen wird erlebbar, daß auch nach Jahrzehnten noch eine Heilung von traumatischen Erlebnissen im Zusammenhang mit einem frühen Tod möglich ist. Eine junge Frau gab mir die Erlaubnis, einen Text zu veröffentlichen, den sie in Brief-Form an ihre gestorbene Schwester geschrieben hatte, viele Jahre, nachdem diese tot zur Welt gekommen war. In dieser Familie gab es überhaupt keine Kommunikation über den Tod des Kindes, die 'Verschwörung des Schweigens' war perfekt. In diesen Zeilen wird spürbar, wie sehr Überlebens-Schuld das Leben dieses Geschwisterkindes bestimmt hat und wie ein innerer Wandlungsprozeß das Lösen aus dieser Schuld ermöglicht hat.

Wenn es in einem Abschnitt heißt: "Ich war es, die all diese Sätze gesagt hat", dann ist gemeint, daß diese Frau als Erwachsene entscheiden kann, ob sie die 'Familienmythen' verinnerlicht und damit diese 'Sätze' selbst sagt, oder ob sie sich von den beengenden 'Mythen' löst. Als Kind hatte sie keine Wahl, ohne eine Anpassung an die familiären 'Mythen' hätte sie in ihrer Herkunftsfamilie nicht überleben können. Damals hat sie diese 'Sätze' auch nicht selbst gesagt, sondern sie wurden ihr subtil von ihren Eltern vermittelt. Es geht in diesem Abschnitt nicht um ein erneutes Auf-Sich-Nehmen von Schuld, sondern um die befreiende Erkenntnis, daß ein erwachsener Mensch die Möglichkeit hat, seine Einstellungen zu bestimmten Erfahrungen und Lebensthemen zu wandeln.

An Dich, meine kleine Schwester

Ich möchte, daß Du weißt,
daß ich Dich liebe und
daß ich Dich niemals vergessen werde.

Und ich möchte Dir sagen,
daß ich nicht schuldig bin -
nur, weil ich überlebt habe
und Du nicht.

Du bist Deinen Weg gegangen -
und ich gehe meinen.

Manchmal habe ich mir gewünscht,
daß ich Deinen Weg hätte gehen können,
denn der Tod schien mir
der einzige Ausweg aus meinem Schrecken.

Manchmal dachte ich,
daß ich Deinem kurzen Leben
einen Sinn geben könnte,
wenn ich nur hart genug arbeiten würde.

Nun erkenne ich,
daß Dein Leben Deines war
und daß mein Leben meines ist.

Du hast mir nie gesagt,
daß ich Dich verraten würde,
wenn ich mein Leben genieße.

Du hast mir nie gesagt,
daß ich schuldig wäre,
weil ich lebe,
und Du bist gestorben.

Du hast mir nie gesagt,
daß mein Vater nur wegen Deines Todes
aufgehört hat,
mich sexuell zu mißbrauchen.
Du hast mir nie gesagt,
daß es besser gewesen wäre,
wenn ich nie geboren worden wäre.

Du hast mir nie gesagt,
daß es nach Deinem Tod meine Aufgabe wäre,
unsere Mutter wieder zum Lachen zu bringen.

Du hast mir nie gesagt,
daß ich nicht über Dich reden darf.

Ich war es,
die all diese Sätze gesagt hat.
Ich habe mich entschieden,
damit aufzuhören,
diese Sätze zu sagen.

Und ich habe mich entschieden,
damit aufzuhören,
diese Sätze zu glauben.

Ich weiß,
daß ich Dich nicht verrate,
wenn ich aufhöre,
diese Sätze zu glauben.

Ich bin sicher,
Du würdest meine Entscheidung richtig finden,
wenn Du noch leben würdest.

Ich liebe Dich, meine liebste kleine Schwester -
und nun fühle ich,
daß meine Liebe für Dich etwas ist,
das ich selbst gewählt habe.

Meine Liebe zu Dir
lähmt mich jetzt nicht mehr,
sondern bereichert mein Leben.

19 Begleitung von trauernden Familien als Aufgabe für das geburtshilfliche Team und andere professionelle Helfende

19.1 Was Trauernde brauchen

Jeder trauernde Mensch hat einzigartige Bedürfnisse. Es gibt kein Patentrezept, mit dem wir alle trauernden Familien heilen könnten. Um die Bedürfnisse von Trauernden zu verstehen, müssen wir ihnen zuhören. Wir müssen ihnen auf ihrem Weg folgen, dann werden sie uns mit-teilen, was sie brauchen.

Wenn ich im folgenden 'sie' schreibe, meine ich Mütter, Väter, überlebende und nachfolgende Geschwisterkinder, andere Familienmitglieder und Freunde.

Sie brauchen einen Menschen, der ihnen sorgsam zuhört, wenn sie über das gestorbene Kind und über ihre Gefühle sprechen möchten.

Sie brauchen einen Menschen, der ihnen auf ihrem individuellen Weg durch die Trauer mit tiefem Respekt begegnet.

Sie brauchen einen Menschen, der ihre Fähigkeiten in bezug auf die Bewältigung des Verlusts unterstützt und ermutigt.

Sie brauchen einen Menschen, der bereit ist, ihre Geschichte mehr als einmal anzuhören, so oft, wie es notwendig ist.

Sie brauchen einen Menschen, der sie am Todestag des Kindes anruft oder ihnen einen Brief schreibt, d.h. sie brauchen jemanden, der sich gemeinsam mit ihnen an das verstorbene Kind erinnert.

Sie brauchen einen Menschen, der ihnen nicht ausweicht, wenn sie zu weinen beginnen, und der keine Angst vor Gefühlen hat.

Sie brauchen die Gewißheit, daß sie mit jemandem sprechen können, der die Geburt und den Tod ihres Kindes gemeinsam mit ihnen erlebt hat.

Sie brauchen einen Weggefährten auf ihrem Weg. Sie brauchen 'tender loving care', wie Balint es genannt hat. Sie brauchen es, daß dieses 'tender loving care' ihnen von einem Menschen gegeben wird, der seine eigene Trauer bearbeitet hat.

Im folgenden möchte ich einen Brief zitieren, den eine Gruppe trauernder Eltern an professionelle Helfer geschrieben hat. Diese Zeilen sind eine angemessene Einleitung für dieses Kapitel.

> "Liebe Ärzte, Hebammen, Schwestern, Pfleger und Arzthelferinnen!
> Euer Beruf bringt Euch in eine Extremsituation, wenn Geburt und Tod so nahe beieinander liegen.

Es wird Euch nicht nur professionelle, sondern vor allem menschliche Größe und Reife abverlangt. Auch wenn wir in unserem eigenen Schmerz dies oft nicht so zum Ausdruck bringen - wir sind Euch sehr dankbar dafür!
Habt Dank für Eure Nähe in den schwersten Stunden unseres Lebens!
Eure verwaisten Eltern"

(zusammengetragen von Eltern in Kempten, zitiert in: Rist-Grundner 1996)

19.2 Neue Aufgaben: "Kein Pflaster auf die Trauer"

Menschen, die in der Geburtshilfe tätig sind, leben in ihrer Arbeit mit der Erwartung von positiven Ergebnissen. Freude und Glück über den neugeborenen kleinen Menschen: diese Stimmung können sie immer wieder mit-erleben. Der Kreißsaal ist ein Ort des Glücks - jedoch nicht immer! Wenn ein Kind vor, während oder kurz nach der Geburt stirbt, wird der Kreißsaal zu einem Ort der Trauer.

So verändern sich die Aufgaben des geburtshilflichen Teams grundlegend: statt mit Freude sind sie mit Traurigkeit und Schmerz konfrontiert. Der Weg, den sie mit den Eltern durchleben, geht in eine andere Richtung - und die Anwesenheit der professionellen Helfer als Menschen wird wichtiger als je zuvor. Es ist von unvorstellbar großer Bedeutung für die Familie, wie ÄrztInnen, Hebammen, Pflegende und andere MitarbeiterInnen in diesen Minuten, Stunden und Tagen mit ihnen umgehen. Noch nach Jahren werden sie sich erinnern, was jemand zu ihnen gesagt hat, oder an eine Hand, die sie festhalten konnten.

Wenn ein geliebter Mensch stirbt, suchen Trauernde oft nach anderen, mit denen sie Erinnerungen austauschen können. Beim Tod eines Kindes um die Geburt herum ist besonders der Arzt derjenige, mit dem sie gemeinsame Erinnerungen teilen: sowohl an Ereignisse während der Schwangerschaft als auch an die Geburt und den Tod des Kindes. Eine Mutter drückte das so aus: "Mein Arzt und alle Ärzte müssen wissen, wie wichtig sie für Eltern von Babies sind, die sterben. Neben meinem Mann war mein Arzt der einzige Mensch, der die Herzschlage meines Babys gehört hat, der die Bewegungen gespürt hat und dann dieses heilige, kaum begonnene und schon beendete Leben gehalten hat. Er ist für mich eine enorm wichtige Verbindung zu meinem Baby. Ich glaube nicht, daß er das weiß. Und ich weiß nicht, ob ich jemals in der Lage sein werde, es ihm zu sagen." (PILC 1991, S.4, Übers. d. Verf.)

Es ist keine leichte Aufgabe, trauernde Familien zu begleiten. Ärzte und Pflegende leben oft in der Überzeugung, dafür verantwortlich zu sein, daß ihre Patienten keinen (seelischen) Schmerz leiden. Eine Krankenschwester drückte dies sehr plastisch aus: "Als Pflegende wollen wir den Schmerz wegwaschen und ein Pflaster auf die Trauer kleben." (Poetsch 1987, S.12, Übers. d. Verf.). Wir müssen einsehen, daß der Schmerz nicht weggewaschen werden kann und darf. Er muß durchlebt werden, damit ein heilsamer Trauerprozeß möglich ist. Trauer darf nicht mit einem Pflaster verdeckt werden, sie muß offen zum Ausdruck kommen können.

Ob professionelle Helferinnen es wagen, den Schmerz da sein zu lassen, hängt neben ihrer entsprechenden Aus- und Weiterbildung auch davon ab, wie ihre eigenen (frühen) Erfahrungen mit Verlust und Trennung sind (s. hierzu auch Kirk 1984). Haben sie selbst trauern dürfen oder mußten sie 'brav' sein? Hatten sie als Erwachsene die Möglichkeit, frühe Verlusterlebnisse zu bearbeiten und zu integrieren?

Betroffene Eltern formulierten ihren Wunsch an professionelle Helfende eindringlich: "Bitte, bleibt bei uns und haltet mit uns diese Situation aus!" (Rist-Grundner 1996). Gemeinsam diese schweren Stunden durchtragen, bei den Eltern bleiben, sie nicht abschieben - das scheint so einfach und ist doch so schwierig. Es ist eine zunächst unbekannte, ungewohnte Aufgabe, die erfüllt werden muß, ohne auf althergebrachte Abwehrmechanismen zurückgreifen zu können.

Neben diesem Da-Sein für die Eltern als Mit-Mensch gibt es eine weitere entscheidend wichtige Aufgabe für die professionellen Helfer. Sie können und sollen dazu beitragen, daß der 'Kern der Erinnerungen' (Bourne 1983) entsteht, dieser Kern, der einen gesunden Trauerprozeß einleiten kann. Die Eltern brauchen konkrete Erinnerungen an die Begegnung mit ihrem Kind, möglichst sollten sie im wahrsten Sinne des Wortes be-greifen, daß ihr Kind gestorben ist. Diese Thematik wird ausführlich in den Vorschlägen für professionelle Helfer dargestellt.

Diese neuen Aufgaben für Geburtshelfer sind ein integraler Teil einer präventiven Medizin. Der direkte Ausdruck von Gefühlen entlastet in der akuten Situation und hilft langfristig, einer Verschiebung auf die körperliche Ebene mit funktionellen und somatischen Beschwerden vorzubeugen.

19.3 Hilfen für die Helfer

Zunächst ist es wichtig, die äußere Arbeitssituation der professionellen Helfer sorgfältig zu evaluieren. Wenn sie ein Paar betreuen, dessen Kind intrauterin gestorben ist oder unter der Geburt stirbt, sollten sie nicht gleichzeitig in einem anderen Kreißsaal für die Entbindung eines lebenden Kindes verantwortlich sein. In solchen Fällen sollte der Hintergrunddienst informiert werden und die anderen Aufgaben übernehmen, so daß der Helfende sich ganz um die Familie mit dem gestorbenen Kind kümmern kann.

Es sollte möglich sein, daß die Helfenden nach der Betreuung einer Totgeburt einen Tag frei bekommen, um Zeit zu haben, mit den eigenen Gefühlen umzugehen. Dies kann eine gute Maßregel sein, burn-out zu verhindern. Außerdem sollte es selbstverständlich sein, daß die Helfenden während ihrer Dienstzeit zur Beerdigung des Kindes gehen können.

In regelmäßigen Teamsitzungen sollte Raum sein, um miteinander über die Erfahrungen im Umgang mit betroffenen Familien zu sprechen. So können gemeinsame Leitlinien entstehen, die dann jeweils individuell ausgestaltet werden.

Die Helfenden sollten die Möglichkeit haben, an einer Balint- oder Supervisionsgruppe teilzunehmen.

Außerdem sollten regelmäßig Weiterbildungen zum Thema Umgang mit Sterben, Tod und Trauer angeboten werden. Wenn Helfende gut über die Dimensionen des Trauerprozesses informiert sind, werden sie das nötige Rüstzeug haben, um Familien angemessen zu begleiten.

19.4 Erfahrungen der interviewten Mütter

Zunächst möchte ich die Erfahrungen der interviewten Mütter, die sie mit ihren behandelnden Ärzten machten, darstellen. Außerdem werde ich auf die Wünsche, die die Mütter in bezug auf eine Verbesserung der ärztlichen Begleitung äußerten, eingehen.

Frau A. erzählte, wie sie sich von ihrem Gynäkologen im Stich gelassen gefühlt hatte:

> "Was dann auch wirklich schlimm war, war diese Sache mit diesem Bericht [Obduktionsbericht, auf den sie sehr lange warten mußte]. Und keiner hat sich zuständig gefühlt, mich zu unterstützen. Mein Frauenarzt meinte, das dauert eben so lange. Das war für ihn irgendwie abgehakt. Auch überhaupt keine Worte des Beileids oder irgendwie so."

Sie hätte sich gewünscht, daß ihr Arzt sich gekümmert hätte um den Obduktionsbericht, daß er für sie bei dem pathologischen Institut angerufen hätte, um den Bericht anzumahnen. Das hat er nicht getan, er gab ihr keinerlei Unterstützung. Sie hatte gehofft, daß er ihr sein Beileid ausdrücken würde, auch diese Hoffnung erfüllte sich nicht.

Frau T. erlebte nach dem Tod ihrer Kinder, daß sie von den Ärzten in der Klinik keine Hilfe bekam. Sie berichtete:

> "Da fehlt wirklich die psychologische Unterstützung total. Man ist völlig allein gelassen damit, ob man das hinkriegt oder nicht."

Die Geburt ihres zweiten Kindes fand in derselben Klinik statt wie die ihres ersten Kindes. Daher wußte sie schon vor der Geburt, daß sie von den dort tätigen Ärzten ohne Nachfrage keine Unterstützung bekommen würde. So entschied sie sich, in der Situation kurz vor der Narkoseeinleitung für eine Notfall-Sectio den Oberarzt um Hilfe zu bitten. Sie sagte ihm deutlich, was sie von ihm wollte, nach einer Nachfrage erfüllte er ihr dann ihren Wunsch:

> "Zwischendrin habe ich dann zu diesem blöden Arzt gesagt, kommen Sie bitte mal her und halten Sie meine Hand fest. Und dann sagt er, wieso, tut das weh? Nein, das tut nicht weh, aber ich muß mal eben eine Hand jetzt haben, sonst werde ich verrückt hier, ich halte das dann nicht aus. Und dann hat er das gemacht, und ich habe einfach seine Hand ganz fest gehalten, bis ich gesagt habe, jetzt kann ich wieder."

Der Sohn von Frau T. starb zwei Tage nach der Geburt in einer Kinderklinik. Sie erlebte, daß der Tod ihres Sohnes von den Ärzten auf ihrer Station ignoriert wurde:

> "Die haben praktisch die ganze Woche so getan, als ob das Kind gar nicht gestorben ist."

Während einer Chefarzt-Visite erlebte sie, daß die anwesenden Ärzte sofort wieder den Raum verließen, nachdem sie auf die Frage nach ihrem Befinden begonnen hatte, zu weinen. Frau T. erzählte:

> "Nur weil man ein paar Tränen hat, heißt das ja nicht, daß man nicht auch Fragen hat."

Sie hatte in dieser Situation nicht die Gelegenheit bekommen, den Ärzten die Fragen zu stellen, die sie bewegten. Ein Dialog zwischen ihr und den Ärzten war nicht möglich.

Ihre schmerzhaften Erfahrungen im Krankenhaus faßte Frau T. so zusammen:

> "Das ist klar, die [KlinikmitarbeiterInnen] sind beschäftigt, und die haben wenig Zeit und so. Und trotzdem ist man irgendwie Mensch, wenn man da liegt. Und sonst sollen die halt in einer Plastikfabrik arbeiten..."

'Trotzdem ist man Mensch' - diese Aussage heißt auch: ein Mensch mit einem Recht auf eine würdevolle Behandlung.

Frau T. entschied sich einige Zeit nach dem Tod ihres zweiten Kindes, sich Unterstützung bei einem anderen Arzt zu holen. Darüber erzählte sie:

> "Ich wußte dann, daß ich mir Hilfe holen mußte. Ich habe mich angemeldet bei einem Frauenarzt, von dem ich von Freundinnen wußte. Ich habe gesagt, ich würde gern mit ihm darüber reden, was er davon hält, was seine Gedanken dazu sind. Dann hat er gesagt, daß es Theorien von Steiner gibt über Kinder, die früh gestorben sind. Daß es verschiedene Phasen gibt, wenn man im Alter stirbt, geht die Entwicklung in die Richtung weiter, und wenn man früh stirbt, hat man eine andere Aufgabe in der Welt. Er sagte, daß kleine Kinder oftmals als gute Energien um die Erde drumherum sind und sich eher verbinden. Und das fand ich wirklich so toll, daß da ein Mensch ist, wo man das Gefühl hat, der sagt etwas Nettes über dieses Kind. Das ist so eine Entlastung. Ich war eigentlich schon fast wieder gesund."

Hier geht es vor allem um die Erfahrung, daß ein anderer Mensch 'etwas Nettes' über das gestorbene Kind sagt. Zum ersten Mal erlebte Frau T. in der Begegnung mit diesem Arzt, daß jemand das Kind erwähnte und den Tod des Kindes in einen größeren Zusammenhang stellte. Der Arzt gab ihr ein Bild von den guten Energien im Umkreis der Erde, die von den Seelen der frühverstorbenen Kinder gebildet werden. Dieses Bild war für Frau T. eine große Hilfe. (Vgl. hierzu Steiner 1990a und 1990c.)

Frau W. berichtete darüber, wie sie den Kontakt zu ihrer Ärztin erlebt hatte:

> "Ja schon, daß diese Ärztin sich sehr bemüht hat, mit diesem Spruch und so. Was doch alles sehr ungewöhnlich ist. Sonst geben Ärzte eigentlich Medikamente. Das mit dem Spruch fand ich sehr gut." [Die Ärztin hatte ihr einen Meditations-Spruch zur Thematik des Todes gegeben.]

Frau W. beschrieb im weiteren, wie sie die Aufgabe für Ärzte in der Begleitung nach dem frühen Tod eines Kindes sieht:

> "Und das ist dann auch für die Ärzte wichtig, daß sie das begleiten. Daß sie nicht genug mit den Medikamenten getan haben, sondern daß sie das innerlich begleiten. Das ist auch spürbar für die Patienten."

Diese innere Begleitung des Patienten wird jeder Arzt individuell gestalten.

Frau S. hätte sich Hilfe für einen direkten Kontakt mit ihrem Kind gewünscht:

> "Da habe ich es noch mal sehr bedauert, daß wir keine Unterstützung gekriegt haben in der Klinik. Mir wäre es im nachhinein sehr wichtig gewesen, das Kind noch mal anzufassen."

Sie erlebte während der Geburt ihres Sohnes, daß alle Handlungen und Äußerungen der Ärzte auf ein Überleben des Kindes hin orientiert waren. Der Kinderarzt war anwesend, der Inkubator stand bereit. Niemand sprach darüber, daß das Kind, das in der 30. Schwangerschaftswoche geboren wurde, vielleicht sterben würde. Frau S. berichtete:

> "Ich fand es furchtbar, dieses Technische, so dieses notorische 'Das kriegen wir hin'. Mich hat das nicht aufgebaut oder mir Trost oder Stärke gegeben, sondern ich fand es abstoßend. So nach dem Motto: hier wird mit einer Sache gehandelt. Da hätte ich mir mehr Zurückhaltung gewünscht. Eben so etwas Ehrliches. Etwas Zurückhaltendes, nicht so in die andere Richtung. Das war wahrscheinlich gut gemeint im Sinne von aufmunternd und Optimismus verbreitend. Aber ich denke, Optimismus ist in so einer Situation nicht angemessen."

Als ihren Wunsch für einen zukünftigen Umgang von Ärzten mit betroffenen Eltern formulierte Frau S.:

> "Daß die Ärzte die Wünsche der Eltern ernst nehmen."

Frau E. wünschte sich im nachhinein, daß die Pflegenden ihr öfter Hilfe angeboten hätten. Im Rückblick wurde ihr bewußt, daß ihre Schuldgefühle sie daran gehindert haben, mehr zu fragen. Frau E. hatte damals das Gefühl, daß sie kein Recht habe, Ansprüche in bezug auf Unterstützung und Begleitung zu stellen, weil sie möglicherweise mit-schuldig am Tod ihres Kindes sei.

Frau G. hatte die Möglichkeit, die Geburt ihres toten Sohnes weitestgehend selbst zu gestalten. Sie und ihr Partner erhielten die gewünschte Hilfe von einer Hebamme und einem Arzt in einem Geburtshaus. Ihre Erfahrungen faßte sie so zusammen:

> "Was wichtig ist, was Hebammen und Ärzte tun können, ist: da sein. Und einfach als Mensch da sein. Sich menschlich berühren lassen. Für mich ist noch ganz wichtig, daß die Hebammen oder die Leute, die als Fachleute dazu kommen, daß die die Verbundenheit, die Intimität der Dreiheit

Vater-Mutter-Kind im Zentrum respektieren. Und da nicht eingreifen, da nichts wegnehmen, sondern das respektieren und das unterstützen und schützen. Und wichtig ist, daß den Eltern Gelegenheit gegeben wird, Raum und Zeit, Zeit, Zeit, Zeit, wirklich ihre Liebe zu dem Kind, ihre Beziehung zu dem Kind auszudrücken und auf eine Art und Weise, die ihnen gemäß ist, es zu Ende zu bringen, es zu vollenden."

Frau B. war nach dem Tod ihrer Tochter viel krank und mußte sich bei verschiedenen Ärzten und in mehreren Kliniken behandeln lassen. Innerhalb von zwanzig Jahren hat keiner dieser Ärzte sie nach ihren Erfahrungen mit dem Tod ihrer Tochter gefragt. Niemand stellte einen Zusammenhang zwischen ihren Erkrankungen und der Trauer um den Verlust her. Sie sagte, daß sie sehr hoffen würde, daß in Zukunft Ärzte ihre Patienten darauf hinweisen, daß unterdrückte Trauer krank machen kann. Als ihre Botschaft an die Ärzte formulierte sie folgende Aussagen:

"Die Ärzte sollen den Eltern zuhören. Sie sollen die Wünsche und Bedürfnisse der Eltern anhören und respektieren. Die Ärzte sollen den Eltern Raum und Zeit für den Abschied von ihrem gestorbenem Kind und für ihre Trauer geben."

19.5 Anregungen für die Begleitung von trauernden Familien

Der folgende Teil wendet sich direkt an Menschen aus den helfenden Berufen, die in ihrer Arbeit trauernden Familien begegnen. Da ich selbst auch zu diesen professionellen Helfern gehöre, habe ich die Anrede 'Wir' gewählt.

Ich möchte diesen Vorschlägen einige Gedanken zur Beziehung zwischen den professionellen Helfern und den betroffenen Familien voranstellen.

Es ist von entscheidender Bedeutung, daß wir den Eltern als Mensch begegnen. Wir sind ihnen Weggefährte auf einem schmerzhaften Stück ihres Lebensweges. In dieser Zeit brauchen sie menschliche Wärme, Kontakt, Bezogenheit und tiefes Interesse. 'Da sein für die Eltern als Mensch' bedeutet, daß wir unsere Gefühle, unsere Schwächen, unsere Fragen und Zweifel nicht hinter der Maske der Professionalität verbergen. Es geht um einen Dialog, um ein wirkliches Gespräch, das frei ist von Manipulation und Suggestion.

Die Begrüßung des gestorbenen Kindes, die zugleich der Abschied ist, sollte in einem würdevollen Rahmen stattfinden können, so würdevoll, wie wir es uns beim Tod eines geliebten Menschen wünschen. Es ist die einzige und eine einzigartige Gelegenheit, dem Kind zu begegnen, es zu sehen und im Arm zu halten, zu be-greifen, daß dies nur noch die irdische Hülle ist.

Mein Vorschlag, während der Geburt eines intrauterin gestorbenen Kindes eine Kerze brennen zu lassen, und diese Kerze dann den Eltern mit nach Hause zu geben, ist von einigen Hebammen aufgegriffen worden. Sie berichteten, daß die Eltern sich über diese Geste sehr gefreut hätten.

Wir sollten den Eltern anbieten, daß wir gemeinsam mit ihnen das Kind ansehen. Sie sollten jedoch auch mit ihrem Kind allein sein können, so lange sie es möchten. Wir müssen abspüren, ob die Familie eher Präsenz oder Zurückhaltung braucht.

Wenn wir das Kind selbstverständlich im Arm halten, werden wir ein ermutigendes Vorbild für die Eltern sein, die vielleicht zum ersten Mal in ihrem Leben einen toten Menschen berühren. Manche Eltern brauchen Zeit, um die Furcht vor dem direkten Kontakt mit ihrem toten Kind zu überwinden. Möglicherweise möchten sie es zunächst nicht sehen. In diesem Fall ist es wichtig, mehrmals (einige Stunden nach der Geburt und an den folgenden Tagen) zu fragen, ob sie es sehen möchten. Es sollte ihnen auch immer wieder Begleitung angeboten werden.

Damit die Eltern ihr gestorbenes Kind mehrere Tage sehen können, sollte es nicht sofort in die Pathologie überführt werden.

Wir sollten die Eltern fragen, wer das Kind (außer ihnen selbst) sehen soll: Geschwisterkinder, Familie, Freunde. Es kann sehr wichtig sein, daß Menschen, die den Eltern vertraut sind, das Kind auch gesehen haben. So können später gemeinsame Erinnerungen geteilt werden.

Geschwisterkinder sollten, ihrem Alter entsprechend, so weit wie möglich einbezogen werden. Es ist gut, wenn eine Vertrauensperson gemeinsam mit ihnen ihr totes Geschwisterchen anschaut. Die Eltern fühlen sich manchmal nicht in der Lage, in dieser Krise allein die Verantwortung für das ältere Kind zu tragen, und sind sehr entlastet, wenn sie wissen, daß jemand anders diese Aufgabe für sie übernimmt. Auch während der Beerdigung sollte möglichst diese vertraute Person bei dem Geschwisterkind sein. Größere Kinder sollten frei entscheiden dürfen, ob sie an der Beerdigung teilnehmen. Zum Umgang von Kindern mit einem sterbenden Geschwisterchen möchte ich hier verweisen auf die Erfahrungen eines Elternpaares mit ihrer fünfjährigen Tochter (siehe Kapitel Geschwistertrauer).

Es ist wichtig, daß die Eltern die Begegnung mit ihrem Kind erleben können ohne den gleichzeitigen Druck, bestimmte Entscheidungen treffen zu müssen, z.B. über eine etwaige Zustimmung zur Obduktion. Alles hat Zeit und muß nicht innerhalb der ersten Stunden nach dem Tod entschieden werden.

Wenn bei einem lebend geborenen Kind eine innerhalb von Stunden oder Tagen zum Tod führende Fehlbildung oder Erkrankung diagnostiziert wird, sind einige besondere Leitlinien zu beachten.

Wenn die Eltern dies wünschen, sollte ein Foto von dem lebenden Kind gemacht werden, angekleidet und auf dem Arm der Eltern. Wenn es irgendmöglich ist, sollte das Kind bei den Eltern bleiben können und nicht in eine andere Klinik gebracht werden. Wie es für frühgeborene Kinder eine große Hilfe ist, möglichst viel Körperkontakt zu haben (Känguruh-Methode), so ist es auch für ein todkrankes Neugeborenes wichtig, viel körperliche Nähe spüren zu können.

Wir sollten die Eltern fragen, ob sie ihr Kind nach seinem Tod selbst waschen, ankleiden und betten wollen. Dies kann für sie ein Teil ihres Abschieds-Rituals sein. Kleiden die Eltern das Kind nicht selbst an, sollten wir sie fragen, ob das Kind bestimmte Kleider tragen soll.

Wenn die Eltern es wünschen, können wir das Kind in einem Raum aufbahren, zu dem die Eltern Zutritt haben und in dem sie Totenwache halten können. Gibt es in der Klinik keinen Aufbahrungsraum, kann auch ein Patientenzimmer für die Aufbahrung genutzt werden.

Es ist wichtig, daß wir die Eltern auf die Bedeutung der Namensgebung hinweisen. Vielleicht wagen sie es nicht von sich aus, den Namen ihres Kindes zu nennen, und sind froh, wenn sie danach gefragt werden. Die MitarbeiterInnen der geburtshilflichen Abteilungen sollten über die rechtliche Situation bezüglich der standesamtlichen Registrierung von totgeborenen Kindern informiert sein, um diese Informationen an die Eltern weitergeben zu können. Einige Kliniken haben Mitteilungsblätter entworfen, auf denen die Eltern alle wichtigen Informationen über Beurkundung und Bestattung nachlesen können. Ab dem 1.7.1998 kann ein Kind, das tot geboren wird und mehr als 500 g wiegt, mit seinem Vor- und Nachnamen im Standesamtsregister und im Familienstammbuch eingetragen werden. (Bisher erfolgte die Eintragung ohne Vornamen.) Totgeborene Kinder, die weniger als 500 g wiegen, erhalten keine offizielle Urkunde mit ihrem Namen. Diesen Eltern können wir anbieten, den Namen des Kindes in eine (nicht offizielle) Geburtsurkunde einzutragen, wie sie z.B. von der Arbeitsgruppe 'Der frühe Tod von Kindern' gestaltet worden ist.

Wir sollten die Eltern fragen, ob sie eine Segnung des verstorbenen Kindes durch einen Seelsorger möchten. Eine solche Feier kann ein bedeutsamer Teil des Abschieds-Rituals sein. (Vorher muß mit den Klinikseelsorgern abgesprochen sein, ob sie bereit sind, eine solche Segnung zu vollziehen.) Eine Klinikseelsorgerin berichtet auch über Segnungen von ungeborenen Kindern, bei denen intrauterin eine sicher zum Tod führende Erkrankung diagnostiziert wurde (Schmid 1996). Wird das Kind lebend geboren, ist eine Taufe möglich. Es sind Tauftexte für diese besondere Situation der Taufe eines todkranken Neugeborenen erarbeitet worden (Schmid 1996).

Wir können den Eltern erzählen, daß andere Familien Mitteilungen über die Geburt und den Tod des Kindes entworfen haben und an ihnen nahestehende Menschen verschickt haben. Vielleicht haben wir eine solche Anzeige, die wir den Eltern zeigen können. Ein Beispiel wirkt oft ermutigend. Eventuell dient diese Mitteilung auch dazu, andere über Ort und Zeit der Beerdigung zu informieren.

Es ist von entscheidender Bedeutung, den Eltern klar verständliche Informationen über ihre Wahlmöglichkeiten in bezug auf die Beerdigung zu geben. Hierbei hat sich, zusätzlich zum Gespräch, ein Informationsbrief bewährt, in dem die Eltern alles noch einmal in Ruhe nachlesen können.

Für die Eltern ist es sehr wichtig, zu wissen, wo das Kind ist, den Ort zu kennen, "wo das tote Kind seine Stätte hat" (Petersen 1992, S.76). Besonders bei ungenügender Information über die Klinik-Beerdigung können sich schreckliche Phantasien entwickeln, was mit dem Kind geschehen ist. Bei Müttern, deren Kind anonym begraben worden ist und die keine Beerdigung erlebt haben, ist der Verlauf des Trauerprozesses signifikant komplizierter (Kuse-Isingschulte 1995).

Mementoes (Erinnerungsgegenstände) können für die Familie eine große Hilfe im Umgang mit dem Verlust sein. In diesem Sinne können wir dazu beitragen, daß der 'Kern der Erinnerungen' (Bourne 1983) entsteht. Mementoes können sein: eine Geburtsurkunde, in die das Kind mit seinem Namen eingetragen ist; ein Foto; eine Haarlocke. Die Eltern sollten die Möglichkeit bekommen, selbst Fotos zu machen, so, wie sie es sich wünschen. Bevor diese Erinnerungsgegenstände gemacht werden, sollten die Eltern gefragt werden, ob sie das wünschen (insbesondere bei denen, die

Handlungen an und mit dem Kind einschließen). Manche Eltern finden es auch wichtig, die medizinischen Informationen wie z.B. das Geburtsprotokoll mit nach Hause zu nehmen. Wenn während der Geburt eine Kerze gebrannt hat, kann diese den Eltern mitgegeben werden.

Wir sollten die Eltern fragen, ob sie etwas in den Sarg legen wollen, wie z.B. den Wiegenschleier, ein besonderes Spielzeug oder andere ihnen wichtige Gegenstände.

Es ist wichtig, mit den Eltern darüber zu sprechen, was sie mit den bereits für das Kind vorbereiteten Dingen tun wollen: Kleidung, Spielzeug, Kinderwagen, Möbel im Kinderzimmer. Es geht nicht darum, sie zu drängen, alles schnell verschwinden zu lassen. Im Gegenteil: der Umgang damit muß auch zwischen den Partnern thematisiert werden. Wir können die Möglichkeiten erläutern, in einer ritualisierten Weise davon Abschied zu nehmen.

Wir können die Eltern anregen, ein Tagebuch zu beginnen, in dem sie notieren, was sie auf ihrem Weg durch die Trauer erleben.

Die individuellen, ganz persönlichen Ideen jedes Einzelnen können eine große Bedeutung für die Eltern haben. Eine Hebamme schenkte einer betroffenen Mutter ein Bild von einem Schmetterling, weil dieses für sie selbst in einem tiefen inneren Zusammenhang mit der gemeinsam erlebten Geburt des toten Kindes stand.

Beim Entlassungsgespräch sollten beide Eltern anwesend sein. Wir sollten ihnen erläutern, daß jeder Mensch auf seine eigene Weise und in seiner eigenen Geschwindigkeit trauert. Sie werden also nicht dieselben Bedürfnisse und Wünsche haben: vielleicht geht ein Elternteil täglich zum Grab, das andere selten oder nie. Vielleicht möchte die Mutter oft über ihre Trauer sprechen, während der Vater in aller Stille seinen Schmerz durchlebt. Es ist entscheidend wichtig, daß die Eltern dies wissen und respektieren. Wenn sie darauf vorbereitet sind, werden sie eher mit diesen Unterschieden umgehen können. Ein Teil des Trauerprozesses besteht darin, die eigenen Gefühle in bezug auf die Reaktionen des Partners zu bearbeiten. Wir sollten mit den Eltern über die Spirale der Trauer sprechen. Sie müssen wissen, daß ein erneutes Auftauchen von tiefer Trauer auch Jahre und Jahrzehnte nach dem Tod des Kindes normal ist.

Im Entlassungsgespräch sollten wir den Eltern die Möglichkeit geben, offen gebliebene Fragen zu stellen. Sie sollten auch die Telefonnummer der Abteilung mit nach Hause nehmen, so daß sie später anrufen können, wenn noch Fragen auftauchen.

Die Vereinbarung eines Nachgespräches ist unbedingt notwendig, der Termin sollte vier bis sechs Wochen nach der Entlassung sein.

Wir sollten den Eltern eine Liste mit Büchern über Trauer nach dem frühen Tod eines Kindes mitgeben. Für manche ist Lesen ein wichtiger Teil ihrer Trauerarbeit. Wir können selbst eine solche Liste anlegen oder bei den Selbsthilfegrupppen Literaturlisten bestellen.

Keinesfalls sollten wir den Eltern bei normalen Trauerreaktionen Benzodiazepine oder andere zentral dämpfende Pharmaka verordnen. Diese Medikamente können den Ausdruck von Emotionen erheblich blockieren und so den Trauerprozeß erschweren oder sogar verhindern. Stattdessen können wir gemeinsam mit den Eltern überlegen, wie sie sich in Krisensituationen Unterstützung holen können. Wir können auch mit ihnen darüber sprechen, wie sie sich bisher in Krisen selbst geholfen haben. Diese bereits erworbenen Fähigkeiten im Umgang mit Krisen müssen unterstützt und gestärkt werden.

Wir sollten die Eltern über Selbsthilfegruppen und begleitete Trauergruppen informieren. Falls es keine solchen Gruppen in erreichbarer Nähe gibt, können wir eine Liste trauernder Familien anlegen, die bereit sind, mit neu betroffenen Eltern zu sprechen. Wir können auch selbst eine offene begleitete Gruppe in unserer Klinik anbieten. In der Trauer ist die 'Wiedererkennung' ein bedeutender Teil des Heilungsprozesses. Trauernde erkennen bei anderen Menschen, die einen Verlust erlitten haben, gewisse Phänomene und Prozesse wieder, die ihren eigenen ähnlich sind (Staudacher 1987). Diese Wiedererkennung kann sehr hilfreich sein, um Ängste wie die vor dem 'Verrückt-Werden' abzubauen. Wenn andere trauernde Mütter von Schmerzen in den Armen berichten, die sich anfühlen, als hätten sie ein Kind getragen, dann kann eine Frau, die diese Schmerzen auch spürt, ihr eigenes Erleben in dem der anderen wiedererkennen. Und sie kann wahrnehmen, daß dies normal ist und nicht als pathologisch einzuordnen ist. (Diese Schmerzen im Schulter-Arm-Bereich treten häufig bei Müttern auf, deren Kind um die Geburt herum stirbt.) Außerdem kann die Begegnung mit anderen Betroffenen Hoffnung vermitteln. Die trauernden Eltern können erkennen, daß andere Menschen vor ihnen den Weg durch die Trauer gegangen sind und daß es ein Leben nach dem Schmerz gibt.

Nicht nur gute individuelle Begleitung ist wichtig, auch der Sorge für eine (neue) Kultur des Abschied-Nehmens kommt eine große Bedeutung zu. In diesem Sinne können solche Initiativen wie eine Gedenkfeier, ein Buch, in dem die die verstorbenen Kinder eingetragen werden können, oder ein besonderer Platz auf dem Friedhof für viele Eltern eine heilsame Unterstützung sein.

Gedenkfeiern werden meist von Selbsthilfegruppen gestaltet, eventuell in Zusammenarbeit mit Klinikseelsorgern oder dem geburtshilflichen Team. Die Organisatoren bemühen sich, die Feier so zusammenzustellen, daß Menschen unabhängig von ihrer Konfession oder Weltanschauung daran teilnehmen können. In den Programmen sind folgende Elemente zu finden: Lieder, Gebete, Wort-Meditationen, selbstgeschriebene Gedichte, Nennung der Namen der verstorbenen Kinder. Oft werden auch Gedenk-Kerzen angezündet. In Großbritannien und in Australien finden regelmäßig solche Gedenkfeiern statt. Diese Feiern legen ein beeindruckendes Zeugnis davon ab, wie viele Menschen das Bedürfnis haben, dem Gedenken an ein verstorbenes Kind Ausdruck zu verleihen. In Glasgow nahmen im Juni 1992 siebenhundert Menschen an einer solchen Gedenkfeier teil (SANDS 1992c).

Gedenkbücher gibt es in vielen angloamerikanischen Krankenhäuser, einige deutsche Kliniken haben sie mittlerweile auch eingeführt. Sie werden in den unterschiedlichsten Formen gestaltet: manchmal wird nur der Name und der Geburts- und Todestag des Kindes eingetragen, in anderen Büchern ist Raum für ein Foto des Kindes und einen persönlichen Text der Eltern. Die Gedenkbücher bieten auch Eltern, deren Kind vor langer Zeit gestorben ist, die Möglichkeit, die Existenz und die Bedeutung dieses Kindes sichtbar zu machen. In dem Gedenkbuch in Edinburgh sind Eintragungen für Kinder zu lesen, die vor beinahe fünfzig Jahren gestorben sind (SANDS 1992c).

Ein Ort des Gedenkens auf einem Friedhof wird meist von den Mitgliedern der Selbsthilfegruppen individuell gestaltet. Eine amerikanische Gruppe hat eine Gedenkbank entworfen. In diese Steinbank ist eingraviert: "Ihr habt unser Leben und unser Herz berührt. Ihr seid nicht vergessen." (RTS 1993a, S.4, Übers. d. Verf.). Eine australische Gruppe pflanzte einen kleinen Rosengarten, um an die früh verstorbenen Kinder zu erinnern. Einige Elemente tauchen in fast allen Berichten über solche Orte des Gedenkens auf: eine Sitzmöglichkeit (meist eine Bank), es werden Bäume und Blumen gepflanzt. Hier kann eine Atmosphäre des Geschützt-Seins und des Verbunden-Seins mit dem Lebendigen spürbar werden. Solch eine Gedenkstätte kann gerade auch für Eltern, die kein Grab haben, zu einem Ort der stillen Erinnerung werden.

Ich möchte dieses Kapitel beenden mit der richtungweisenden Aussage von Frau D.:

> "Wir müssen ein Bewußtsein dafür entwickeln, daß diese Kinder genauso würdevoll die Erde verlassen können wie jeder andere Mensch auch."

Wir müssen auch bewußt dafür Sorge tragen, daß Menschen, die den Tod eines Kindes um die Geburt herum erleben, würdevoll trauern können.

20 Rückblick: Ein Weg durch Landschaften der Trauer

Während meiner Beschäftigung mit den Phänomenen der Trauerprozesse um den frühen Tod hat mich besonders ein Bild begleitet. Es war das Bild der Trauer-Landschaften, der Seelenlandschaften, durch die ein trauernder Mensch geht. Wenn man Trauernde bittet, ihre ganz spezifische Landschaft zu beschreiben, tauchen sehr unterschiedliche Bilder auf: manchmal Szenen aus der Wüste, Wege durch tiefe Abgründe, auch Wiesen und Wälder, Berge und Täler, Meer und Dünen.

Auf der Suche nach einer Form für einen Rückblick kam mir das Bild von den Trauer-Landschaften wieder in den Sinn. Dieses Bild schien mir geeignet, um Stimmungen und Atmosphärisches anzudeuten und um einzelne Weg-Strecken zu beschreiben. Ich lade Sie, liebe LeserInnen, ein, sich mit mir auf den Weg durch die Landschaft, in der dieses Buch entstanden ist, zu begeben. Unser Weg wird uns von ersten zaghaften Schritten in der Ebene über die Betrachtung von Trauer-Landschaften betroffener Familien hin zu 'Schwerpunkt-Wegen' und schließlich zum 'Berg der Rituale' führen. Um Ihnen die Orientierung ein wenig zu erleichtern, habe ich den Weg in markante Weg-Strecken eingeteilt.

20.1 Morgennebel

Vieles liegt im Morgennebel verborgen, nur schemenhaft erkenne ich einige Grundzüge der Landschaft. Ich spüre ein großes Bedürfnis, mehr von der Gestalt dieser Landschaft zu erfahren. Ich taste mich durch den Nebel vorsichtig an einige Bäume heran, die am Wegrand stehen. Ich muß lernen, meine Fragen zu leben, wie Rilke es in seinen 'Briefen an einen jungen Dichter' beschreibt (Rilke 1989). Ich brauche Geduld und Behutsamkeit für meine Schritte durch diese nebelverschleierte Landschaft.

20.2 Innere Landkarte

Dieser Teil des Weges ist lang, auf ihm lerne ich sehr verschiedene Trauer-Landschaften kennen. Ich begegne Müttern und Geschwistern, die mir von ihren Erfahrungen und Bildern erzählen. Für eine Mutter ist ihre Trauer-Landschaft geprägt von blühenden Bäumen. Diese Bäume haben geblüht, als ihr Sohn tot zur Welt kam. Diese Farbigkeit der Blütenpracht ist für sie eng verbunden mit dem Leben und dem Tod ihres Kindes.

Eine Frau, deren Geschwisterchen vor der Geburt gestorben war, erzählt mir, daß ihre Landschaft der Trauer von einer ganz dunklen Wolke überschattet war. Diese Wolke stand drohend am Himmel ihrer Kindheit und Jugend, in ihrer Herkunftsfamilie erlebte sie nie den erlösenden Regen. Erst als Erwachsene konnte sie sich der dunklen Wolke zuwenden. Sie erfuhr dieses Anerkennen ihrer Trauer und das Weinen der lange unterdrückten Tränen als eine große Befreiung.

Der Weg durch die Landschaft der theoretischen Literatur über Trauer-Prozesse führt mich durch eine sehr trockene Gegend, ich sehe viele kahle Bäume mit dürren Ästen. Das Gehen auf dem sandigen Boden ist beschwerlich, oft drohe ich einzusinken. Ich nehme wahr, wie Wissenschaftler bestimmte Phänomene bewerten und wie Betroffene selbst von ihren Gefühlen und Eindrücken berichten.

Während dieser Zeit wird die folgende Aussage von Martin Buber wichtig für mich: 'Man muß bei sich selbst gewesen sein, um zum anderen ausgehen zu können.' (Buber 1985, S.169). Für mich bedeutet das: ich muß durch meine eigene Trauer-Landschaft gegangen sein, damit ich mich auf die Landschaften anderer Menschen einlassen kann. Ich gehe durch tiefe Täler und Schluchten meiner Landschaft, ich überwinde manches Hindernis, bis ich 'zu den anderen ausgehen kann'. Ich erlebe, daß es ein großes Maß an Beweglichkeit braucht, um sich auf die verschiedenen Gestaltungen von Trauer-Landschaften einstellen zu können. Immer wieder bin ich mit Unbekanntem und Neuem konfrontiert, ich kann mich nicht an äußeren, vorgezeichneten Landkarten orientieren. Auf meinem langen Weg durch viele Trauer-Landschaften erlebe ich eine Zeit, in der ich den Eindruck habe, den Boden unter meinen Füßen nicht mehr zu spüren. Ich schreibe grundlegende Aussagen auf, diese sind für mich wie eine innere Landkarte. Ich erfahre, daß meine innere Landkarte mir hilft, mich wieder neu zu orientieren und meinen Weg weiterzugehen. Ich will die Wegweiser meiner Landkarte hier zitieren, weil sie ein Fundament für meine Arbeit gebildet haben.

* Das gestorbene Kind ist einzigartig, es ist eine Individualität und durch niemanden ersetzbar.
* Die Trauer von Eltern und Geschwistern über den Tod eines Kindes um die Geburt herum ist berechtigt.
* Trauer paßt in kein Schema, denn Trauer unterliegt den lebendigen Prozessen von Veränderung und Wandlung.
* Jeder Mensch entwickelt sein eigenes Trauer-Muster und auch seine eigenen Rituale - der Trauerprozeß ist für jeden Menschen einzigartig.
* Trauer kann und darf auch lange Zeit nach dem Verlust wieder auftauchen, dies geschieht insbesondere, wenn durch gewisse Auslöser Erinnerungen wachgerufen werden.
* Der Tod eines Kindes kann einen großen Einfluß auf den weiteren Lebensweg der Eltern und der Geschwister haben.
* Auch viele Jahre nach dem frühen Tod eines Kindes können wir uns von ihm verabschieden und so den heilenden Prozeß der Trauer einleiten.

20.3 Schwerpunktwege

Nun unternehme ich erste Versuche, meine Aufmerksamkeit bewußt auf bestimmte Fragen zu konzentrieren. Es zeigt sich die Notwendigkeit, sich an Weg-Gabelungen für *einen* Weg zu entscheiden, und damit die anderen Wege *nicht* zu gehen. In dieser Zeit gehe ich mehrere 'Schwerpunkt-Wege'; die jeweiligen 'Wegbezeichnungen' seien hier genannt:

* Einfluß von früheren Verlusten auf die Bewältigung der gegenwärtigen Trauer
* Zusammenhänge und Wechselwirkungen zwischen Todesvorstellungen und dem Trauerprozeß
* Beziehung zum Kind auf verschiedenen Ebenen (physisch, emotional, spirituell)
* Einfluß des Kindstodes auf das weitere Leben der Mutter
* Gestaltung des Abschieds

20.4 'Berg der Rituale'

Das dritte Teilstück war sehr anstrengend, und ich erkenne nun, daß ich mich auf ein Thema konzentrieren muß, daß ich mit dieser Arbeit nicht gleichzeitig mehrere 'Schwerpunkt-Wege' gehen kann. Mittlerweile kenne ich die internationale Literaturlandschaft über die Thematik des frühen Todes recht gut. Ich weiß, daß im deutschen Sprachraum noch kaum jemand den Weg durch die Landschaft der Abschiedsrituale gewagt hat. So entscheide ich mich, alle bis dahin auf dem Weg durch die Trauer-Landschaften gesammelten Erfahrungen in einen Rucksack zu packen und mich auf den Weg zum 'Berg der Rituale' zu machen. Ich hoffe, von dort aus den nötigen Überblick zu haben, um die markanten Weg-Strecken der Abschieds-Rituale beschreiben zu können. Die Erfahrungen im Rucksack sind wertvolle Hilfen für mich, ohne sie wäre der Aufstieg auf den 'Ritual-Berg' nicht möglich gewesen. Auch wenn sie in dieser Arbeit nicht immer im Äußeren sichtbar sind, waren sie doch notwendig.

Den Weg auf den Gipfel erlebe ich als Spiral-Weg, so, wie wir die Serpentinen in den Alpen kennen. Es ist ein Weg vom Umkreis ins Zentrum, von der Peripherie zum Wesen-tlichen. Es waren besondere Momente, wenn diese Konzentration auf Wesentliches gelang, manchmal in Gesprächen als ein Geschenk der Begegnung, manchmal in einsamen Stunden am Schreibtisch.

Es gab wichtige Weggefährten auf diesem Weg durch die Landschaften der Trauer. In den Danksagungen sind sie erwähnt. Manche dieser Weggefährten leben viele tausend Kilometer entfernt in anderen geographischen Landschaften und in einem anderen Sprachraum. Trotz dieser räumlichen Distanz haben sie es auf sich genommen, mir über ihre Trauer-Landschaften zu berichten und auf die Schilderung meiner eigenen Landschaft und der europäischen Landschaften einzugehen. Andere Weggefährten lebten in meiner Nähe, so daß ein häufigerer Austausch möglich war. Die Begleitung, die ich durch meine Weggefährten erfahren durfte, hat mir viel Kraft zum Durchhalten gegeben.

Worte des Dankes

Ein Buch wie dieses, das sich mit Grenzsituationen des menschlichen Lebens auseinandersetzt, ist nur möglich, wenn viele Menschen es in Gedanken mittragen. Ohne die Unterstützung meiner Weggefährten hätte ich diese Arbeit nicht schreiben können. Deshalb ist es mir ein großes Bedürfnis, einige meiner Weggefährten persönlich zu erwähnen. Ich bin sehr, sehr dankbar für all das, was ich auf meinem Weg an Hilfe erfahren durfte.

An erster Stelle möchte ich den Müttern danken, die mir ihre Erfahrungen im Zusammenhang mit dem frühen Tod ihres Kindes mitgeteilt haben. Ihre Gesprächsbereitschaft war die Voraussetzung für dieses Buch. Die Offenheit, mit der diese Mütter mir aus ihrem Leben erzählt haben, war ein großes Geschenk für mich.

Den betroffenen Geschwistern danke ich dafür, daß sie mich auf die oft vergessene Thematik der Geschwistertrauer aufmerksam gemacht haben. Ich bin ihnen dankbar, daß sie mir so vertrauensvoll von ihren Erfahrungen berichtet haben.

Professor Dr. Peter Petersen danke ich für sein Interesse an außergewöhnlichen Fragestellungen und für seine Ermutigung zur Publikation.

Professor Dr. Elmar Brähler bin ich dankbar, daß dieses Buch jetzt erscheinen kann.

Frau Brendel danke ich für all ihre Stunden am Computer für die Layout-Herstellung.

Dem Hogrefe-Verlag möchte ich für die kooperative Zusammenarbeit danken.

Meinem Mann Piet und unserer Tochter Raphaela bin ich dankbar für stille Stunden, in denen ich an diesem Buch arbeiten konnte, und für die Freude am Leben, die ich mit ihnen (wieder) gefunden habe.

Silke Helwig danke ich für ihr unerschütterliches Vertrauen in meine Kraft und in die Bedeutung dieses Buches. In unseren Gesprächen eröffnete sie mir immer wieder den Zugang zu größeren Zusammenhängen. Dafür bin ich ihr sehr dankbar.

Gerda Eberle-Gramberg möchte ich danken für ihre liebevolle und beständige Begleitung während der gesamten Zeit des Schreibens. Unsere Gespräche haben mir sehr geholfen, immer wieder meine eigenen Erfahrungen von denen meiner Interviewpartnerinnen zu trennen.

Renate Krause danke ich für ihr großes Interesse an der Thematik und für ihre konstruktiven Kommentare.

Ursula Wirtz bin ich dankbar für bedeutungsvolle Gespräche über Sinn-Krise und Sinn-Fragen des menschlichen Lebens.

Gabriele Gerretsen-Remer möchte ich danken für ihre wichtige Unterstützung.

Professor Dr. Johann-Christoph Student danke ich für alles, was ich von ihm über den Prozeß der Trauer lernen konnte.

Professor Dr. Ute Student danke ich für ihre behutsame Gruppenleitung in den verschiedenen Gruppen zum frühen Tod von Kindern.
Den Mitarbeiterinnen der Arbeitsgruppe 'Der frühe Tod von Kindern' danke ich für viele gemeinsame Stunden der Diskussion. Ich habe in unseren Gesprächen viel gelernt.

In Dankbarkeit erinnere ich mich an meine Mutter. Während ihres Sterbens habe ich viel gelernt. Nach ihrem Tod begegnete ich Menschen, die mich darin unterstützt haben, bewußt mit meiner Trauer umzugehen. Ein langer Weg der Auseinandersetzung mit der Thematik von Sterben, Tod und Trauer liegt hinter mir. Erst nachdem ich diesen Weg gegangen war, war es mir möglich, dieses Buch zu schreiben.

Ich bin dankbar, daß ich Gerd Jensch begegnen durfte. Sein Vertrauen in mich hat mir sehr geholfen. Das Mit-Erleben seines Schwellenübergangs hat mein Leben und auch meine Auseinandersetzung mit dem Tod entscheidend geprägt. Die Erinnerungen an ihn und an unsere Gespräche über grundlegende Fragen des Lebens waren mir während des Schreibens sehr nahe.

Michaela Nijs

Nachwort

Das Buch von Michaela Nijs rührt bei mir selbst an die wohl schmerzlichste Erfahrung meines Lebens: den Tod unserer ersten Tochter, die nur wenige Tage nach ihrer Geburt verstarb. Es erinnert mich an die eigene Hilflosigkeit von uns Eltern ebenso wie an die Hilflosigkeit von Ärzten und Schwestern, denen wir in dieser Zeit begegnet sind. Und es erinnert mich an die tiefe Kluft des Schweigens, die zu Freunden und Verwandten in dieser Zeit aufbrach. Diese Hilflosigkeit im Angesicht des Todes auf Seiten der Betroffenen ebenso wie auf seiten der Mitmenschen, kann als charakteristisch für unsere Zeit gelten.

Dem französischen Historiker Ariès (1987) verdanken wir eine sorgfältige Aufarbeitung der geschichtlichen Entwicklung des Umganges mit Sterben, Tod und Trauer im Abendland. Seinen Untersuchungen können wir entnehmen, daß die Zeit der Trauer zu fast allen Epochen die Hinterbliebenen in eine tiefe Krise gestürzt hat. Was sich in unserem Jahrhundert jedoch verändert hat, ist dies: Trauernde werden heute mit dieser Krise weitgehend alleine gelassen. Was uns fast vollständig verloren gegangen ist, sind hilfreiche Rituale, d. h. vorgezeichnete, regelhafte Verhaltensweisen, die dem trauernden Menschen und seinen Mitmenschen in der Zeit größter Verunsicherung ein gewisses Maß an Sicherheit anbieten können. In diesem Mangel ist eine Wurzel mannigfaltiger körperlicher und seelischer Störungen zu vermuten, wie sie Untersuchungen der letzten Jahre (Stroebe, Stroebe und Hansson 1993) immer wieder zutage gebracht haben.

Indem Michaela Nijs sich in ihrem Buch dem Thema der Wiederbelebung und der Neuentwicklung von hilfreichen Ritualen angesichts des Todes widmet, geht sie ein entscheidendes Defizit unserer Umgangsformen mit Sterben, Tod und Trauer an und wendet sich damit gegen die von Ariès beklagte „Verwilderung" unseres Umganges mit der Trauer. Zugleich konzentriert sie sich auf eine Trauerursache, die in unseren Tagen besonders tabuisiert worden ist: die Trauer über den Tod von perinatal verstorbenen Kindern. Keine Zeit im Leben eines Menschen, so will es uns heute, am Ende des 20. Jahrhunderts erscheinen, regt in den westlichen Industriestaaten so wenig an, Sterben, Tod und Trauer zu bedenken, wie die Kindheit. Die Kindheit ist gewissermaßen zur „gesündesten Zeit" im Leben eines Menschen geworden. Krankheit, Not, Leid oder gar der Tod, all dies mag keinen rechten Platz darin finden. Tatsächlich sterben jährlich auch nur etwa 14.000 Kinder und Jugendliche in Deutschland. Um so schwerer jedoch wiegt das Leid betroffener Eltern.

Viel zu wenig ist bekannt, daß die meisten dieser Kinder bereits kurz vor, während oder nach der Geburt versterben. Im Unterschied zum Sterben des Erwachsenenalters ist das Sterben von Kindern durch seine Plötzlichkeit charakterisiert. Das Erschrekken hierüber läßt nicht nur die betroffenen Eltern verstummen, sondern verschlägt auch ihren Mitmenschen oftmals die Sprache. Vermutlich gibt es keine Todesart, die heute mehr Verstummen auslöst, als der frühe Tod eines Kindes.

In den letzten Jahren sind zwar auch zu diesem verschwiegenen Tod von jungen Kindern vereinzelte Veröffentlichungen erschienen. Das besondere Verdienst des Buches von Michaela Nijs liegt jedoch darin, daß sie einfühlsame Hilfen für betroffene Eltern mit einem wissenschaftlichen Fundament versieht, das diesem Bereich der Trauer bislang weitgehend gefehlt hat. Indem sie der Wirksamkeit und der Möglichkeit des rituellen Umganges mit dem Kindertod als Methode der Trauerbewältigung wissenschaftlich nachspürt, bricht sie auch im Wissenschaftsbereich ein Tabu, das diese frühe Todesart noch weitgehend umgibt. Mit ihrem Beitrag zu hilfreichen Umgangsformen mit trauernden Eltern nach einem perinatalen Todesfall zeigt sie Wege auf, die betroffenen Eltern helfen können, diese Zeit schwerster Krise gesünder zu überstehen. Sie liefert damit einen wichtigen Beitrag zur Gesundheitsförderung in einem umfassenden Sinne. Mit ihrer Untersuchung trägt Michaela Nijs dazu bei, Eltern ebenso wie denen, die ihnen helfen möchten, heilsame Wege aus der Krise zu weisen.

Johann-Christoph Student
(Gesamtleiter Hospiz Stuttgart)

Literatur:

Ariès, Ph.: Geschichte des Todes. 2. Auflage, Deutscher Taschenbuch Verlag, München 1987

Stroebe, M.S., Stroebe, W., Hansson, R.O. (Hrsg.): Handbook of Bereavement. Theory, Research and Intervention. Cambridge University Press, Cambridge 1993

Student, J.-C. (Hrsg.): Im Himmel welken keine Blumen - Kinder begegnen dem Tod. 4. Auflage, Verlag Herder, Freiburg 1998

Adressen der Selbsthilfegruppen

Initiative Regenbogen
"Glücklose Schwangerschaft" e.V.
Hauptgeschäftsstelle
Barbara Künzer-Riebel
Burgstr. 6
D - 73614 Schorndorf

Adressenvermittlung von lokalen Selbsthilfegruppen der Initiative Regenbogen:

Constanze Tofahrn-Lange
Charlottenstr. 39
D - 26486 Wangerooge
Tel.: 04469 / 376 (bitte erst nach 18 Uhr)

Kontakt- und Informationsstelle
"Verwaiste Eltern in Deutschland"
Esplanade 15
D - 20354 Hamburg
Tel.: 040 / 35 50 56 33

Ihre Anmerkungen und Fragen zu diesem Buch senden Sie bitte an den Verlag (Hogrefe-Verlag, Rohnsweg 25, 37085 Göttingen), der diese Schreiben gern an die Autorin weiterleitet.

Literaturverzeichnis

Achterberg, J.: "Rituale sind die Wegweiser der Heilung". Psychol heute 1993, 20. Jg., Heft 9:35-40.

Arbeitsgruppe 'Der frühe Tod von Kindern' (Hrsg.): Wenn das Leben mit dem Tod beginnt. Elwin Staude Verlag, Hannover 1994.

Attig, T.: The importance of conceiving of grief as an active process. Death Studies 1991, 15:385-393.

Baßler, M., Schins, M.-T.: Warum gerade mein Bruder? Trauer um Geschwister. Rowohlt Verlag, Reinbek 1992.

Beckey, R.D., Price, R.A., Okerson, M., Walker Riley, K.: Development of a Perinatal Grief Checklist. JOGNN 1985, 194-199.

Beutel, M.: Der frühe Verlust eines Kindes. Bewältigung und Hilfe bei Fehl-, Totgeburt und Fehlbildung. Hogrefe Verlag, Göttingen 1996.

Beutel, M.: Verarbeitung von Spontanabort und Totgeburt in der Partnerschaft - Schlußfolgerungen für Paarberatung und -therapie. Psychotherapeut 40 (1995), 291-297.

Bolton, C., Camp, D.J.: Funeral rituals and the facilitation of grief work. OMEGA 1986-87, 17:343-352.

Bolton, C., Camp, D.J.: The Post-Funeral Ritual in Bereavement Counseling and Grief Work. J Gerontol Soc Work 1989, 13:49-59.

Boogert, A.: Beim Sterben von Kindern. Erfahrungen, Gedanken und Texte zum Rätsel des frühen Todes. Verlag Urachhaus, Stuttgart 1995.

Boogert, A.: Wir und unsere Toten. Verlag Urachhaus, Stuttgart 1993.

Borg, S., Lasker, J.: Glücklose Schwangerschaft: Rat und Hilfe bei Fehlgeburt, Totgeburt und Mißbildungen. Tomus Verlag, München 1983.

Borg, S., Lasker, J.N.: When pregnancy fails: Families coping with miscarriage, stillbirth and infant death. Beacon, Boston 1989.

Bortz, J.: Lehrbuch der empirischen Forschung. Springer, Berlin u.a. 1984.

Bourne, S.: Psychological impact of stillbirth. Practitioner 1983, 227:53-60.

Bourne, S.: Stillbirth, grief, and medical education. BMJ 1977, 1:1157.

Bowlby, J.: Attachment and Loss, Vol. 3: Loss. Basic Books, New York 1980.

Brady, E.: The "Beau Geste": Shaping Private Rituals of Grief. American Folklife Annual 1987, 24-33. Washington 1988.

Buber, M.: Pfade in Utopia. Heidelberg 1985.

Büttner, S.: Totalitäre Denkstrukturen in den Konzepten der Medizin. Scheideweg 1991/1992, 21:98-120.

Burkhard, G.: Das Leben in die Hand nehmen - Arbeit an der eigenen Biographie. Verlag Freies Geistesleben, Stuttgart 1992.

Calbrese, J.R., King, M.A., Gold, P.W.: Alterations in immunocompetence during stress, bereavement, and depression: Focus on neuroendocrine regulation. Am J Psychiatr 1987, 144:9.

Campbell, J.: Über die Funktionen von Mythologie. In: Eliot, A.: Mythen der Welt, Bucher Verlag, Luzern 1976.
Canacakis, J.: Ich sehe Deine Tränen. Trauern, klagen, leben können. Kreuz Verlag, Stuttgart 1987.
Carr, D., Knupp, S.F.: Grief and Perinatal Loss: A Community Hospital Approach to Support. JOGNN 1985, 130-139.
Cohen, M.: She was born - she died: A collection of poems following the death of an infant. Centering Corporation, Omaha 1987.
Condon, J.T.: Management of established pathological grief reaction after stillbirth. Am J Psychiatry 1986, 143:987-992.
Coolin, C.: Mother's Day. In: Helping Hands (Newsletter H.A.N.D.) Fall 1992.
Cuisinier, M., Janssen, H.: Met lege handen. Vrouwen over het verlies van hun baby in de zwangerschap of rond de bevalling. Van Holkema & Warendorf, Houten 1996.
Cuisinier, M., Hoogduin, K. (eds.): De psychosociale zorg rond miskraam en perinatale sterfte. Bohn Stafleu Van Loghum, Houten / Zaventem 1994.

Davidson, G.W.: Understanding the death of the wished-for child. ORG Service Corp., Springfield 1979.
Davis, D.L.: Empty Cradle, Broken Heart: surviving the death of your baby. Fulcrum Pub., Golden 1991.
Defrain, J., Martens, L., Stork, J., Stork, W.: Stillborn - The invisible Death. Lexington Books, Lexington 1986.
Denzin, N.K.: The Methodological Implications of Symbolic Interactionism for the Study of Deviance. Br J Sociol 1974, 25:269-282.
Dilts, M.: Holidays. In: Helping Hands (Newsletter H.A.N.D.) Fall 1992.
Dyregov, A.: Parental reactions to the loss of an infant child: A review. Scandinavian Journal of Psychology 1990, 31:266-280.

Ehrenberg, H.: Glaskind. Gedichte. Verlag Karl Hart, Volkach 1994.
Erling, S., Ilse, S.: Planning a Precious Goodbye - For Babies after Miscarriage, Stillbirth or Infant Death. Pregnancy and Infant Loss Center, Wayzata 1989.

Fässler-Weibel, P. (Hrsg.): Wenn Kinder sterben. Paulus Verlag, Fribourg 1996.
Ferreira, A.J.: Family myths and homeostasis. Arch Gen Psychiatry 1963, 9:457-463.
Flieger, B.: Beim ersten Kind kam alles anders. Eine glückliche Schwangerschaft und ihr jähes Ende. Herder Verlag, Freiburg 1994.
Forrest, G.C., Standish, E., Baum, J.D.: Support after perinatal death: a study of support and counselling after perinatal bereavement. BMJ 1982, 285:1475-1479.
Freud, S.: Aus den Anfängen der Psychoanalyse. S. Fischer, Frankfurt 1962.
Friedrichs, J.: Methoden empirischer Sozialforschung. Westdeutscher Verlag GmbH, Opladen 1980.
Fritsch, J.: ... Unendlich ist der Schmerz: Eltern trauern um ihr Kind. Kösel Verlag, München 1995.

Gennep, A. van: The Rites of Passage. University of Chicago Press, Chicago 1909.
Gilbert, K.R., Smart, L.S.: Coping with infant or fetal loss. The couple's healing process. Brunner / Mazel, New York 1992.
Giles, P.F.H.: Reactions of women to perinatal death. Aust N Z J Obstet Gynaecol 1970, 10:207-210.
Glöckler, M. (Hrsg.): Anthroposophische Medizin. Verlag Freies Geistesleben, Stuttgart 1993.

Goldmann-Posch, U.: Wenn Mütter trauern. Knaur Taschenbuch-Verlag, München 1996.
Gusfield, J.R., Michalowicz, J.: Secular Symbolism: Studies of Ritual, Ceremony, and the Symbolic Order in Modern Life. Ann Rev Sociol 1984, 10:417-435.

Hahn-Lepper, M.: Nicht zum Leben geboren. Fischer Taschenbuch Verlag, Frankfurt 1990.
Harder, G.M.: Sterben und Tod eines Geschwisters. Verlag pro juventute, Zürich 1992.
Hardy, K.: What You Can Do To Help. In: H.A.N.D. (ed.): Health Provider's Manual For Helping After Perinatal Death. Los Gatos 1987.
Hart, O.v.d.: Abschiednehmen: Abschiedsrituale in der Psychotherapie. Verlag J. Pfeiffer, München 1982.
Hassauer, W.: Die Geburt der Individualität: Menschwerdung und Geburtshilfe. Verlag Urachhaus, Stuttgart 1984.
Heimann, P.: Bemerkungen zum Arbeitsbegriff in der Psychoanalyse. Psyche 1966, 20:321-361.
Heimeran, M.: Von der Religion des kleinen Kindes. Verlag Urachhaus, Stuttgart 1970.
Heusser, P.: Brückenbildung zwischen Naturwissenschaft und Geisteswissenschaft - eine wesentliche Forschungsaufgabe der Medizinischen Sektion. Rundbrief Advent 1993, 2:51-73.
Hoffman, P.: Being parents. In: Helping Hands (Newsletter H.A.N.D.) Fall 1992.
Huizinga, J.: Homo Ludens. Beacon Press, Boston 1950.

Ilse, S.: Empty arms. Wintergreen Press, Long Lake 1982.
Imber-Black, E., Roberts, J., Whiting, R.: Rituals in Families and Family Therapy. W.W. Norton, New York 1988.
Imber-Black, E., Roberts, J.: Rituals for our times: celebrating, healing, and changing our lives and our relationships. HarperCollins Publishers, New York 1992.

Janssen, H.J.E.M. et al.: A prospective study of risk factors predicting grief intensity following pregnancy loss. Arch Gen Psychiatry 1997, 54:56-61.
Johnson, J., Johnson, M.: Newborn death. Centering Corporation, Omaha 1982.
Jolly, H.: Family reactions to stillbirth. Proc Soc Med 1976, 69:835-837.

Kast, V.: Sich einlassen und loslassen. Neue Lebensmöglichkeiten bei Trauer und Trennung. Herder Verlag, Freiburg 1994.
Kast, V.: Trauern. Phasen und Chancen des psychischen Prozesses. Kreuz Verlag, Stuttgart 1994.
Kast, V.: Wenn Geburt und Tod zusammenfallen: Trauer aus der Sicht der Therapeutin. In: Lutz, G., Künzer-Riebel, B. (Hg.): Nur ein Hauch von Leben. Fischer Taschenbuch Verlag, Frankfurt 1991.
Kastendieck, M.: Eine Schwangerschaft und Geburt mit Anenzephalus. In: Petersen, P., Fervers-Schorre, B., Schwerdtfeger, J. (Hrsg.): Psychosomatische Gynälologie und Geburtshilfe 1992/93. Springer Verlag, Berlin - Heidelberg - New York 1993.
Keirse, E.: Eerste opvang bij perinatale sterfte. Gedragingen en attitudes van ouders en hulpverleners. Acco, Leuven / Amersfoort 1989.
Kelber, W.: Raphael von Urbino - Leben und Werk. Verlag Urachhaus, Stuttgart 1979.
Kirfel, B.: Schwangerschaftsabbruch - was nun? Musik-, Tanz- und Kunsttherapie 1993, 4:212-219.
Kirk, E.P.: Psychological effects and management of perinatal loss. Am J Obstet Gynecol 1984, 149:46-51.
Klaus, M.H., Kennell, J.H.: Mutter-Kind-Bindung: Über die Folgen einer frühen Trennung. Deutscher Taschenbuch Verlag, München 1987.

König, R.: Das Interview: Formen, Technik, Auswertung. Kiepenheuer und Witsch, Köln 1972.
Körner-Armbruster, A.: Totgeburt - weiblich. Ein Abschied ohne Begrüßung. Goldmann Verlag, München 1996.
Kohner, N.: A Dignified Ending. Recommendations for good practice in the disposal of babies born dead before the legal age of viability. Stillbirth and Neonatal Death Society, London 1992.
Kohner, N., Henley, A.: Guidelines for Professionals: Miscarriage, Stillbirth and Neonatal Death. Stillbirth and Neonatal Death Society, London 1991a.
Kohner, N., Henley, A.: When a baby dies. Pandora Press, London 1991b.
Kovcsne-Török, Z., Szevernyi, P.: Psychological problems of perinatal death. In: Nijs, P., Richter, D. (eds.): Advanced Research in Psychosomatic Obstetrics and Gynaecology. Uitgeverij Peeters, Leuven 1998.
Krebber, I.: Wer kennt meine Trauer? Wenn der Tod den Eltern ihre Kinder nimmt. Herder Verlag, Freiburg 1994.
Krupp, G.: Bereavement Reaction. Psychoanal Study Soc 1962, 3:39-70.
Kübler-Ross, E.: Interviews mit Sterbenden. Kreuz Verlag, Stuttgart 1971.
Künzer-Riebel, B., Lutz, G. (Hrsg.): Nur ein Hauch von Leben. Ernst Kaufmann Verlag, Lahr 1995.
Kuse-Isingschulte, M., Beutel, M. Hahlweg, B.C., Stauber, M.: Die psychische Reaktion auf eine Totgeburt. In: Kentenich, H., Rauchfuß, M., Bitzer, J. (Hrsg.): Mythos Geburt. Psychosozial-Verlag, Giessen 1996.
Kuse-Isingschulte, M.W., Beutel, M., Hahlweg, B.C., Stauber, M.: Coping with a stillbirth emotionally: course of grieving response, determinants, satisfaction with treatment, desired care. In: Bitzer, J., Stauber, M.: Psychosomatic Obstetrics and Gynecology. Monduzzi Editore, Bologna 1995.
Kutik, E.: About the Holidays. In: Helping Hands (Newsletter H.A.N.D.) Fall 1992.

Lake, M., Knuppel, R.A., Murphy, J., Johnson, M.: The role of a grief support team following stillbirth. Am J Obstet Gynecol 1983, 146:877-881.
Lander, H.-M., Zohner, M.-R.: Trauer und Abschied: Ritual und Tanz für die Arbeit mit Gruppen. Matthias-Grünewald-Verlag, Mainz 1992.
LaRoche, C., Lalinec-Michaud, M., Engelsmann, F., Fuller, N., Copp, M., McQuade-Soldatos, L., Azima, R.: Grief Reactions to Perinatal Death - A Follow-Up Study. Can J Psychiatry 1984, 29:14-19.
Lasker, J.N., Lohmann, J., Skumanich, S.: The role of religion in bereavement after pregnancy loss. Paper presented at the Society for Scientific Study of Religion, Salt Lake City 1989.
Lasker, J.N., Toedter, L.J.: Satisfaction with hospital care and interventions after pregnancy loss. Paper presented at the Association for Death Education and Counseling Conference, New Orleans, March 1990.
Lee, C.: Trauer kennt viele Wege. Für einen individuellen Umgang mit Schmerz und Verlust. Knaur Taschenbuch Verlag, München 1996.
Legg, C., Sherick, J.: The replacement child: A developmental tragedy. Child Psychiatry and Human Development 1976, 7:113-125.
Lenz, J.: Das Ereignis des Todes: zum Umkreis der Bestattung. Verlag Urachhaus, Stuttgart 1986.
Leon, I.G.: The invisible loss: the impact of perinatal death on siblings. J Psychosom Obstet Gynaecol 1986, 5:1-14.
Leon, I.G.: When a baby dies: Psychotherapy for pregnancy and newborn loss. Yale University Press, New Haven 1990.

Leon, I.G.: Perinatal Loss: Choreographing Grief On the Obstetric Unit. Am J Orthopsychiat 1992, 62:7-8.
Lewis, E.: The management of stillbirth - coping with an unreality. Lancet 1976, 2:619-620.
Lewis, E.: Stillbirth: psychological consequences and strategies of management. Adv Perin Med 1983, 3:205-245.
Lewis, E., Page, A.: Failure to mourn a stillbirth: An overlooked catastrophe. Br J med Psychol 1978, 51:237-241.
Lothrop, H.: Gute Hoffnung - jähes Ende: Ein Begleitbuch für Eltern, die ihr Baby verlieren, und für alle, die sie unterstützen wollen. Kösel Verlag, München 1991.
Lovell, A.: Some Questions of Identity: Late Miscarriage, Stillbirth and Perinatal Loss. Soc Sci Med 1983, 17:755-761.
Lurker, M.: Wörterbuch der Symbole. Stuttgart 1979.
Lutz, G., Künzer-Riebel, B.: Nur ein Hauch von Leben: Eltern berichten vom Tod ihres Babys und von der Zeit ihrer Trauer. Fischer Taschenbuch Verlag, Frankfurt am Main 1991.

Mandelbaum, D.G.: Social Uses of Funeral Rites. in: Feifel, H. (ed.): The Meaning of Death. McGraw-Hill, New York 1959.
Mc Caw, B., Mc Leod, M., Adams, J. (eds.): My missing piece (anonymous). Munson Medical Center Publishing, Michigan 1994.

Neugebauer R. et al.: Major depressive disorder in the 6 months after miscarriage. JAMA 1997, 277:383-388.
Nijs, M.: Grieving for a stillborn child: a lifelong process? In: Nijs, P., Richter, D. (eds.): Advanced Research in Psychosomatic Obstetrics and Gynaecology. Uitgeverij Peeters, Leuven 1998.

Peppers, L.G., Knapp, R.J.: Maternal reactions to involuntary fetal-infant death. Psychiatry 1980, 43:155-159.
Perls, F.S., Hefferline, R.F., Goodman, P.: Gestalt Therapy. Excitement and Growth in the Human Personality. The Julian Press, New York 1951.
Petersen, P. (Hrsg).: Majestät des Todes - Bewegung des Lebens. 3. Symposion für künstlerische Therapien. Selbstverlag, Hannover 1997.
Petersen, P.: Der Therapeut als Künstler: Ein integrales Konzept von Psychotherapie und Kunsttherapie. Junfermann-Verlag, Paderborn 3. Aufl. 1994.
Petersen, P.: Von der Notwendigkeit der Kunst in der Medizin. Musik-, Tanz- und Kunsttherapie 1993, 4:220-233.
PILC (Pregnancy and Infant Loss Center): Loving Arms Newsletter 1991:9.
Plasschaert, R., Spitz, B., Nijs, P.: Late pregnancy loss. Support for the family. In: Nijs, P., Richter, D. (eds.): Advanced Research in Psychosomatic Obstetrics and Gynaecology. Uitgeverij Peeters, Leuven 1998.
Poetsch, P.: Taking Care of Yourself. In: H.A.N.D. (ed.): Health Provider's Manual For Helping After Perinatal Death. Los Gatos, 1987.
Preuschhof, M.: Geburtshilfe - Sterbebegleitung: Ein Widerspruch? Über die Möglichkeit und Aufgabe der Geburtshilfe bei glückloser Schwangerschaft. Diplomarbeit, Evangelische Fachhochschule Hannover, 1990.
Purucker-Häußler, M.: Bericht über die Arbeitsgruppe Eurythmie / Heileurythmie. In: Petersen, P., Fervers-Schorre, B., Schwerdtfeger, J.: Psychosomatische Gynäkologie und Geburtshilfe 1992/93. Springer Verlag, Berlin - Heidelberg 1993.

Rahm, D., Otte, H., Busse, S., Ruhe-Hollenbach, H.: Einführung in die Integrative Therapie - Grundlagen und Praxis. Junfermann, Paderborn 1993.

Rando, T.A.: Creation of Rituals in Psychotherapy. Forum Newsletter 1983, 6:8-9.
Rando, T.A.: Creating Therapeutic Rituals in the Psychotherapy of the Bereaved. Psychoth 1985, 22:236-240.
Rando, T.A.: Grieving: how to go on living when someone you love dies. Lexington Books, Lexington 1988.
Rau, C.: Kinderseelen - Geistesboten. Ogham Verlag, Stuttgart 1990.
Rauchfuss, M., Trautmann, K.: Impact of prior pregnancy loss and stillbirth on maternal anxiety during a subsequent pregnancy. In: Nijs, P., Richter, D. (eds.): Advanced Research in Psychosomatic Obstetrics and Gynaecology. Uitgeverij Peeters, Leuven 1998.
Reeves, N.C., Boersma, F.J.: The Therapeutic Use of Ritual in Maladaptive Grieving. OMEGA 1989-90, 20:281-291.
Regenbogen-Initiative (Hrsg.): Ein sehr wichtiges Bild. Fotobroschüre für Mitarbeiter in der perinatalen Pflege. Selbstverlag, Schorndorf 1994.
Rilke, R.M.: Briefe an einen jungen Dichter. Fischer Verlag, Frankfurt 1989.
Rist-Grundner, V.: Wünsche und Anregungen für berufliche Helfer. In: Verwaiste Eltern in Deutschland (Hrsg.): Leben mit dem Tod eines Kindes 8. Selbstverlag, Hamburg 1996.
Roesing-Diederich, I.: Die Verbannung der Trauer (Llaki Wij'chuna). Mundo Ankari I. Greno Verlag, Nördlingen 1987.
Rosenblatt, P.C., Walsh, R.P., Jackson, D.A.: Grief and Mourning in cross-cultural perspective. HRAF Press, New Haven 1976.
Rosenblatt, P.C.: Bitter, bitter tears: nineteenth-century diarists und twentieth- century grief theories. University of Minnesota Press, Minneapolis 1983.
Rosenblatt, P.C., Burns, L.H.: Long-term effects of perinatal loss. Journal of Family Issues 1986, 7:237-253.
Ross, M.E., Ross, C.L.: Mothers, Infants, and the Psychoanalytic Study of Ritual. Signs 1983, 9:26-39.
Rowe, J., Clyman, R., Green, C., Mikkelsen, C., Haight, J., Ataide, L.: Follow-up of families who experience a perinatal death. Pediatr 1978, 62:166-170.
RTS Bereavement Services (ed.): Counselor Connection 1992:8, 1992a.
RTS Bereavement Services (ed.): RTS Tools for Healing and Helping, 1992b.

SANDS (Stillbirth and Neonatal Death Society): Newsletter Spring 1992, 1992a.
SANDS (Stillbirth and Neonatal Death Society): Newsletter Summer 1992, 1992b.
SANDS (Stillbirth and Neonatal Death Society): Newsletter Autumn 1992, 1992c.
Savage, J. A.: Mourning unlived lives: a psychological study of childbearing loss. Chiron Publications, Wilmette 1989.
Scheff, T.J.: The Distancing of Emotion in Ritual. Curr Anthrop 1977, 18:483-505.
Schellenbaum, P.: Abschied von der Selbstzerstörung: Befreiung der Lebensenergie. Deutscher Taschenbuch Verlag, München 1992.
Schiff, H.S.: Verwaiste Eltern. Kreuz Verlag, Stuttgart 1990.
Schmid, U.: Initiative Kindergrab am Augsburger Hermanfriedhof. In: Verwaiste Eltern in Deutschland (Hrsg.): Leben mit dem Tod eines Kindes 8. Selbstverlag, Hamburg 1996.
Schmidt, G.: Erhebungstechniken. Gabler, Wiesbaden 1985.
Schütze, F.: Die Technik des narrativen Interviews in Interaktionsfeldstudien – dargestellt an einem Projekt zur Erforschung von kommunalen Machtstrukturen. Bielefeld 1977.
Schwerin, A.-C.: Sterben, Tod und Trauer im Bilde verwaister Eltern. Dissertation in Europäische Hochschulschriften Band 494, Frankfurt / Berlin 1995.
Schwizer, V.: Januarkinder: Vom Überleben auf der Intensivstation. Unionsverlag, Zürich 1988.
Scrimshaw, S.C.M., March, D.M.S.: 'I had a baby sister but she only lasted one day'. JAMA 1984, 251:732-733.

Selvini-Palazzoli, M.: Paradoxon und Gegenparadoxon. Klett-Cotta, Stuttgart 1981.
Sieh, M.: Rituale für den Tod am Lebensanfang: Perinataler Tod und Gestaltung des Trauerprozesses. Dissertation, Medizinische Hochschule Hannover 1996a.
Sieh, M.: Tod am Lebensanfang - Ärztliche Begleitung für Familien, in denen ein Kind um die Geburt herum stirbt. In: Kentenich, H., Rauchfuß, M., Bitzer, J. (Hrsg.): Mythos Geburt. Psychosozial-Verlag, Giessen 1996b.
Sieh, M., Petersen, P.: Tod am Lebensanfang - der perinatale Tod von Kindern. Begleitung für betroffene Familien als ärztliche Aufgabe. gynäkologische praxis 1996, 20.
Sieh, M.: Support for parents and siblings following the perinatal death of a child - an important task for obstetricians in hospital and private practice. In: Richter, D., Nijs, P. (eds.): Advanced Research in Psychosomatic Obstetrics and Gynaecology. Uitgeverij Peeters, Leuven 1995.
Siggins, L.D.: Psychoanalysis and Ritual. Psychiatry 1983, 46:2-15.
Silver, R.L., Wortman, C.B.: Coping with undesirable life events. In: Garber, J., Seligmann, M.E.P. (Eds.): Human helplessness: Theory and applications. Academic, New York 1980.
Sims, A.M.: Am I still a sister? Big A & Company, Louisiana 1986.
Smeding, R.: Aids and Bereavement - A Process of Losses, Living, Change. In: Steijn, P.v. (ed.): Aids: A combined environmental and systems approach. Swets and Zeilinger, Amsterdam 1989.
Speck, W.T., Kennell, J.H.: Management of perinatal death. Pediatr Rev 1980, 10:59-62.
Spiegel, Y.: Der Prozeß des Trauerns: Analyse und Beratung. Verlag Christian Kaiser, Gütersloh 1995.
Staudacher, C.: Beyond grief. New Harbinger Publications, Oakland 1987.
Steiner, R.: Menschenschicksale und Völkerschicksale. Rudolf Steiner Verlag, Dornach 1990a (GA 157).
Steiner, R.: Erdensterben und Weltenleben. Rudolf Steiner Verlag, Dornach 1990b (GA 181).
Steiner, R.: Die okkulte Bewegung im 19. Jahrhundert und ihre Beziehung zur Weltkultur. Rudolf Steiner Verlag, Dornach 1990c (GA 254).
Steiner, R.: Eurythmie als sichtbare Sprache. Rudolf Steiner Verlag, Dornach 1990d (GA 279).
Stillion, J.: Death and the sexes. Hemisphere Publishing, New York 1985.
Student, J.-C.: Trauer über den Tod eines Kindes. Hilfen für verwaiste Eltern. Evangelische Fachhochschule, Hannover 1995.
Student, J.-C. (Hrsg.): Im Himmel welken keine Blumen. Kinder begegnen dem Tod. Herder Verlag, Freiburg 1992.

Tapp, M.: Why Ritual? Floris Books, Edinburgh 1978.
Trautmann, K., Rauchfuss, M.: Ängste in der Schwangerschaft bei Frauen mit und ohne vorausgegangene Fehl-, Früh- oder Totgeburten und deren Auswirkung auf Schwangerschafts- und Geburtsverlauf. In: Bauer, E., Braun, M., Hauffe, U., Kastendieck, M. (Hrsg.): Psychosomatische Gynäkologie und Geburtshilfe. Psychosozial-Verlag, Giessen 1997.
Turner, V.: The Ritual Process. Aldine, Chicago 1969.
Turner, V. and Turner, E.: Image and Pilgrimage in Christian Culture. Columbia University Press, 1978.

VELKD (Vereinigte Evangelisch-Lutherische Kirche Deutschlands, Hrsg.): Gute Hoffnung - jähes Ende. Eine "Erste Hilfe" für Eltern, die ihr Baby verlieren, und alle, die sie unterstützen wollen. VELKD 1996.

Volkan, V.: A study of a patient's re-grief work. Psychiatr Q 1971, 45:255-273.

Wehkamp, K.-H.: Persönliche Mitteilung, 26. Februar 1991.

Wehkamp, K.-H.: Umgang mit dem perinatalen Kindstod: ethischer Imperativ und psychoprophylaktische Aufgabe, in: Wulf, K.H., Schmidt-Matthiesen: Klinik der Frauenheilkunde und Geburtshilfe. Urban und Schwarzenberg, München - Wien - Baltimore 1990.

Wehkamp, K.-H.: Totgeburt: Erleben, Umgang, Verarbeitungshilfen. In: Petersen, P., Fervers-Schorre, B., Schwerdtfeger, J. (Hrsg.): Psychosomatische Gynäkologie und Geburtshilfe 1992/93. Springer Verlag, Berlin - Heidelberg - New York 1993.

Wilson, A.L., Soule, D.J.: The role of a self-help group in working with parents of a stillborn baby. Death Educ 5 (1981), 175-186.

Winnick, C.: Dictionary of Anthropology. Philosophical Library, 1956.

Wistinghausen, K. von: Die erneuerte Taufe. Verlag Urachhaus, Stuttgart 1967.

Witzel, A.: Verfahren der qualitativen Sozialforschung: Überblick und Alternativen. Campus Verlag, Frankfurt - New York 1982.

Wortman, C.B., Silver, R.L.: The myths of coping with loss. Journal of Consulting and Clinical Psychology 1989, 57:349-357.

Wretmark, A.A.: Perinatal death as a pastoral problem. Bibliotheca Theologicae Practicae, Uppsala 1993.

Wren, P.C.: Beau Geste. Grosset and Dunlap, New York 1924.

Wuthnow, R., Christiano, K., Kuzlowski, J.: Religion and bereavement: A conceptual framework. Journal for the Scientific Study of Religion 1980, 19:408-422.

Anhang

Anhang A – Fragen an trauernde Eltern: Versuch der Annäherung an einen komplexen Prozeß

Diese Fragensammlung ist während meiner Arbeit an der Thematik des frühen Todes entstanden. Diese Fragen weisen hin auf viele bedeutsame Elemente, die im Kontakt mit betroffenen Eltern eine Rolle spielen können.

Für trauernde Eltern können sie eine Hilfe darstellen, ihre Erfahrungen zu ordnen, vielleicht auch schriftlich. Für andere Leser bieten sie einen Einblick in die Komplexität des Themas und Anregungen für Gespräche mit betroffenen Familien.

1. Was haben Sie damals erlebt, als Ihr Kind gestorben ist?

2. Wann (in welcher Schwangerschaftswoche) und wie haben Sie erfahren, daß Ihr Kind gestorben ist?
   Hatten Sie vorher so etwas wie eine Vorahnung, ein Gefühl, daß etwas passieren könnte?

3. Welche Gefühle sind in Ihnen wach geworden bei dem Gedanken an die Geburt eines toten Kindes?

4. Wieviel Zeit ist vergangen von der Mitteilung des Kindstodes bis zur Geburtseinleitung bzw. bis zum spontanen Wehenbeginn?
   Haben Sie diese Zeit als lang genug für die innere Vorbereitung erlebt?

5. Können Sie den Verlauf der Geburt schildern?

6. Haben Sie selbst über Schmerz- und Betäubungsmittel entscheiden können?
   Hat es einen Kaiserschnitt gegeben?
   Hatten Sie Angst, daß Sie selbst sterben könnten?

7. Wer war bei der Geburt dabei?
   Wo (d.h. im Kreißsaal oder außerhalb) hat die Geburt stattgefunden?
   Haben Sie in dieser Zeit eine Begleitung gehabt - wenn ja, in welcher Form, von wem?

8. Hatten Sie die Möglichkeit, Ihr Kind zu begrüßen und von ihm Abschied zu nehmen?

   Wenn es Kontakt zum Kind nach dessen Tod gab:
   - Wie sah dieser Kontakt aus?
   - Haben Sie Ihr Kind gesehen, es berührt, auf dem Arm gehabt, gewaschen, angezogen?

- Haben Sie Ihrem Kind einen Namen gegeben?
- Ist es auf diesen Namen getauft worden?
- Wer war bei Ihnen in dieser Zeit?
- Wer hat außer Ihnen das Kind gesehen?
- Wie haben Sie sich gefühlt in dieser Begegnung mit Ihrem Kind?
- In was für einer Atmosphäre hat diese Begegnung stattgefunden?
- War es das erste Mal, daß Sie einen toten Menschen gesehen haben?
- Hatten Sie Angst?

Wenn Sie Ihr Kind nicht gesehen haben, warum haben Sie es nicht gesehen?
- Wollten Sie es sehen und es ist Ihnen nicht ermöglicht worden?
- Ist Ihnen nicht die Idee gekommen, und es gab auch nicht das Angebot?
- Standen Sie noch unter dem Einfluß von Narkose bzw. Beruhigungsmitteln?
- Sind Sie ein zweites Mal gefragt worden, wenn Sie beim ersten Mal abgelehnt haben?
- Was hat es damals für Sie bedeutet, daß Sie Ihr Kind nicht gesehen haben?

9. Was ist nach seinem Tod mit Ihrem Kind geschehen?
   - Hat es eine Autopsie gegeben?
     Wenn ja, konnte dadurch die Todesursache festgestellt werden?
   - Ist Ihr Kind beerdigt worden?

     Wenn ja:
     Wie war die Feier gestaltet?
     Wie haben Sie diese Feier erlebt?
     Wer war dabei?
     Gibt es ein Grab? (anonym, mit Grabstein...)
     Was hat das Grab bzw. der Gang zum Friedhof damals für Sie bedeutet?

     Wenn das Kind nicht beerdigt ist:
     Welche Gründe gab es dafür, das Kind nicht zu beerdigen?
     Wissen Sie, was nach seinem Tod mit Ihrem Kind geschehen ist?
     Wenn Sie es nicht wissen, welche Gefühle und Phantasien tauchen in diesem Zusammenhang auf?

10. Wie haben Sie für sich den Abschied von Ihrem Kind gestaltet?
    im Sinne einer symbolischen Handlung, eines Rituals - oder auch im Rahmen einer Mitteilung über Geburt und Tod, eines Abschiedsbriefes an Ihr Kind...

Überleitung mit einem Bild

Wir stellen uns auf einen hohen Berg und betrachten von oben den Weg durch die Jahre nach dem Verlust. Der Weg schlängelt sich durch eine Landschaft, es gibt Wegbiegungen, vielleicht auch Umwege, Hindernisse, Kreuzungen; manchmal ist es ein ebener Weg auf weichem Waldboden, manchmal ein steiniger Weg mit steilem Anstieg. Vielleicht können Sie versuchen, die Landschaft, durch die dieser Weg Sie geführt hat, zu beschreiben. Gibt es ganz besonders wichtige Wegstrecken, vielleicht auch im Sinne von Wendepunkten oder einschneidenden Ereignissen?

Das grundlegende Thema in bezug auf den folgenden Teil ist: was ist über die Jahre gleich geblieben - was hat sich verändert?

11. Welche Gefühle sind aufgetaucht in diesen Jahren?

    darauf hören, was die Interviewpartnerin selbst benennt
    eventuell hinweisen auf:
    - Verzweiflung
    - Hat es so etwas wie 'irrationale' Gedanken und Wahrnehmungen gegeben, z.B. den Eindruck, das Kind schreien zu hören?
      Haben diese und andere Erfahrungen die Angst ausgelöst, verrückt zu werden?
    - Einsamkeit
    - Leere
    - Schuldgefühle, eventuell ein Bewußtsein von Schuld
    - Wut
    - Traurigkeit
    - tiefer emotionaler Schmerz
    - Konnten Sie weinen?

12. Wie haben Sie Ihre Gefühle, Ihre Gedanken und Phantasien ausgedrückt?
    (in Gesprächen, beim Malen, Schreiben...)

13. Wie haben Sie sich körperlich gefühlt?
    (z.B. Schmerzen, Infekte, körperliche Beschwerden ohne eindeutige Diagnose, schwere Krankheiten, Unfälle)
    Haben Sie den Eindruck, daß Ihr körperliches Befinden in Zusammenhang gestanden hat mit Ihrem Trauerprozeß?

14. Gibt es einen Gegenstand (oder mehrere), der Sie an Ihr Kind erinnert? Z.B. ein Foto, die Geburts- und Sterbe-Urkunde oder ähnliches? Oder gibt es noch Kleidung oder anderes, das Sie für Ihr Kind eingekauft hatten? Wenn nein, was ist mit diesen Sachen geschehen?
    Haben Sie sich selbst solche Erinnerungsgegenstände geschaffen (z.B. eine Kerze, ein Baum, den Sie gepflanzt haben)?
    Gibt es für ein Erinnerungsstück einen besonderen Platz in der Wohnung?

15. Gibt es einen Ort, der für Sie eine besondere Bedeutung im Zusammenhang mit Ihrem Kind hat?
    Falls es ein Grab gibt, ist eventuell das Grab ein solcher Ort?

16. Wenn es weder einen Ort noch einen besonderen Gegenstand gibt: warum nicht?
    Haben Sie sich bewußt gegen solche speziellen äußeren Räume entschieden?
    Oder wünschen Sie sich so etwas und sind noch auf der Suche danach?

17. Welche Reaktionen haben Sie erfahren aus Ihrer Umgebung auf Ihre Art, zu trauern?
(eventuell Verlust von Freundschaften, Isolation)

18. Haben Sie das Gespräch mit anderen betroffenen Eltern gesucht?

19. Haben Sie Begleitung auf Ihrem Weg erfahren? In welcher Form? Selbsthilfe, Seminare, Therapie...
Welche Elemente der Begleitung haben Ihnen geholfen?
Was hat Ihnen geschadet?

20. Haben Sie Bücher über die Thematik 'Kinder und Tod' gelesen, Vorträge darüber gehört? (von Experten oder von Betroffenen?)
Hatten Sie den Eindruck, dort manche Ihrer eigenen Erfahrungen wiederzuerkennen?
Was war hilfreich?

21. Welche Bedeutung hatten Träume für Sie in Ihrem Trauerprozeß?

22. Haben Sie manchmal innere Zwiesprache mit Ihrem Kind geführt: Dialog, Spüren der Gegenwart, Botschaften, Mitnehmen von Fragen in die Nacht...

23. Sprechen Sie mit Ihrem Partner, (wenn Sie lebende Kinder haben) mit Ihren Kindern, mit Freunden und Verwandten über Ihr verstorbenes Kind?
Haben Sie das Gefühl, daß die Erinnerungen an dieses Kind in Ihren eigenen Gedanken und in den Gedanken anderer Menschen weiter lebendig bleiben?
Wenn es keine Gespräche über Ihr Kind gibt: wollen Sie selbst solche Gespräche nicht?
Oder wünschen Sie sich solche Gespräche und stossen bei den anderen Menschen auf Abwehr?
Was haben Sie für Erfahrungen gemacht, wenn Sie selbst begonnen haben, offen über Ihr Kind, seinen Tod und Ihre Trauer zu sprechen?

24. Welche Bedeutung hat der Geburts- und Todestag Ihres Kindes für Sie? Begehen Sie diesen Tag in einer besonderen Weise?

25. Welche Gegenstände oder Situationen gab es, die Sie plötzlich heftig an Ihr Kind erinnert haben?
Wie sind Sie umgegangen mit einem eventuell sehr heftigen Trauer-Ausbruch?

26. Wie hat sich ihr Selbstbild verändert seit dem Tod Ihres Kindes?

27. Welche Auswirkungen hatte der Tod Ihres Kindes auf Ihre Partnerschaft und auf andere Beziehungen?

28. Was bedeutet der Tod für Sie - endgültiges Ende oder Übergang in ein anderes Leben?
Hatten Sie sich vor dem Tod Ihres Kindes schon mit solchen Fragen auseinandergesetzt?

29. Hatte der Verlust des Kindes einen Einfluß auf Ihre religiösen Grundüberzeugungen?

30. Haben Sie vor dem Tod Ihres Kindes Verluste (sei es durch den Tod eines nahestehenden Menschen, oder durch traumatische Erfahrungen) erlebt?
Wenn ja, wie sind Sie damit umgegangen?
Haben diese früheren Verluste Ihre Trauer um den Tod Ihres Kindes beeinflußt?

Anhang B – Methodik

1 Wahl der Methode

Bei der Entscheidung für einen qualitativen Ansatz habe ich mich u.a. an Schmidt orientiert, der qualitative Verfahren in Untersuchungen für angemessen hält, die sich mit weitgehend unbekannten Dimensionen oder Inhalten auseinandersetzen und zudem die emotionale Ebene einbeziehen (Schmidt 1985). Diese Kriterien treffen für die vorliegende Arbeit zu. Die unbekannten Dimensionen und Inhalte sind sogar in zweierlei Hinsicht vorhanden: die Besonderheiten des Trauer-Prozesses um den frühen Tod sind noch wenig erforscht, und die Wirkungen von Abschiedsritualen sind bisher kaum untersucht worden. Daß bei Gesprächen über die Trauer nach dem Tod eines Kindes auch die Ebene der Gefühle angesprochen ist, bedarf keiner weiteren Erläuterung.

Zunächst möchte ich einige allgemeine Anmerkungen zur Methode des qualitativen Interviews machen, um dann im weiteren auf die besondere Form des narrativen Interviews einzugehen. König hat die Aufgabe des qualitativen Interviews folgendermaßen definiert: "Die Hauptaufgabe des qualitativen Interviews besteht in der Darstellung des individuellen Falles im Hinblick auf das zu untersuchende Problem. Im Vergleich zum Fragebogen mit vorfixierten Antworten ist also das qualitative Interview 'freies Gespräch' oder 'zwanglos', es folgt keiner bestimmten Reihe alternativer Antworten. Es ist insofern 'qualitativ', als es die individuelle Qualität jeder einzelnen Antwort im Gegensatz zur typisierten Antwort des formellen Fragebogens betont. Es ist darum 'intensiv' oder 'detailliert', weil es auf eine gründliche Erforschung aller im Zusammenhang mit der Frage stehenden Reaktionen lossteuert." (König 1972, S.143ff.).

Mit den Begriffen 'intensiv' und 'detailliert' wird hingewiesen auf andere Termini für das qualitative Interview; weitere Synonyme sind: Tiefeninterview, themenzentriertes Interview, offenes Interview. Ich werde im folgenden den Begriff 'qualitatives Interview' verwenden.

Das qualitative Interview unterscheidet sich von anderen Interviewformen u.a. dadurch, daß es keine vorher festgelegten Antwortkategorien gibt. Der Interviewer entwickelt vor Beginn der Interviewserie einen Leitfaden, in dem grundlegende, die Untersuchung betreffende Fragen formuliert sind. König schreibt dazu: "Im Gegensatz zum formellen Fragebogen enthält der Leitfaden allerdings nur gewisse Grundfragen, die als Ausgangspunkt der Untersuchung dienen. Danach bleibt es dem Geschick des Interviewers überlassen, wann er diese Fragen stellt, wie er sie formuliert und welch zusätzlicher Sondierungsfragen er sich bedient. Dies Verfahren garantiert jene Elastizität, die für die Erforschung individueller Fälle unerläßlich ist. Um den

Leitfaden richtig zu gebrauchen, darf sich der Interviewer weder zu fest an ihn klammern noch sich munter über ihn hinwegsetzen. Der Interviewer sollte die Fragen da stellen, wo sie am natürlichsten scheinen, soweit wie möglich den Gedankengängen des Befragten folgen und dabei immer auf der Lauer nach unerwarteten Antworten liegen. Gleichzeitig darf ihm das Interview nicht aus den Händen gleiten. Er soll aber dem Befragten auch niemals sein eigenes Bezugssystem aufdrängen oder ihm, wenn neue Themen zur Sprache kommen, die Antworten mitliefern." (König 1972, S.146ff.).

Möglicherweise entsteht durch diese flexible Handhabung des Leitfadens der Eindruck, eine Untersuchung wie die hier vorliegende sei unstrukturiert und ihr Verlauf eher dem Zufall überlassen. Dies trifft nicht zu, wie auch Friedrichs betont: "Daß das Intensivinterview nur anhand eines Leitfadens geschieht, bedeutet keine Planlosigkeit. Wie jeder anderen Methode auch, geht dem Intensivinterview ein Forschungsplan voraus, der Stellenwert, Ziele und Inhalte des Vorgehens begründet." (Friedrichs 1980, S.227).

Das Fehlen eines schriftlich fixierten Fragebogens bedeutet, daß an den Interviewer wesentlich höhere Anforderungen gestellt sind als in einem standardisierten Verfahren. König sieht den Erfolg jedes qualitativen Interviews als abhängig von der Fähigkeit des Interviewers, an Stichworte des Befragten anzuknüpfen.

Über das Thema des Kontaktes zwischen Interviewer und Befragtem schreibt König: "Guter Kontakt gehört an sich zu jedem erfolgreichen Interview, aber bei qualitativen Interviews ist er von besonderer Wichtigkeit, da diese vom Befragten sehr persönliche Antworten verlangen." (König 1972, S.147).

Auch Friedrichs geht auf diese Thematik ein, indem er darauf hinweist, welche Rolle die Kommunikationsfähigkeiten des Interviewers für den Kontaktaufbau spielen: "Der Interviewer muß eine professionelle Kommunikation aufbauen, um in kurzer Zeit das zu erfahren, was man sonst nur in längeren Abständen (z.B. bei Freundschaften) erfährt." (Friedrichs 1980, S.229).

Im weiteren möchte ich einige Elemente des narrativen Interviews, wie es u.a. von Schütze beschrieben worden ist, erläutern und darlegen, inwieweit ich Aspekte dieser Variante des qualitativen Interviews verwendet habe (Schütze 1977).

Witzel beschreibt die Aufgaben des narrativen Interviews folgendermaßen: "Das narrative Interview als Sonderform des Tiefeninterviews eignet sich besonders bei der Erforschung 'kognitiv komplexer' und für die Untersuchten 'bei Bekanntwerden riskanter bzw. potentiell entblößender Sachverhalte'." (Witzel 1982, S.47).

Das narrative Interview besteht aus drei Phasen: der Anfangs- bzw. Haupterzählung, der Phase der narrativen Nachfragen und der Phase des 'small talk' nach dem Abstellen des Tonbandes.

In der ersten Phase geht es darum, mit einer Einstiegsfrage den Interviewten zu ermutigen, seine Erzählung zu beginnen. Den weiteren Verlauf beschreibt Witzel so: "Dagegen entwickelt sich die Erzählung 'durch Orientierung am eingetretenen Ereignisfluß sowie an einem entsprechenden Hörinteresse .... und nicht durch formale Manipulation'." (Witzel 1982, S.48).

In der zweiten Phase, die erst beginnt, wenn der Interviewte seine Haupterzählung abgeschlossen hat, stellt der Interviewer Fragen. Diese Fragen sollen laut Schütze "die narrative Kreativität des Informanten unterstützen und dessen eigenen Erzählfaden ergänzen und detaillieren" (Schütze 1977, S.34). Man könnte diese Fragen auch als Einstiegsfragen in kürzere narrative Komplexe bezeichnen. Die Fragen können immanent sein, indem sie sich an vom Interviewten genannten Themenbereichen orientieren. Es können auch exmanente Fragen gestellt werden, wenn der Befragte bestimmte Themen nicht angesprochen hat, die für die Untersuchung relevant sind. Außerdem können Fragen im Sinne einer sogenannten 'Rückgreif-Strategie' gestellt werden, diese beziehen sich auf Zusammenhänge, die vom Interviewten nur angedeutet worden sind, und bitten ihn, sie näher zu erläutern.

Die Trennung zwischen Haupterzählung und der Phase der Nachfragen ist von mir in den Interviews nicht so konsequent gehandhabt worden, daß meine Methode als die eines reinen narrativen Interviews bezeichnet werden könnte. Das Bemühen war, so weit wie möglich dem Erzählfaden der Mütter zu folgen. Wenn ich Fragen gestellt habe, waren dies offene Fragen, die den Müttern einen Einstieg in eine nächste narrative Sequenz ermöglichten.

Die Trennung zwischen einer Haupterzählung und der Phase der Fragen ist nicht möglich, weil es für diese Untersuchung nicht nur eine Haupterzählung gibt, sondern mehrere. Diese Themenkomplexe sind u.a.: Ereignisse um die Geburt herum, Beerdigung, Trauerprozeß. Die Mütter haben die Übergänge zwischen den einzelnen Themen meist selbst gestaltet. Da es nicht möglich gewesen wäre, am Ende eines zwei- oder dreistündigen Interviews auf alle offen gebliebenen Fragen zurückzukommen, mußte ich an den entsprechend passenden Stellen im Gespräch Fragen stellen, die den jeweiligen Themenkomplex betrafen.

So könnte man die von mir verwendete Methode als ein qualitatives Interview mit dem Schwerpunkt auf der narrativen Gestaltung durch die Interviewpartnerinnen bezeichnen.

2 Fragestellung

Ausgangspunkt war die Frage, welche Abschiedsrituale für früh gestorbene Kinder es in der westlichen Kultur gegenwärtig gibt. Es war von Anfang an bekannt, daß fast keine gesellschaftlich vorgegebenen oder institutionalisierten Handlungen mehr vollzogen werden. Deshalb war der Ansatzpunkt, im individuellen Bereich zu suchen. Die zweite Frage war, welchen Einfluß Rituale auf die Integration des Verlustes haben können. Aus diesen grundlegenden Fragen ergab sich die Notwendigkeit einer qualitativen Studie, die in der Untersuchung von individuellen Prozessen versucht, Grundstrukturen zu verstehen. Die detaillierte Fragestellung ergibt sich aus dem folgenden Interviewleitfaden.

3 Interview-Leitfaden

1. Was haben Sie erlebt, als Ihr Kind gestorben ist?
2. Wie sah Ihre damalige Lebenssituation aus?
3. Konnten Sie von Ihrem Kind Abschied nehmen?
   Wenn ja, wie haben Sie das getan?
4. Wie ist der Impuls entstanden, den Abschied auf diese Art und Weise zu gestalten?
5. Wenn es keinen Abschied gab: Was hätten Sie sich gewünscht?
6. Was haben Sie eventuell später getan, um diesen Abschied innerlich zu vollziehen?
7. Gab es einen Gegenstand oder einen besonderen Ort, der während der Zeit nach dem Tod Ihres Kindes eine besondere Bedeutung für Sie hatte, vielleicht auch noch hat?
8. Wenn es einen Ort gab: Sind Sie öfter dorthin gegangen?
9. Haben bestimmte Situationen eine besonders eindrückliche Erinnerung hinterlassen?
10. Haben Sie die Existenz Ihres Kindes, in welcher Form auch immer, sichtbar gemacht, für sich selbst und/oder für andere?
11. Hatten Sie das Bedürfnis, Ihre Gefühle und Gedanken auszudrücken, sowohl anderen Menschen gegenüber als auch für sich selbst? Wenn ja, welches Ausdrucksmittel haben Sie gewählt?
12. Wie war Ihr Verhältnis zu den Menschen in Ihrer Umgebung während der Trauerzeit?
13. Hat sich Ihr Selbstbild nach dem Tod Ihres Kindes verändert? Wenn ja, in welcher Hinsicht?
14. Gab es etwas, das Sie immer wieder beschäftigt hat, wenn Sie an Ihr Kind gedacht haben, und das Sie dann zu einem Abschluß bringen konnten?
15. Haben Sie Erlebnisse gehabt, die Sie als besonders, als außergewöhlich beschreiben würden?
16. Haben Sie Situationen erlebt, in denen die Trauer noch einmal an die Oberfläche gekommen ist? Wenn ja, was haben Sie als 'Auslöser' empfunden und was haben Sie getan?
17. Wenn Sie an Ihren Abschied von ihrem Kind zurückdenken: Was hat Ihnen am meisten geholfen? Was haben Sie als hemmend oder kränkend erlebt?
18. Was möchten Sie gern den ÄrztInnen sagen, die betroffene Familien begleiten?

4 Kontaktaufnahme zu den Interviewpartnerinnen

Es gab verschiedene Wege, auf denen ich Kontakt zu den betroffenen Müttern fand.

Zunächst hatte ich niedergelassene GynäkologInnen gefragt, ob sie mir Namen von Müttern nennen könnten. In diesen Gesprächen begegnete ich z.T. deutlichem

Widerstand von seiten der FrauenärztInnen. Ein Arzt vertrat die Meinung, Frauen hätten nach einigen Jahren den Tod ihres Kindes verarbeitet und hätten dann kein Bedürfnis mehr, darüber zu sprechen, d.h. auch kein Interesse an einem Gespräch mit mir. Ein anderer Arzt sagte, daß er keine Familie wisse, denn das sei ja so selten. Einige Wochen zuvor hatte er mir jedoch in einem anderen Zusammenhang mitgeteilt, daß er eine Familie betreut habe, deren Kind am zweiten Lebenstag gestorben sei. An dieses Ereignis konnte er sich offensichtlich nicht mehr erinnern. Eine Ärztin antwortete mir: "Da haben Sie sich aber ein Knochenthema ausgesucht, denn die Frauen erzählen nicht gern davon." Tenor dieser Gespräche war, daß die betroffenen Mütter nicht über ihre Trauer reden möchten. Mein Eindruck ist, daß hier möglicherweise die Widerstände des Arztes auf die Patientinnen projiziert werden. Es ist Faktum, daß es zwischen vielen Müttern und ihren GynäkologInnen keine Gespräche über den Umgang mit dem Tod des Kindes gibt. Einige der ÄrztInnen, mit denen ich gesprochen habe, zogen daraus die Schlußfolgerung, daß Mütter nicht gern über ihre schmerzhaften Erfahrungen sprechen. Es könnte auch eine andere Schlußfolgerung geben: Mütter spüren sehr deutlich, ob in der Begegnung mit einem anderen Menschen Raum ist für ihre Trauer. Und wenn sie wahrnehmen, daß es keinen Raum dafür gibt, dann ziehen sie sich zurück. Das Fehlen von Gesprächen über den Tod des Kindes hängt vielleicht weniger mit der mangelnden Bereitschaft der Mütter zusammen, sondern eher mit der Haltung und den Ängsten der ÄrztInnen.

Im folgenden lege ich dar, wie die Kontaktaufnahme zu den Müttern zustande kam. Eine Ärztin vermittelte mir den Kontakt zu zwei betroffenen Müttern. Der Kontakt zu einer Interviewpartnerin entstand durch Vermittlung einer ebenfalls betroffenen Mutter. Eine weitere Interviewpartnerin lernte ich auf Vermittlung einer Psychotherapeutin kennen. Drei Kontakte zu betroffenen Müttern ergaben sich während eines wissenschaftlichen Kongresses zur Thematik des frühen Todes. Zwei Müttern begegnete ich in einer Weiterbildungsgruppe.

5 Dauer der Gespräche

Die Gespräche hatten jeweils eine Länge von zwei bis dreieinhalb Stunden. Die längsten Interviews waren diejenigen mit den Müttern, die mehrere Verluste erlebt hatten. Diese Gespräche waren sozusagen 'Doppelinterviews'.

Mir ist bewußt, daß dies eine relativ lange Zeit für ein qualitatives Interview ist. Da es mein Anliegen war, den Müttern Raum für ihre Erzählung zu geben, habe ich nicht den Zeitrahmen von vornherein begrenzt. Ich hatte den Eindruck, daß es oft eine gewisse Zeit brauchte, bis so viel Vertrauen in der Beziehung zwischen der Interviewpartnerin und mir gewachsen war, daß eine Frau dann auch über tiefen Schmerz und über sie sehr bewegende und erschütternde Themen sprechen konnte. Hätte ich die Gespräche auf eine Stunde begrenzt, hätte ich sicherlich manches nicht erfahren. Ich habe den Müttern die Möglichkeit gegeben, vieles über ihre Erfahrungen zu erzählen, von dem ich wußte, daß ich es kaum im vorliegenden Buch bearbeiten können würde.

Optimal wäre es gewesen, mehrere Begegnungen von vielleicht jeweils einer Stunde Dauer zu haben. So wäre die Konzentration nur für eine begrenzte Zeit gefordert gewesen, es hätten sich zwischen den einzelnen Gesprächen noch Fragen entwickeln können. Diese Methode war angesichts der großen Distanzen praktisch nicht durchführbar (die Wohnorte der Mütter waren: Süddeutschland, Norddeutschland, Schweiz).

6 Protokollierung

Bei zwei Gesprächen gibt es Gedächtnisprotokolle (Frau B. und Frau E.). Das erste Interview mit Frau B. lag ganz am Anfang meiner Interviewserie. Damals hatte ich selbst noch Widerstände gegen die Benutzung eines Tonbandgerätes. Ich habe Frau B. gefragt, ob sie einer Aufzeichnung zustimmen würde. Sie lehnte sie ab. Nach den Erfahrungen der anstrengenden Verfassung von Gedächtnisprotokollen konnte ich dann die Vorteile der Bandaufzeichung nachvollziehen und diese dann auch bewußt vertreten. In den folgenden Gesprächen habe ich selbstverständlich immer um die Einwilligung der Interviewpartnerinnen gebeten und habe diese auch erhalten. Bei dem Gespräch mit Frau E. stand mir aus organisatorischen Gründen kein Tonbandgerät zur Verfügung.

Das Tonbandgerät war sehr klein und konnte deshalb kaum sichtbar plaziert werden. Meine Erfahrung war, daß die Mütter nach wenigen Sätzen das Gerät nicht mehr beachteten.

Durch die Aufzeichnung konnte ich die Gespräche wörtlich transkribieren. Alle Mütter gaben die Transkripte zur Publikation frei.

Ich teilte den Müttern mit, daß ihre Namen nicht in der Arbeit genannt würden. Die genannten Initialen sind anonymisiert. Auch die Initialen der verstorbenen Kinder sind Deckinitialen.

Zwei Gespräche mit Geschwistern sind in Gedächtnisprotokollen aufgezeichnet, bei beiden stand mir kein Tonbandgerät zur Verfügung, weil die Gespräche sich aus einer Begegnung heraus entwickelten und nicht geplant waren. Das Gespräch mit Frau C. ist auf Tonband aufgenommen worden und liegt in transkribierter Form vor. Auch die Initialen der Geschwister sind Decknamen.

7 Prozeß der Auswertung

In bezug auf die Auswertungsmethode habe ich mich orientiert an den Aussagen von Bortz (Bortz 1984). Er beschreibt die Textanalyse von protokollierten Erkundungsgesprächen als einen Prozeß, in dem durch "mehrfaches zyklisches Durchlaufen des Textes mit variablen Perspektiven" das erschlossen werden soll, "was der Text eigentlich aussagen will" (Bortz 1984, S.236f.).

Im Rahmen dieser Arbeit geht es nicht um einen zusammenhängenden Text, sondern um insgesamt neun Interviews. Das mehrfache Durcharbeiten aller Interviews führte zu einer Festlegung darauf, welche Themen in der vorliegenden Dissertation bearbeitet werden sollten. Angesichts der Fülle des Materials (200 Seiten Interview-

Transkripte) mußte eine Auswahl getroffen werden. Einige der Themen, die nicht bearbeitet werden konnten, obwohl Hinweise auf ihre Relevanz in den Interviews zu finden sind, sind z.B. der Einfluß des Kindstodes und der vollzogenen Rituale auf die Beziehung zum Partner, der Ritual-Stil der Herkunftsfamilie und die Bedeutung von frühen traumatischen Erfahrungen.

In die Dokumentation der Auswertung mit einbezogen sind theoretische Erläuterungen zu bestimmten Themen. Außerdem habe ich in auch auf publizierte Erfahrungsberichte von trauernden Eltern aus den USA und Großbritannien zurückgegriffen, insofern diese mir relevant erschienen.

Um die Erfahrungen der betroffenen Mütter möglichst im lebendigen Zusammenhang ihrer Erzählung wirken zu lassen, habe ich längere Passagen aus den Interviews zitiert. Dadurch kann m.E. beim Leser am ehesten ein Bild von den komplexen intrapsychischen Prozessen der Verarbeitung entstehen. Diese Form des Zitierens ist ein Ausdruck meines Bemühens, den Müttern mit Achtung zu begegnen.

Diese Arbeit beschreibt Erfahrungen von Menschen, Gefühle von Trauer und Schmerz und deren Integration. Deshalb ist es der Thematik angemessen, diese Wandlungsprozesse nicht in plakativen Schlagworten darzustellen.

Wenn ich die zitierten Interviewpassagen noch mehr gekürzt hätte, als ich es ohnehin schon getan habe, wäre viel von dem Erleben der Mütter, um das es in dieser Arbeit geht, verloren gegangen.

Für mich sind die Aussagen der Mütter wertvolle Geschenke. Ich habe mich bemüht, mit diesen Geschenken sorgsam und respektvoll umzugehen.

8 Methodenkritik

In diesem Abschnitt möchte ich mich beschränken auf eine Diskussion möglicher Kritikpunkte an der Auswahl der Interviewpartnerinnen.

Betrachtet man den Bildungsstand der interviewten Mütter als ein Kriterium der sozialen Gruppenzugehörigkeit, so fällt auf, daß sechs der Mütter und alle befragten Geschwister ein (Fach-) Hochschulstudium abgeschlossen haben. Dies zeigt, daß die Zusammensetzung der Gruppe nicht einer statistisch repräsentativen Auswahl in bezug auf den Bildungsstand entspricht. Es kann auch nicht das Anliegen dieser Untersuchung sein, statistisch repräsentative Aussagen über den Verlauf von Trauerprozessen zu machen.

Die Auswahl der Mütter ist nicht abhängig gemacht worden von ihrem jeweiligen Bildungsstand.

Ein Kriterium der Auswahl war jedoch, ob die Mütter introspektionsfähig waren und in der Lage, ihre Gefühle und Erfahrungen zu verbalisieren. Die Untersuchung auf der Grundlage von qualitativen Interviews ist darauf angewiesen, daß die Interviewpartner ihre Erinnerungen und Empfindungen in Worte fassen können. Ich sehe bei den interviewten Frauen keinen direkten Zusammenhang zwischen dem Bildungsstand und der Fähigkeit zu Introspektion und zu Verbalisierung von emotionalen Erlebnisinhalten.

Für mich besteht ein Zusammenhang zwischen der im weitesten Sinne psychologischen Vorbildung der Interviewpartnerinnen und ihrer Fähigkeit, ihre Erlebnisse zu beschreiben.

Man könnte hier einwenden, daß längst nicht alle Eltern so bewußt mit ihrer Trauer umgehen und daß daher die dargestellten Rituale keine Relevanz für den klinischen Alltag hätten. Es trifft zu, daß nicht alle Eltern, aus welchen Gründen auch immer, so bewußt mit der Verlusterfahrung umgehen, wie es die interviewten Mütter getan haben. Das bedeutet jedoch nicht, daß damit die hier dargelegten Phänomene nicht ihre Berechtigung hätten. Möglicherweise können auch Eltern, die vielleicht sonst eher den Schmerz um den Tod ihres Kindes abgewehrt hätten, bewußt den Trauerprozeß durchleben, wenn mehr Bewußtseinsarbeit in bezug auf die Dynamik der Trauer und die Notwendigkeit von Ritualen in den Kreißsälen geleistet worden ist.

Psychosoziale Medizin

herausgegeben von Elmar Brähler,
Erdmuthe Fikentscher und Bernhard Strauß

Morbus Crohn – Psyche einer Krankheit
von Volker Friebel

Junge Schizophrene zwischen Alltag und Klinik
von Reinmar du Bois

Der frühe Verlust eines Kindes
Bewältigung und Hilfe bei Fehl-, Totgeburt und Fehlbildung
von Manfred Beutel

Leben mit einem psychisch Kranken
Formen des Umgangs und der Bewältigung
von Thomas Richter

Krankheitsverarbeitung bei Krebskranken
von Herrmann Faller

Herzphobie
Ursachen und ihre Behandlung
von Othmar Schonecke

Verlag für Angewandte Psychologie Göttingen

Medizinische Psychologie

Klaus Sarimski

Entwicklungspsychologie genetischer Syndrome

1997, X/362 Seiten, DM 69,–/sFr. 60,–/öS 504,–
ISBN 3-8017-0970-1

Das Buch stellt sowohl die Gemeinsamkeiten als auch die individuelle Variabilität der Entwicklung von Kindern mit verschiedenen genetischen Syndromen dar, z.B. Prader-Willi-, Williams-Beuren-, Apert-, Cornelia-de-Lange-, Cri-du-Chat-, Lesch-Nyhan-Syndrom und Trisomie 18. Der Leser erhält zu jedem Syndrom Informationen über körperliche Merkmale, kognitive und sprachliche Entwicklung, Selbständigkeit und Sozialentwicklung sowie Verhaltensbesonderheiten. Ein abschließendes Kapitel beschäftigt sich mit Beratungsinhalten, die für die Begleitung von Betroffenen von Bedeutung sind.

Siegfried Gauggel / Georg Kerkhoff (Hrsg.)

Fallbuch der Klinischen Neuropsychologie

Praxis der Neurorehabilitation
1997, 452 Seiten, DM 69,–/sFr. 60,–/öS 504,–
ISBN 3-8017-0793-8

Dieses Buch vermittelt dem Leser anhand von 35 Fallbeispielen einen lebendigen und praxisnahen Überblick über den gegenwärtigen Stand der Neurorehabilitation. Detailliert wird bei jedem Fallbeispiel nach einer kurzen theoretischen Einleitung das diagnostische und therapeutische Vorgehen sowie der Verlauf der Behandlung und die Evaluation der Therapie dargestellt. Das Buch beinhaltet Fallberichte u.a. aus den Bereichen Seh-, Aufmerksamkeits-, Gedächtnis- und räumliche Orientierungsstörungen, Störungen der Sprache und des Sprechens sowie exekutiver Funktionen.

Susanne Lambeck

Diagnoseeröffnung bei Eltern behinderter Kinder

Ein Leitfaden für das Erstgespräch
1992, 124 Seiten, DM 36,–/sFr. 36,–/öS 263,–
ISBN 3-87844-081-2

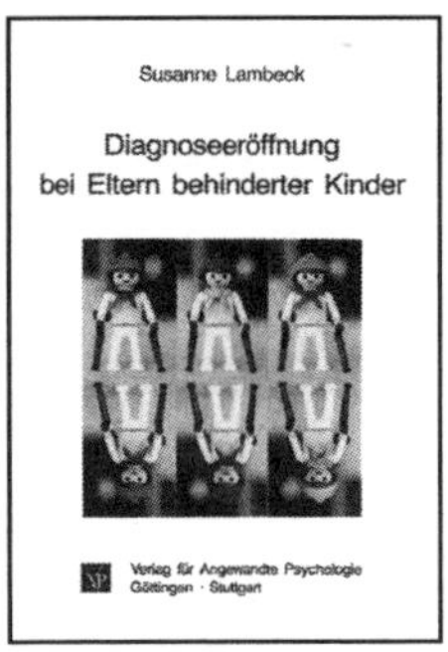

Die Geburt eines behinderten Kindes steht meist im Widerspruch zu den Erwartungen und Wünschen der Eltern. Die Mitteilung der Diagnose führt sie oft in eine Krise. Das Buch untersucht die Rolle des Arztes und stellt seine Möglichkeiten dar, durch Art, Inhalt und Zeitpunkt der Diagnosemitteilung die Beziehung der Eltern zu ihrem behinderten Kind positiv zu beeinflussen. Der übersichtlich gestaltete Leitfaden bietet durch seine psychologische Fundierung konkrete Hilfe für die Mitteilung der Behinderung im Erstgespräch an.

Franz Petermann (Hrsg.)

Fallbuch der Klinischen Kinderpsychologie

Erklärungsansätze und Interventionsverfahren
1997, XII/380 Seiten, DM 64,–/sFr. 56,–/öS 467,–
ISBN 3-8017-0739-3

Zusammen mit dem „Lehrbuch der Klinischen Kinderpsychologie" stellt das Fallbuch eine ideale Basisdokumentation für die interdisziplinär orientierte Arbeit mit Kindern und Jugendlichen dar. An 18 Einzelfällen wird das Spektrum der Klinischen Kinderpsychologie durch einheitlich präsentierte Falldarstellungen dokumentiert. Jedes Fallbeispiel beinhaltet eine Beschreibung und eine Differentialdiagnostik der Störung, verschiedene Erklärungsansätze sowie konkrete, praxisorientierte Hinweise zur Interventionsplanung.

Hogrefe - Verlag für Psychologie
Rohnsweg 25, 37085 Göttingen • Tel. 0551/49609-0 • http://www.hogrefe.de